国家社会科学基金项目（项目编号07CFX028）
华中农业大学文科学术著作出版基金资助

中国农村民间
金融法律 规制研究

ZHONGGUO NONGCUN
MINJIAN JINRONG FALÜ GUIZHI YANJIU

张 燕 ◎著

人民出版社

责任编辑:茅友生

封面设计:姚 菲

图书在版编目(CIP)数据

中国农村民间金融法律规制研究/张燕 著. —北京:人民出版社,2017.12

ISBN 978－7－01－018005－2

Ⅰ.①中… Ⅱ.①张… Ⅲ.①农村金融-金融法-研究-中国

Ⅳ.①D922.280.4

中国版本图书馆 CIP 数据核字(2017)第 189124 号

中国农村民间金融法律规制研究

ZHONGGUO NONGCUN MINJIAN JINRONG FALÜ GUIZHI YANJIU

张 燕 著

人民出版社 出版发行

(100706 北京市东城区隆福寺街 99 号)

北京中科印刷有限公司印刷 新华书店经销

2017 年 12 月第 1 版 2017 年 12 月北京第 1 次印刷

开本:710 毫米×1000 毫米 1/16 印张:16.5

字数:295 千字

ISBN 978－7－01－018005－2 定价:49.00 元

邮购地址 100706 北京市东城区隆福寺街 99 号

人民东方图书销售中心 电话 (010)65250042 65289539

目　录

第一章 绪 论

第一节 研究缘起

实行改革开放以来,中国经济发展取得举世瞩目的显著成就,但中国农村经济发展仍然较为缓慢。中国处于社会和经济转型的关键时期,尤其"三农"事业正处于剧烈变革期。重农务本,国之大纲。如果说农业是经济的基础,金融是经济的血脉,那么现代农村金融则是现代农村经济的内核。

根据西奥多·舒尔兹(Theodore W.Schultz)传统农业模型,在不存在技术进步的条件下,农业经济发展的关键因素在于资本。而我国农业目前面临科技发展和金融约束的双重制约。长期以来,中国农村金融市场乏于资本,缺少活力,秩序混乱,融资困难,严重阻碍农村经济发展。同时,我国金融领域呈现明显的"金融二元性",城市与农村金融发展和金融服务严重不均衡,农村金融资源严重匮乏。有统计资料显示,有70%的农村贷款来自尚需引导和规范的民间金融机构。

随着我国农村发展环境不断发生变化,必然将面临新的机遇和挑战,比如转变农业发展方式、加快农业供给侧结构性改革、解决农村地区民生等问题。其中最为突出的问题则是现有农村金融供给还不能很好地满足"三农"领域日益增长的多元化迫切需求。而农村民间金融则在一定程度上填补了城乡二元结构下农村金融资源的稀缺供应。由于农村民间金融内生于农村经济发展过程中,农村民间金融的比较优势是不可替代的,其所发挥的作用是正规金融所无法取代的。在大力发展"三农"普惠金融背景下,充分挖掘农村民间资本的功能和作用,降低融资成本,全面激活农村金融服务链条,可以补充和延伸传统金融体系,助力农村经济发展。由此可见,农村民间金融的存在具有社会必然性和制度必然性。

农村民间金融是一把"双刃剑",利弊共存。一方面,农村民间融资的形式多样化,融资范围和内容不断扩大,可弥补正规金融的不足,为农村经济的发展注入强大的生命力和推动力;另一方面,农村民间金融不受金融当局监管,运行机制不够完善,尚未得到法律的充分保护,蕴含着较高的金融风险。因此,如何充分发挥农村民间金融的优势,把握住发展机遇;如何制约农村民间金融弊端,面对各种挑战,均亟待法律予以规制。

本书在理论层面,力图突破仅从经济学、管理学和社会学理论等视角研究农村民间金融问题的局限性,深入思考以下问题:如何充分发挥农村民间金融的功能和作用?如何界定农村民间金融法律规制的边界和标准?如何进行农村民间金融转化成正规金融的合理制度安排?如何促进农村民间金融法治化发展?从而丰富和发展农村民间金融理论基础与研究视域,为农村民间金融立法和法律适用提供理论依据。在实践层面,积极探索和创新农村民间金融法治化发展的制度和运行方式与途径,在遵循经济内在规律的前提下,深化农村金融改革,逐步突破城乡金融二元格局,使农村民间金融成为农村金融体系的合理又合法的组成部分,促进农村民间金融法治化发展,尽快建立满足或适应农村多层次金融需求的功能完善、分工合理、产权明晰、管理科学、监管有效、竞争适度、优势互补、可持续发展的普惠性的完整的农村金融体系①。最终解决好"三农"问题,实现农村经济的和谐发展。

第二节 研究背景与意义

农村民间金融在我国历史上源远流长,农村民间金融的发展在不同的时代背景下,有着不同的内涵体现,所发挥的功能和作用也会有所不同,在经济新常态、城乡发展一体化、农业现代化、包容性经济增长、农业供给侧结构性改革等时代背景下,研究农村民间金融的法律规制问题,促进农村民间金融法治化发展,加快农村金融立法进程,具有重要的理论价值和现实意义。

---

① 杜晓山:《发展农村普惠金融的思路和对策》,载《金融教学与研究》2015 年第 3 期。

一、研究背景

（一）经济新常态

经济新常态是指当前我国经济发展要摆脱过去粗放型高速增长模式,进入低能源消耗、低污染排放、高效率的、符合市场经济发展规律的、可持续的中高速增长模式。经济进入新常态后具有以下四个特征:一是经济增速与增长率相适应,具有可持续性;二是经济结构更加优化,第三产业、绿色低碳产业比重提高;三是经济生产率提高;四是市场在资源配置中的决定性作用更加明显①。在经济新常态下,努力消除城乡"金融二元"结构,发挥农村民间金融作用,赋予农民金融权,使农民能享有平等的信贷权利。

（二）城乡发展一体化

城乡发展一体化思路是解决"三农"问题的根本路径。城乡发展一体化是中国现代化发展的一个新阶段,是通过体制改革和政策调整来促进城乡在规划建设、产业发展、生态环境保护、社会保障等方面,以实现城乡的政治、社会、经济和文化等方面的可持续发展。为促使城乡人口、技术、资本、资源、制度等要素相互融合、平等交换、协调发展、公共资源均衡配置,形成以工促农、以城带乡的新型工农、城乡关系。在城乡发展一体化建设进程中,加大农村基础设施建设、发展农村中小企业、加强生态环境保护、完善农村社会保障等方面均需要资金的大量投入。显而易见,农村民间金融是一股不可或缺的重要力量。

（三）农业现代化

农业现代化是各国农业发展的根本方向。从现代化建设的一般规律看,没有农业现代化,就没有整个社会的现代化。在我国,农业现代化是国家现代化的短板之一。从稳定经济增长看,农稳天下安,只有现代农业的持续增产增效,才会有社会稳定的基础和改革创新的基础;从农业可持续发展看,在农业发展内外环境发生深刻变化的条件下,农业现代化是应对各种挑战的必由之路。坚持走中国特色新型农业现代化道路,把保障国家粮食安全、重要农产品有效供给和增加农民收入作为中心目标,以改革创新和科技

① 程晖:《以制度建设有效预防污染—访国务院发展研究中心资源与环境政策研究所副所长、研究员李佐军》,载《中国经济导报》2015年3月5日第19版。

创新为发展动力,加快转变农业发展方式,改革先进生产技术,提高市场竞争力,强化政策法治,保障人才服务支撑体系,完善现代农业的产业体系、经营体系、质量体系、资源保护体系。要实现集约、高效、安全、持续的农业现代化,农村金融起着基础性影响作用,基于我国农村自身特点,必须加强对农村民间金融的深入研究,努力构建完善的农村金融市场,更好地服务于农业现代化建设。

(四) 包容性经济增长

"包容性经济增长"这一概念最早由亚洲银行在2007年首次提出。它的原始意义在于有效的包容性增长战略需集中在能创造出生产性就业岗位的高增长、能确保机遇平等的社会包容性以及能减少风险,并能给最弱势群体带来缓冲的社会安全网。"包容性经济增长"最基本的含义是公平合理地分享经济增长,它涉及平等与公平的问题,包括可衡量的标准和更多的无形因素。实质上,寻求的应是社会和经济协调发展、可持续发展,与单纯追求经济增长相对立,其最终目的是把经济发展成果最大限度地让普通民众来分享。在2008年提出的"包容性普惠金融"理念,则是包容性在金融领域的具体体现。包容性普惠金融理念的核心内容是建立更为公平的金融环境,强调的是金融资源获得的公平。我国金融领域呈现明显的城乡二元结构,金融发展不够包容,农村金融供给和市场需求严重脱节。农村民间金融是实现经济民主的重要途径。应着力改变城市与农村金融发展和服务严重不均衡现状,将包容性发展所倡导的共享、和谐、公平理念贯穿到农村金融领域的各个方面,促进农村民间金融健康发展。

(五) 农业供给侧结构性改革

2016年中央1号文件提出"农业供给侧结构性改革",并指出当前农业领域的突出问题集中在结构矛盾方面,农业供给侧亟需改革和创新。推动农业供给侧改革的决定性因素主要包括资金、技术和销售。其中金融创新最为重要。众多农户和农村小微企业往往因为授信额度不足、过分依赖抵押和担保无法获得贷款,而难以扩大再生产,农产品质量提高难度大,农民收入增加幅度慢。而农村民间资本可以补充正规金融体系的不足,带来真正的资本力量,将有助于加大对"三农"领域薄弱环节的金融支持力度,降低金融服务门槛,加快推进农村地区的金融供给侧结构性改革。

在当前时代背景下,"三农"问题的解决对金融的需求显得更加迫切与多元。而对照现实,农民金融权还难以实现,农村金融组织体系还不够健全,农民金融服务还不到位,农村金融基础设施建设还很缺乏等。完善的农村金融法制建设是解决这些问题的重要途径之一。而目前我国农村金融立法十分薄弱,已成为制约农村民间金融发展和农村金融创新的主要障碍。因此加强农村金融法制建设,尽快陆续出台包括农村民间金融法等重要的农村金融法律法规已是当务之急。

二、研究意义

(一)理论价值

本书从多学科角度对农村民间金融相关问题进行深度剖析,通过结合公平竞争理论、自由发展论、金融监管论、金融抑制和深化论、金融中介论、制度变迁论、内生性法律理论、法律与金融理论以及法政策学理论,对农村民间金融制度进行系统分析,寻求农村民间金融研究的多学科理论支撑;力求从农村民间金融的起源、基本内涵、表现形式、特征和功能等方面进行理论发展与创新,独创性地提出农民金融权理论作为农村民间金融的理论研究基点。厘清农村民间金融法律制度构建应遵循的理念、原则和价值,结合国情,理性选择农村民间金融法律规制模式,旨在为农村民间金融的可持续发展提供理论依据。

(二)现实意义

本书将为如何解决农村民间金融中的法律问题,促进农村民间金融法治化发展的法律规制路径选择提供有益参考。探讨农村民间金融的法律地位、市场机制、监管机制,意在构建农村民间金融法律制度,为农村民间金融的硬法规制模式提供科学理论依据;挖掘农村民间金融的功能、作用和特点,意在为确立农村民间金融法律规制的边界和标准;探析农村民间金融兴衰变迁历程,对于法律影响金融的内在机理和深层次因素进行深入研究,意在建构农村民间金融非正式制度,为农村民间金融的软法规制模式提供理论引导;研究新型农村金融机构,意在明确农村民间金融未来发展方向,为实现正规金融与民间金融共生和谐发展提供具体路径;解析农民金融权理论和新型农业经营主体的可持续发展的关系,意在明晰农村民间金融的权益保障核心和重点扶持对象,充分发挥农村民间金融的经济功能和社会功能,最终实现经济效益与社会效益的融合与升华。

第三节 研究综述

一、有关农村民间金融基础理论的研究

国内学者对于农村民间金融基础理论的研究主要从农村民间金融内涵、主要形式和特征进行研究:首先,农村民间金融是指服务于"三农",并在农村社会系统内自发形成的民间性金融活动(周昌发,张成松,2014);农村民间金融主要分为农村信用合作社和农村民间金融(姚吉祥,2014);其次,当前我国农村金融的主要形式包括民间借贷、金融合会、农村合作资金会、私人钱庄、民间集资、典当行、银背和银中七种;第三,虽然不同地区的农村民间金融有着各自特点,但从整体来看,其共性特点主要有自发和盲目性、不规范性、地域性、广泛性、信息不确定性(成晋,2015)。

国外学者的主要研究基础理论包括:(1)金融抑制论。《经济发展中的货币与资本》一书中提出针对发展中国家的金融抑制假说,认为发展中国家普遍存在的金融抑制导致正规金融供给不足是非正规金融高利率的主要原因(Ronald I.Mckinnon,1973);(2)信息优势论。《美国经济评论》发表《不完美信息市场中的信贷配给》一文,从信贷配给现象入手,对信贷市场中的信息不对称进行全面的阐述,约瑟夫·斯蒂格利茨(Joseph E.Stiglitz)——魏斯(Weiss)模型(简称S—W模型)首次将信息不对称和风险引入信贷市场分析,为阐述民间金融形成的内生性提供理论框架(Joseph E.Stiglitz,Weiss,1981);(3)制度变迁论。将民间金融的存在归因于金融抑制或信息优势都是片面的,不能很好地解释现实经济现象。事实上,民间金融是经济主体对制度非均衡条件下存在的潜在利润进行追逐的结果,是诱致性制度变迁的产物(高新波,张军田,2006)。

二、有关农村民间金融产生原因的研究

国内学者主要从金融制度变迁、政府金融政策、金融市场需求、信息不对称、借款人需求等方面展开研究农村民间金融的产生原因:(1)从制度变迁的

视角来看。我国农村非正规金融的产生是由我国金融制度安排的缺陷造成的（杜朝运，2001）；（2）从金融的政策安排来看。由于我国的金融抑制政策，正规金融不能满足农村中小企业发展形成的融资需求，非正规金融应运而生（林毅夫，孙希芳，2009）；（3）从金融的供需矛盾来看。改革开放以来农村非正规金融的发展是一个典型的需求诱导性制度变迁过程，正规金融发展的滞后诱致非正规金融的产生（顾海峰，蔡四平，2013），借款人需求是非正规金融产生的主要原因（朱信凯，刘刚，2009），借款人需求催生农村民间金融产生以及农村金融产品的多元化发展（魏岚，2013）；（4）从政府管制来看。在资本稀缺的条件下，国家唯有垄断金融资源并压低利率而将大部分资金投向重工业，这种内生于经济发展战略下的国家金融必然要延伸到农村（钱水土，俞建荣，2007）；（5）从制度经济学理论的角度分析。非正规金融属于内生性制度安排，由于正式金融机构存在信息上的劣势，强化其信贷配给，使农村金融服务成为小部分群体享用的"奢侈品"，这进一步促进非正规金融的发展（苏士儒等，2005）。此外，金融市场信息不对称可能是非正规金融产生的根本性原因，而金融抑制只是一个强化因素（林毅夫等，2001）。

国外学者认为农村民间金融产生的原因主要有两种观点：（1）外生说。非正规金融是外生性的，是对国家政策扭曲和金融抑制的一种被动回应，非正规金融产生和发展的一个不可忽视的因素是强调政府金融抑制政策下的信贷配给和金融资源分配中的所有制歧视。而"新结构主义方法"则强调非正规金融是对转轨经济中政策扭曲和金融抑制的理性回应（Anders，2002）。农村非正规金融的产生根源是农村正规金融机构的代理人故意拖延贷款的发放时间（Chaudhur，Cupta，1996）。而从需求诱致论来分析，市场利益驱动和竞争条件下农村非正规金融组织自发生成的主要原因之一是农村非正规金融组织在农村金融市场领域中形成的较大的成本优势（Segrario，1992）；（2）内生说。主张从信息经济学的角度揭示非正规金融生成的内生性原因，认为农村非正规金融是农户和金融部门对于信息不对称的理性选择结果（Stiglitz，Weiss，1990）。农村非正规金融具有"小农偏好"倾向，但他们并不能确定这种偏好的起源是正规金融机构对农户的信贷配给，还是其他方面（Turver，2010）。

三、有关农村民间金融利率影响因素的研究

国内学者主要从以下几方面进行研究:(1)正规金融在农村经济发展中的缺位和利率管制。运用利率管制条件下的资金供求模型和数理模型对民间金融利率机制进行分析,证明金融抑制导致正规金融供给不足是非正规金融高利率的主要原因(岳意定,陈伯军,2006)。通过研究浙江衢州地区的民间金融利率,发现民间金融利率的高低与正规金融的融资难易成正比,越难从正规金融获得融资的地区民间金融的利率越高,反之则越低(汪本学,李琪,2008);(2)农村民间金融市场的分割性与垄断性。农村存在封闭而又不易冲破的特殊关系交易圈,使得借款人难以寻求系统外的贷款,且民间借贷的贷款者出于安全性考虑又将贷款对象限定于信息掌握充分的关系客户上,使得民间借贷市场具有明显的分割性和垄断性,垄断导致民间借贷的高利率(刘燕,2008)。通过设立非正规金融市场利率决定模型,证明由于农村市场的分割性和正规金融较高的进入成本障碍,导致非正规金融机构存在垄断竞争,进而导致非正规金融利率高于正规金融利率(陈蔚,巩秀龙,2010);(3)农村民间金融运行的制度风险与信用风险。民间金融利率高于正规金融离不开民间金融风险的加成(张德强,2010;奚尊夏等,2012),非正规金融部门比较高的利率是对还贷风险信息不对称的一种反映(张军,1997);(4)农村民间金融与正规金融的交易成本。从正规金融交易成本视角分析,由于正规金融对中小企业等贷款对象的信息调查和监督执行等成本高昂,如果这些成本反映到真实的融资成本上,其融资利率必然远高于法定利率(王俏荔,2012)。隐性成本增加了从正规金融机构获得贷款的成本,成为一种变相的金融抑制,推高民间金融市场的资金价格(匡华,2010)。

国外学者认为农村民间金融利率影响因素主要包括:(1)风险成本。如果从借款者资金用途角度分析,非正规金融的参与者都属于风险偏好者,借款者经营项目一般风险较高,因而需要承受较高的资金价格(Bester,1987;Besanko,1985)。非正规金融风险是源于非正规金融未得到官方认可,有可能被取缔等制度方面的风险(Bouman,1990)。而如果从信息成本角度分析,非正规金融市场上的高利率的成因是由于该市场上严重的信息不对称和高风险造成的,而信息成本在贷款人发生的总成本中占据很大比重,成本增加推高非正规金融市场的利率(Aleem,1990);(2)交易成本。将"贿赂"作为变量引入正

规金融市场与非正规金融市场的均衡模型,证明寻租成本造就民间金融利率远高于正规金融的现象。非正规金融部门的借贷活动与正规金融部门相比缺少规模经济,民间融资利率高于正规金融利率的部分,某种程度上应是对这些成本的补偿(Cupta,1997)。

四、有关农村民间金融风险防范的研究

国内学者主要从农村民间金融风险产生的原因、风险防范类型、风险防范策略等方面对农村民间金融风险防范进行研究。

1. 风险产生的原因:(1)农村民间金融处于"非法地位"。导致民间金融诸多风险的原因在于民间金融没有合法的地位,因此,很难获得合法权益和受到法律保护(赵丙奇,廖红燕,2012);(2)监管体系建设滞后。我国民间金融行业的监管几乎一直处于空白状态,没有受到有效监管,使得民间金融市场存在不小的风险(郭兴方,2015)。此外,合约执行机制人格化和资金使用者的活动完全处于有效监管范围之外等问题是民间借贷危机的根源(史晋川,2011;方先明等,2014);(3)农村民间金融的不规范性。我国目前民间金融市场的交易手续、利率形成机制、信用鉴别机制等均不完备(方先明,孙利,2015)。同时,融资政策偏紧和中小微企业成本压力持续上升是民间借贷危机爆发主要原因(范建军,2012);(4)农村民间金融的脆弱性。民间借贷活动规模相对较小,结构简单,资金链上每个环节都很薄弱,管理上相对落后,这就使得整个民间金融体系都处于一个相对脆弱的状态(刘孟姣,罗焰,2014)。此外,民间金融的范围和规模的狭小使得农村民间金融小范围内的经济主体面临的风险无法通过多样化风险规避手段进行有效分散,因此会导致较高的关联风险(江曙霞,2000;张燕等,2009)。

2. 风险防范类型:民间金融风险可划分为内在制度缺陷风险、利率风险、贷款条件风险以及政策风险四类,这些风险分别可以通过调整现有金融形式、设定合适利率、完善交易环节、促使民间金融阳光化等方法来控制风险(倪舰,2009)。也可以将民间金融的风险划分为民间金融自身引发的风险(包含制度性风险、经营风险、道德风险)和非本身引发的风险(包含法律风险和利率风险),社会风险三类(江文卓,谭正航等,2010)。

3. 风险防范策略:(1)构建民间金融法律法规体系。国家相关部门应该

尽快制定出民间金融的相关法律法规和相关的管理办法,明确其地位、性质、借贷条件、利率范围等(刘孟姣,罗焰,2014)。针对没有合理的法律制度对民间金融市场的交易行为进行约束和规范的现状,应当构建完善的民间金融法律制度对风险进行控制并逐步将民间借贷纳入体制内管理(项俊波,2005;张凯等,2012);(2)推进利率市场化进程。由于民间金融的内生性,外部改革措施终究不能治本,改革的根本在于创建民间借贷健康发展的实体经济基础(刘新华,李丽丹,2013)。为此,需要加快我国利率的市场化进程,让正规金融和民间金融在各自的市场上提供相应的金融服务,避免彼此间的无序竞争,全面满足社会不同阶层对资金的各种需求(刘孟姣,罗焰,2014)。可以通过货币政策适当微调以及减税降费等策略缓解中小微企业成本上升的压力(范建军,2012);(3)完善监管机制。在监管方面,可以通过建立微观和宏观相配合的民间金融监管体系来控制其风险,促进民间金融的健康发展(向剑辉,2013)。通过选取合理可行的风险预警指标,建立民间金融风险微观与宏观监测预警模型分析和预报民间金融风险(赵丙奇,廖红燕,2012)。同时,应明确民间金融的监管部门,建立起多部门联合监管机制(郭兴方,2015)。

国外学者针对农村民间金融风险防控提出的相应措施主要包括:(1)贷款风险甄别机制。"熟悉"带来信息对称,由于民间金融市场上的贷款人对借款人的资信、收入状况等都相对比较了解,因此他会对借款人的还款能力进行甄别(Braverman 1986;Nissanke&Aryeetey,2006);(2)市场互联机制。民间金融的双方除了在信贷市场上存在着借贷关系,可能在其他市场上也存在着交易关系。不仅为贷款人提供关于借款人资信、还款能力的信息,事实上提供一种对实物抵押的代替,增加违约成本,因此增强借款人的还款激励(Stiglitz,1990);(3)社会抵押机制的制裁。如果没有对违规行为的制裁,就无法保障民间金融的正常运行。民间金融市场上的借贷双方均处在一定的社会联系中。借款者以血缘、地缘、业缘等社会网络资源为依托,形成较强的关系型信用(Besley&Coate,1991)。

综上所述,农村民间金融在发展现状、生成逻辑、特点、利率影响因素、风险防控等方面已经取得很多有价值的研究成果。但对于农村民间金融正规化问题依旧停留在必要性研究阶段,对于如何实现法治化的路径以及法律规制模式选择缺乏系统分析;其次,对优化农村民间金融发展的金融生态环境的研究也比较缺乏,特别是针对国家相关政策以及配套制度安排等方面;再者,如何协调农村民间金融与正规金融之间的关系,建立合理可行的金融联接模式,达到优势互补,和谐共生仍然是个难题。因此,如何平衡协调农村民间金融规制权和农民民间金融自治权,如何有效保障农民金融权益,如何理性选择农村民间金融规制路径,都是本书重点探讨的问题。

第四节 研究路线与框架

本书在积极推进法治建设和深化金融体制改革的当下,充分把握住这绝佳的历史发展契机,深入研究和探索农村民间金融法律规制问题;以农民金融

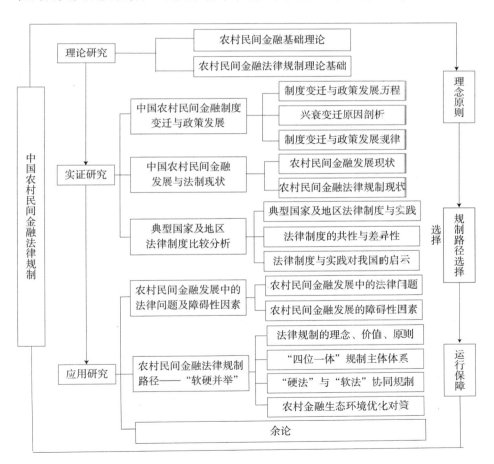

权为逻辑分析基点,结合相关经典理论,深度挖掘农村民间金融的实质内涵;剖析我国农村民间金融制度变迁的规律性以及深层次原因;努力勾画农村民间金融未来发展趋势;借鉴国际民间金融制度实践和经验;确定农村民间金融法律规制应遵循的理念和原则;探寻适当而有效的农村民间金融的法律规制路径、主体和方法,为推进农村民间金融法治化,提供一定的理论参考和借鉴。

第五节　研究思路与方法

本书沿着定性与定量相结合、普遍与特殊相统一、理论与实践相协调的研究思路,采用规范分析与实证分析相结合、专业研究与多学科的交叉相结合、归纳演绎分析和典型案例分析相结合、历史分析和比较分析相结合等研究方法,对中国农村民间金融的法律规制展开深入研究。

一、坚持"定性分析与定量研究相结合"的科学方法展开研究

首先,从理论层面定性研究农村民间金融的基本内涵、功能、作用以及规范化发展的意义;其次,通过实地调研与数据统计和个案分析对农村民间金融进行定量分析;最后,结合定性与定量、国内与国外的比较分析结果,探寻合理的农村民间金融的法律规制路径。

二、遵循"普遍—特殊—普遍"的认识规律展开研究

首先,通过选取东部、中部、西部典型区域进行调研,探索我国农村民间金融的发展前景及普遍规律;其次,比较分析不同国家之间农村民间法律制度之间的共性和差异性;最后,厘清农村民间金融制度构建应遵循的理念、价值和原则,并在此基础上,通过硬法和软法协同规制农村民间金融的发展,保障农村民间金融法律规制的有效实现,努力优化农村金融生态环境。

三、沿着"理论指导实践—实践提升理论—理论实践相长"的科学环展开研究

首先,我国农村民间金融发展需要多学科经典理论支撑,更离不开依法治国理念、社会主义核心价值观的引导;其次,在对我国农村民间金融政策发展

实践进行历史考察分析基础上,比较分析借鉴学习国外先进经验,吸取经验教训,将有助于证实或证伪原有理论,不断丰富完善相关理论;最后,将理论和实践相结合,充分考虑我国现实情况,指导社会实践,最终实现正规金融和民间金融互利共存、优势互补的和谐金融生态环境。

第二章　农村民间金融

第一节　农村民间金融的概念界定

概念是分析问题的逻辑起点，"概念指导我们探索"①。概念的作用在于特定价值之承认、共识、储藏，从而在适用过程中具有减轻重复负担的功能及其适用上的界限或应注意的事项②。简单来说，金融是资金的融通，是货币流通和信用活动以及与之相联系的经济活动的总称。广义的金融泛指一切与信用货币的发行、保管、兑换、结算与融通有关的经济活动；狭义的金融仅指资金的融通。本书采用狭义之说，认为农村金融是指农村资金的融通。它是以资金为实体、信用为手段、货币为表现形式的农村资金运动、信用活动和货币流通三者的统一。目前，我国农村广泛存在着金融二元结构：一元是指由政府提供或由政府控制的正规金融体系。改革开放30多年来，随着经济体制改革的推进，农村金融体制进行一系列的改革，迄今为止形成包括商业性、政策性、合作性金融机构在内的农村正规金融体系；另一元是民间金融体系，民间金融是由于政府提供或者由政府控制的农村正规金融不能满足农村经济主体的融资需求而内生于农村经济的一种金融体制，它对农村经济的发展起到了不可替代的作用。

关于农村民间金融与农村金融的关系最直观的表述是农村民间金融是农村金融的重要组成部分，两者是包含与被包含的关系。在中国社会和经济转轨时期，以商业银行为代表的官方正规金融不可能成为农村金融的主体，富有效率的农村民间金融在城乡二元经济背景下体现出对农村经济发展的适应

---

① ［奥］维特根斯坦：《逻辑哲学论》，郭英译，商务印书馆1962年版，第540页。

② ［美］布坎南：《经济自由与联邦主义》，布公译，载刘军宁等编：《经济民主与经济自由》，生活·读书·新知三联书店1997年版，第34页。

性,而不是金融本身的现代化。因此,现阶段农村民间金融成为农村金融的重要组成部分是农村金融与农村经济共同选择的结果。

表1　农村金融体系一览表

农村金融体系	正规金融体系	中国农业银行
		中国农业发展银行
		农村信用合作社
		邮政储蓄银行
		农村商业银行
		农村合作银行
		新型农村金融机构 → 小额贷款公司
		村镇银行
		农村资金互助社
		其他
	民间金融部门	民间借贷
		民间集资
		合会
		农村合作基金会
		银背
		私人钱庄
		典当行(当铺)
		民间小额信贷组织
		其他

一、民间金融

界定农村民间金融首先要界定民间金融。目前,学界对于民间金融的概念并没有统一的界定。国外学者多称为非正规金融,英文译为"Non-formal Financial"。在20世纪90年代,国内学者一般从所有制、性质、特征来对民间金融进行界定。进入21世纪后,随着民间金融法制化、规范化的呼声与要求越来越高,因而民间金融的概念通常是从法律特征和金融监管角度来阐述。此外,民间金融还被称为非正规金融或非正式金融、非制度金融或体制外金融、民有或民营金融、草根金融等。在这些金融活动中,由于资金并不总是能进行良性循环,因此也存在类似于地下金融、灰色金融、黑色金融、非法金融等具有主观价值判断的含义。

关于非正式金融(或称非正规金融),国内外学者将金融体系划分为正式金融(Formal Finance)和非正式金融(Non-formal Finance),而且普遍认为非正式金融是指金融体系中没有受到国家信用控制和中央银行管制的部分,包括非正规的金融中介和非正规金融市场。目前,非正式金融主要包括如下几种形式:银行间不规范拆借、低利率贷款以高利率贷出、金融诈骗、民间金融以及以民间金融形式存在的地下经济等。可见,民间金融是非正规金融的一种形式,非正规金融是正规金融体系之外的补充。

关于非制度金融(或称体制外金融),一般将正规金融体制(由政府法规制度认可的金融运作体制)内运作的金融机构体系称为制度金融,最典型的范例就是正式的银行系统,银行系统的运作在很大程度上要依靠严密规范的制度作为保障,而在正规金融体制外运行的金融体系被称为非制度金融,主要包括各种民间金融形式。

关于民有金融(或称民营金融),此种称呼是从所有权角度来定义的,民有金融是相对国有金融而言,是指由民间资本构成并掌握控制权的各种非国有或国家控股的金融机构所进行的资金的融通活动。民有金融包含民间性,但并不完全是私有,也可以由其他资本构成,如可以有少量国有资本参与,但控制权必须为民间资本所掌握。典型的民有金融包括民生银行、村镇银行等。可以得知,民有金融与民间金融都强调民间这一特性,但民有金融的范围远远大于民间金融,民有金融已经走向金融正规化,成为正规金融的一部分。

关于草根金融,主要是从金融生命力的视角来说的,是对民间金融的一种更为生动形象的称呼,其范围大体上与民有金融相一致,既包括正规化的"民间"金融,也包括一般的民间金融形式。

关于地下金融,理论界一般认为可分为灰色金融和黑色金融,其中灰色金融是指虽为现行法律法规所不容,但适应市场经济发展要求,若经改造未来可取得合法资格的金融活动;黑色金融是指既为现行法律法规所不容,又不适应市场经济发展需要,未来也不可能取得合法资格的金融活动。据此可以看出,所谓地下金融的概念只包含民间金融的不合法的内容部分,其实,民间金融还应该包括合法的内容部分,因此可以认为地下金融只能是民间金融中的大部分内容,而不是全部。

综上所述,民间金融与上述各种金融形式各有相通之处,但民间金融不能完全等同于体制外金融、非正规金融或非正式金融、民有或民营金融、非制度金融、草根金融以及地下金融等。

表2 不同称谓的"民间"金融形式内涵与外延及对称比较

名称	内涵	外延	对称
民有(营)金融	所有权	非国有(营)金融	国有(营)金融
体制外金融	金融制度	无制度安排	体制内金融
非正规金融	金融形式	不正式	正规金融
草根金融	生命力	无限蔓延	盆景金融
地下金融	危害性	不合法	地上金融

表3 各种"民间"金融形式与民间金融的比较

名称	与民间金融的联系	与民间金融的区别
民有(营)金融	强调民间特性	民有金融的范围大于民间金融
体制外金融	处于正规金融体制外	体制外金融包括各种民间金融形式
非正规金融	是非正规金融的一种形式	非正规金融强调不正式性
草根金融	对民间金融的形象称呼	包括正规化的民间金融
地下金融	是民间金融中的组成部分	属于民间金融的不合法部分

基于不同的研究视角,对于民间金融含义的理解也有所不同。具体而言,关于民间金融的含义主要从以下几个角度进行界定:(1)从自身性质的角度进行界定。正规金融是一种倾向于城市、制度化和组织化的体系,而非正规金融本身就是非组织化和非制度化的,它适应于传统的、农村的、固有的经济模式;民间金融活动或组织是一种复杂的现象,它既包括直接融资类型的活动,也包括金融中介类型的组织;既包括保障性质的互济互助,也包括商业性质的资金融通;既是一种提供资金融通服务的解决制度,又是一种促进社会进步的社会制度;(2)从供给主体的角度进行界定。民间金融是指由民营金融机构提供的各种金融服务和与其相关的进入交易关系的总和;在国有金融体制之

外产生的民营金融机构,是指由民营经济组织、集体或个人经营的银行或非银行金融机构,目前主要包括国家参股但不控股的股份制商业银行、城市信用合作社、农村信用合作社、农村合作基金会以及名目繁多的互助储金会、民间资金服务部、资金调剂服务社、农村金融服务社等;(3)从服务对象的角度进行界定。民间金融是为民间经济融通资金的所有非公有制经济成分的资金活动或金融体系,其可分为两类:一类是正式、合法的金融组织如合作银行;另一类是非正式或"非法"的,如合会、私人钱庄等;(4)从法律规范的角度进行界定。从符合公司法和商业银行法的规定来判断是否属于民间金融,凡没有经过国家工商行政部门注册登记的各种金融组织形式、金融行为、金融市场和金融主体都属于民间金融的范畴,这些主体将不受国家法律法规保护和规范,也不需要纳税;(5)从金融监管的角度进行界定。民间金融是指未纳入金融当局监管范围内的各种金融机构以及企业、个人等所从事的各种金融活动,且这些金融活动不能或不易被金融监管当局所控制。

综合以上分析,对于民间金融概念的准确界定,需要遵循以下原则:从所有制关系上看,民间金融排斥国有独资,多为民有民营,处于官方正式金融体系之外;从法律监管上看,民间金融处于正式金融监管体系外,不为法律所认可,可控性较差,正常部分也得不到保护;从经营方式上看,民间金融通常采取股份制和合作制形式,无固定的组织形式,其经营活动较为松散;从经营范围上看,民间金融一般仅限于区域内;从经营规模上看,民间金融活动一般规模较小,个别地方也存在规模较大的情况;从运作模式上看,民间金融既具有互助合作性质,也具有纯商业性质的,也有牟取暴利性质的,如高利贷等。民间金融的正常部分服务于经济发展,而其不正常部分阻碍经济发展。基于此,本书将民间金融的概念界定为:处于正规金融体系之外的、未纳入官方金融当局监管且产权为非国有的金融组织或活动,既包括低层次、无组织、比较松散的民间借贷活动,也包括较高层次、有组织的通过各类金融机构进行的金融交易活动。

二、农村民间金融

(一) 农村民间金融的概念

按照民间金融活动的地域来划分,可以把民间金融区分为发生在农村地区的民间金融和发生在城市地区的民间金融,考虑到我国民间金融活动主要发生在广大的农村地区,而对应的城市地区由于正规金融贷款渠道的相对畅通,其发生概率不大,加上我国城乡二元体制正在逐渐被打破,新型城镇化步伐不断加快,城乡界限变得模糊。因此,我们认为对农村民间金融的准确定义应该不同于以往而需充分考虑其实际的发展变化。民间金融与农村民间金融的关系可以被看作一般与特殊、总体与局部的关系。所谓农村民间金融即指发生在我国农村领域的民间金融,且这里的农村领域应作广义的解释,不仅包括广大的农村地区,而且还应该包括城乡结合部、小城镇范围。

基于以上分析,笔者认为农村民间金融的具体定义是指处于正规金融体系之外的未纳入官方金融当局监管且其产权为非国有的金融组织或活动,既包括低层次的无组织、比较松散的、主要发生在农村经济落后地区的民间借贷活动,也包括较高层次的有组织的、主要发生在农村经济较为发达地区的通过各类农村民间金融机构为中介进行的融资活动。具体是指存在于农村领域、处于正规金融体系之外的未纳入官方金融当局监管且产权为非国有的各种金融形式。对于其内涵主要体现为农村民间金融是适应广大农村经济主体为融资需求而自发开展和形成的;一般而言,其组织或活动尚未得到法律法规正式或直接认可,也没有登记注册,既未纳入监管范围,也不受法律保护。

(二)农村民间金融主体

农村民间金融的主体包括放贷人、中介人(组织)与借款人。其中,放贷人根据表现形式分为各种不同类型,但大体上可以归结为放贷个人与放贷组织两种;中介人(组织)范围不大,主要指银背或一些从事中介服务的金融组织。我国农村借款人可以分为:农户和农村企业。根据金融需求行为的不同,中国农户分为低收入贫困型农户、普通或温饱型农户和高收入市场型农户。低收入贫困型农户资金非常短缺,信贷需求强烈,但贷款风险极大,为正规金融机构所排斥,只能通过援助性资金、人情借贷或民间高利贷来获取零散、小额贷款;普通或温饱型农户是农村民间金融的主体,其资金需求主要是维持简单农业再生产的短期、小额和季节性借款,一般通过农村信用社(或农村商业银行)获得,其消费性借款多为应急性资金需求,主要通过民间信贷获得;高收入市场型农户主要是种养殖业大户,其生产经营活动面向市场,投资性借贷不断增加且额度较大,但由于不能满足抵押担保条件且金融机构的信用额度

19

太低,因此也难从正规金融机构获得贷款。农村企业的金融需求相对个体农户而言更加复杂,它不仅具有存贷款需求,也有汇兑、转账、贴现等金融服务需求。按照产权标准,农村企业可以分为集体所有制企业、私营企业和股份合作制企业,不同产权类型的企业与正规金融机构的关系不同,其融资渠道和贷款难易程度也不同。按照规模大小可以分为中小企业和中小企业规模以上企业。对于正规金融机构来说,贷款具有规模经济效应,因而其倾向于向规模大的企业提供贷款。而中小规模企业则由于无法满足抵押要求而被排除出正规金融服务之外。[①]

(三) 农村民间金融的分类

农村民间金融依据金融性质来判断可分为两类:一类是互助性农村民间金融,指亲友之间互助式的借贷,它是一种非市场行为,只能依赖于特定的亲缘、地缘等关系而存在,这些人际关系是其信贷关系的前提;另一类是商业性农村民间金融,是指民间自发的、主动性的金融供给活动,它具有一定的市场性质,是一种填补正规金融供给与农村金融需求缺口的积极机制,虽然它也依赖于一定的地缘关系,但这些关系只是对金融交易关系形成起辅助作用。

农村民间金融依据合法性来判断可分为三类:一是"白色金融"(合理且合法),主要是指在政府规范内从事的金融活动,比如,免息或利率范围内的民间自由借贷、典当行等;二是"灰色金融"(合理但不合法),包括农村社区性融资组织、民间集资、合会和私人钱庄等,尽管它们不符合现行法律规定,但因其在不同程度上适应市场经济的发展需要,法律并没有明文禁止;三是"黑色金融"(既不合理也不合法),主要是指高利贷、金融投机诈骗、洗钱等违法犯罪的金融活动,这些民间金融形式很大程度上是"灰色金融"的变异体,为法律所明文禁止,属于国家取缔与打击的对象。

第二节 农村民间金融的表现形式

农村民间金融从其诞生之日起便在农村落地生根,它天然的契合农村经济的实际,能被农民金融行为所消化。在我国现行农村民间金融诸种形式中,

---

[①] 宋宏谋:《中国农村金融发展问题研究》,山西经济出版社 2003 年版,第 78 页。

既有传统农村民间金融形式的复兴，又有现代农村民间金融形式的创新。初期的民间金融与农村人情功能之间有着密切的联系。人情背后掩盖着"隐形金融"。在农业社会里，"人情金融交易"是以人格化的隐形方式实现的，其交易范围多在家庭、家族这些血缘体系内。亲戚间的礼尚往来就其实质而言，是跨时间的价值交换的代名词。送人情与回人情在这种金融交易的安排下，交易头寸以人情记下，而不是显形的金融合约形式。随其逐步发展，"人情金融交易"的对象不再仅仅是债权债务，而是以有限利息为特点的人情账单，其已逐步演化成社会资本，其目的在当下不再是维持基本的互助功能，而是投资功能。农村民间金融的表现形式主要包括民间借贷、民间集资、合会、农村合作基金会、银背、私人钱庄、典当行、非政府组织（Non-Government Organization，以下简称 NGO）小额信贷组织等。

一、传统直接融资模式

（一）民间借贷

民间借贷是当前农村地区最为普遍和盛行的民间金融形式，是借贷双方直接进行的资金借贷活动，也是最初级、最原始意义上的民间金融形式。虽然多数民间借贷有书面契约，少数凭口头承诺，形式不规范，利率不统一，且大都没有抵押担保，管理难度较大。

民间借贷按照不同的标准，有不同的划分方式。按照偿还方式的不同，民间借贷可分为借货币还货币、借货币还实物、借实物还实物和借实物还货币四种形式；按照借贷利率的不同分为无息借贷（或称为友情借贷）、低息借贷（或称为灰色借贷）和高息借贷（或称为黑色借贷）。民间借贷依据不同的利率水平，区域分布呈现不同的特征。友情借贷的分布最为广泛，所不同的仅是权重指标，通常发达地区所占比例少于欠发达地区；低息借贷则多发生于商品经济比较活跃的农村地区，特别是民营经济、个体经济较为发达的东部地区。该地区农村经济发展状况高于全国平均水平，所需资金主要用于农村企业和农户的生产，主要是为满足流通过程中的资金周转需要；高息借贷则主要发生在经济发展落后的中西部农村地区，由于农民生活水平低，融资渠道非常少，一旦出现教育、医疗等大笔资金支出，只能求助于高利贷。该地区的农业企业在生产项目的转变和后续生产资金的投入方面以及农村居民及农户具有类似的特征,通常在无奈之下,支付高昂的利息成本。

(二) 民间集资

民间集资是指农村个体工商户、乡镇企业和农村经济组织根据自愿互利的原则,以组织生产为目的集中社会闲散资金的一种直接融资行为和方式,资金所有者要直接承担最终借款人发生违约和项目失败的风险。民间集资按照用途可分为生产集资、公益和福利集资;按照集资人不同可分为地方政府集资、企业集资和机构部门集资;按照利率可分为高息集资、低息集资和无息集资。民间集资对于我国农村经济发展的贡献是不容忽视的,无论是在乡镇企业建立之初,还是当前的发展阶段,民间集资在其资金来源中都占有一定的比例。在经济转轨时期,民间集资活动在广大农村地区一直比较活跃,但由于相关制度不太健全、配套措施跟不上,以及对民间集资活动缺乏统一的法律规范和有效监管,加上高息的诱惑,民间集资活动很容易被少数人或组织利用而从事非法生产经营活动或用于其他目的,且往往成为诈骗和圈钱的工具,严重扰乱市场经济秩序和影响社会安定团结,因此金融监管当局规定以任何名义向社会非特定对象进行的集资活动被视为非法。

(三) 典当行

典当行俗称"当铺",在我国的历史上,可以追溯到南北朝时期的南齐。典当本来是指出当人将其拥有所有权的物品作为抵押,从当铺取得一定的定金,并在一定期限内连本带息赎回原物的一种融资行为。典当业注重借贷双方之间的自愿协商和意思一致,曾经在我国民间金融中扮演过非常重要的角色,具备规范的行业标准,目前国家已赋予典当业合法的地位。由于典当业的合法性,因而在民间金融活跃的沿海地区,典当业尤其发达。对于急需周转资金而在正规金融部门又难以或不能及时获得融资的个体经营户、乡镇企业等民间经济主体而言,典当行是比较理智的选择。但是由于大多数民间金融活动得不到法律的认可和准许,为了规避法律的限制,于是一些民间金融组织则以经营典当业务为名,从事纯粹的民间借贷业务,甚至与基金会和储金会联合经营"地下钱庄"。

(四) NGO 小额信贷组织

NGO 小额信贷组织就是组织小额信贷的非政府组织,该类组织具有 NGO 的共同属性和特点。NGO 主要指非政治性、非营利性、非宗教性和非秘密性组织,与 NGO 相关和相近的概念还包括公民社会、第三部门、非营利性组织和民间组织等不同的说法。其中公民社会(Civil Society)指独立于国家之外的,基于个人主义基础上的公民互动的公共领域;第三部门是一种理论假设,指在政府和市场之外的第三块权力部门,主要代表社会特殊群体或集团的利益表达和利益综合。NGO 小额信贷组织是专门或者非专门为农户和农民以及少量的乡镇企业提供资金支持的非政府组织,如社科院的"扶贫社"项目和香港乐施会等。目前,NGO 小额信贷组织可以分为两类:一类为项目小额信贷,有项目期限,许多属于国际或者外国机构援助类小额信贷项目,是金融监管部门监管领域之外的金融活动;另一类为非政府组织专业性小额信贷。如山西省临县龙水头村民互助基金会,是一种未经任何政府部门批设的试验性扶贫小额信贷项目。

二、现代间接融资模式

(一) 民间合会

民间合会(Rotating Savings and Credit Association),是一种既古老又现代的民间金融形式。在我国,民间合会有着近千年的历史,合会以其结合轮转储蓄和轮转贷款的独特操作形式,大大降低获取资金的成本,因而长期以来在社会中广泛流传。新中国成立后,一度被认定为非法活动予以取缔。在改革开放之后,民间合会在各地又日渐活跃,成为一种重要的资金融通渠道。所谓民间合会,是由"会首"邀集若干"会脚"组成的一种互助合作信用组织,不属于金融机构。民间合会是很早就在我国民间盛行的一种基于血缘和地缘关系、带有某种互助合作性质、集储蓄与信贷于一体的自发性群众融资形式。它是一个综合性的概念,是各种金融会的通称。由于合会种类繁多,各地对民间合会的称呼也有所不同。例如,在山东、江苏等地称"请会"、"聚会",在湖北等地称"约会",在江西、安徽、湖南等地称为"打会",在云南等地称为"赊会",广东则称为"做会"。各种类型的民间合会都基本遵循这种模式。即会首是合会的发起人,会脚是会首邀集的亲友乡邻,合会一旦成立,直到合会终止,会员人数、会期、会金数目不再变动。从合会第一期开始,各会脚交纳会金若干提供给会首使用,以后每期都由各成员交出会金,由一个未得会金的会脚收入,如此循环,直到全体会脚都得到会金,合会就宣布结束。

国外学者通常将民间合会叫做"轮转基金",一般认为合会是以某种对称的互惠主义为原则的资源分配模式,通过一定的契约实现资源的汇集和再分配。合会依据分配会金的不同可细分为单会、轮会、摇会、标会和互助会等几种类型。单会也叫拔会,有些地区叫单刀会、独角会。实际上是一种"大众为一人"的融资行为,即只有会首获得会金的合会;轮会也叫做会,运行机理在于得会金的先后顺序是先期确定的;每次摇会的安排顺序均是通过一定方法随机抽取,在获得机会上是最为公平的,但不能满足资金使用者对资金需要的不同紧迫程度;标会是目前最为盛行的合会运作方式,资金分配以每次竞标决定,利息高者得会金。合会金额是合会的重要组成部分,指每次通过合会所集聚的资源数量,受到合会成员数量和每个成员所交纳的合会的金额数量的限制,最终决定于参会成员的资金需求状况和可支配资金量的大小;从现实来看,互助会是一种嵌入乡土社会中的民间金融契约安排,社会制裁(Social Sanction)作为外部约束机制起到风险控制作用。当然,随着"圈层"社会结构的松动,基于"村庄信任"的互助会面临更大的风险。在社会制裁中声誉机制具有重要作用。声誉的价值既体现在经济上也体现在非经济上,如获得尊重、赞赏、归属感等。在传统的乡土社会中,非经济上的声誉往往更为重要。由于个体嵌入"社会网络"中,违约者不但面临集体惩罚,而且还面临多重惩罚。即在一个交换域内的违约可能导致所有交换域内的惩罚。这种机制将导致违约者社会资本的丧失。在可预期的社会制裁威胁下,社会资本充当担保品的作用。社会资本是指社会网络,违约者在社会制裁下将丧失社会资本。因此这种约束机制被称为社会担保机制(Besley&Coate,1991)。在浙江温州、福建泉州等"家族"观念十分浓厚的地区,社会担保的作用很强大。①

民间合会信息来源较为广泛,利益效率较高,在世界各国盛行。在我国东南沿海经济发达地区的民间融资数额较大,如福建省福安市的一个合会所涉金额就高达 25 亿元,参与者有 65 万人②。民间合会会金规模小、利率低、会期短、互助性强,因而具有一定的安全性,但由于缺乏严格的监督机制,时常出现拖欠还款现象,影响合会正常运转,甚至出现"倒会"现象。如温州乐清"倒

---

① 温信祥:《日本农村合作金融发展及启示》,载《金融与经济》2013 年第 4 期。
② 李树生、李新:《北京郊区农村民间投资调查》,载《投资北京》2006 年第 3 期。

会"事件的发生,严重影响了农村社会安定。

(二) 农村合作基金会

农村合作基金会是在坚持资金所有权及其相应的收益权不变的前提下,由农村集体经济组织和农户按照自愿互利、有偿使用的原则而建立的社区性资金互助合作组织。20 世纪 80 年代中期出现的农村合作基金会应该说是一种比较特殊的金融制度安排,它既不是完全的民间金融组织与机构,也不是完全的政府金融制度选择,而是由农村集体股金和农民个人股金相结合而形成的一种社区性资金互助合作组织(更多的具有非正规金融的性质),逐渐演变成吸收存款、发放贷款的银行组织。其中比较规范的农村合作资金会,包含乡(镇)办和村办两个层次,实行股份合作机制,建立股东大会、董事会和监事会,规定股东的权利和义务。农村合作基金会的宗旨是为农民服务,为农业生产服务,为发展农村集体经济服务,其兴办初衷是"不以盈利为目的",但作为金融机构,实际上很难做到不突破这些限制。农村合作基金会是我国为数不多的由农民群众自下而上发起设立的农村金融组织,从 20 世纪 80 年代中期直至 20 世纪 90 年代后期经历了一段高速发展时期,对组织和调剂农村闲散资金、满足农村资金需求方面起到积极的作用,同时也积累不少问题,如部分农村合作基金会存在高息揽存、高利息放贷等违规现象,隐含较大的金融风险。为此,20 世纪 90 年代中期,从稳定金融局势出发,中央银行开始整顿清理农村合作基金会。国务院于 1999 年发布 3 号文件,正式宣布全国统一取缔农村合作基金会。

(三) 银背

银背也称钱中,是指借贷双方的信用中介人,通常以个人信息和个人信用为基础,为借贷双方牵线搭桥,通过收取手续费而获得收益。通常发生在借贷双方信息闭塞、无人担保导致无法自由借贷的情况之下。银背通常具有一定资金实力,并且占有资金供需的信息,成为资金融通的中介。银背可以细分为兼业银背和专业银背。兼业银背一般资金占有量较低,通常仅为借贷双方提供信息,主要以收取手续费、介绍费和担保费为目的的中介人;专业银背指的是资金雄厚、借贷信息广泛的以获取存贷利差为主要或唯一生活来源的个人。随着民间借贷的逐步活跃,在 20 世纪 80 年代中期,浙江省苍南县钱库镇资金融通量达三万元以上的银背就有十几家。银背使得金融交易的范围变广了,规模扩大了,但同时也造成借贷双方的信息不对称程度不断加深。

(四) 私人钱庄

银背的发展方向通常为私人钱庄,这符合银行生成的逻辑。私人钱庄是中国本土化的金融组织,古已有之。早在清代,在我国的江苏省、浙江省、福建省等一带盛行,在金融领域处于霸主地位,后逐渐衰落。新中国成立后,尤其是改革开放以来,随着民营企业的发展,资金需求旺盛,钱庄又再度兴起,应该将其看作是一种旧式金融组织机构的复兴,是较银背更为组织化、规范化的间接融资方式的民间金融组织。私人钱庄的贷款对象一般为农村企业,主要为企业的流动资金贷款。私人钱庄的利率一般低于民间借贷,但高于正规金融市场,因而私人钱庄是对当地资金余缺的调剂起到显著补充作用的一类高级农村民间金融形式。许多私人钱庄的前身是由乡镇企业组织的"排会",大都采用股份制形式,主要集中在乡镇,对于贷款对象较为熟悉,易于控制风险。有部分私人钱庄参与非法走私和洗钱的隐蔽存贷款,这类钱庄称为地下钱庄。根据 1998 年国务院颁布施行的《非法金融机构和非法金融业务活动取缔办法》的规定:"地下钱庄是一类以盈利为目的,未经国家有关主管部门批准,秘密从事非法金融活动和洗钱等活动的机构或组织。""地下"二字既说明它存在的非法状态,也说明它运作的方式的非公开性。

我国农村民间金融形式在实践中不断创新,主要包括小额贷款公司、资金互助组织、村镇银行、党员信用担保会等新型农村民间金融形式:

1. 小额贷款公司

从 2005 年开始,中国人民银行(以下简称"人行")先后在山西、四川、贵州、陕西、内蒙古五省(区)开展由民营资本经营的"只贷不存"的商业化小额信贷试点。按照人行的规定,小额贷款公司是依托民间资金,以服务"三农",支持农村经济发展为重点,为农户提供小额贷款的机构。其资金来源为自有资金、捐赠资金或单一来源的批发资金形式,不吸收存款,不跨区经营。规定股东最多不超过 5 个、贷款利率可由借贷双方自由协商。其主要以个体经营者、小企业、农户贷款服务为主。小额信贷公司的主要贷款方式包括信用贷款、担保贷款和抵押贷款等。小额贷款公司是我国民间金融走向规范化的一种重要的尝试和制度创新,必将对我国的农村金融体系的完善起到良好的促进作用。

2. 资金互助组织

资金互助组织是以小农户为主体组建的村级合作金融。其资金支持来源于财政扶持和政策性银行,是国家支农资金引导和培育的新型合作金融组织,可有效防范金融系统风险发生。

3. 村镇银行

村镇银行是指经中国银行业监督管理委员会(以下简称"银监会")依据有关法律、法规批准,由境内外金融机构、境内非金融机构法人、境内自然人出资,在农村地区设立的主要为当地农民、农业和农村经济发展提供服务的银行业金融机构。新农村建设离不开金融支持,目前银监会放宽农村金融市场准入,2007 年率先在湖北省仙桃市成立全国第一家村镇银行。美国花旗银行、英国渣打银行也陆续在我国农村设立村镇银行。发展村镇银行旨在为农村中小企业和农民提供个性化的金融服务,引导资金合理流动,有效补充农村金融体系、拓展融资渠道,成为发展现代农业的重要金融支持力量。

4. 党员信用担保会

为推行小额信贷担保制度,党员用自己的信用和能力做担保。农民通过党员信用担保,可得到贷款,用来发展生产,增加收入。党员信用担保会通过规范担保会章程,完善担保运作程序,完全按照市场化规律操作,增强其自身"造血"功能,促进农村经济可持续发展。

除开以上所列举的农村民间金融形式以外,农村民间金融的形式还包括实物赊销、挂户公司、公司拆款和内部财务公司、金融服务社、财务服务公司、股份基金会、企业自办的养老保险退休基金会等多种形式。其中,农村中的实物赊销主要发生在农业生产资料公司和种植、养殖户之间,借贷的期限通常与农业生产周期相一致,借贷规模与农户的生产规模和信用状况正相关,较有代表性的是饲料赊销、化肥赊销;挂户公司为个体工商户提供银行账号、合同书、介绍信等服务,同时还为挂户者解决资金问题以及吸收挂户者闲置资金,办理存贷业务,其贷款利率在民间借贷和正规贷款之间;公司拆款指的是企业单位从其他有富余资金的企业以较高利率拆入资金的行为,拆借时间以短期周转为主,通常不超过一年。公司拆款本质上是借贷双方为企业组织的民间借贷;内部财务服务公司在农村较少见,一般为大企业和大公司内部用于结算和资金集中调度的媒介。另外,还有各类社会组织和个体兴办的资金融通组织,这些组织通常对外宣称是拥有合法地位的农村合作基金会,其组织结构和盈利分配均按照股份制进行,存贷业务依据"高进高出"原则。

第三节　农村民间金融的特征与功能

一、农村民间金融的特征

农村民间金融生成的土壤是农村经济社会环境,所服务的对象是农民、农户和农村企业,因而其具有不同于官方金融和城市民间金融的个性化特征,主要包括:

1. 内生性。农村民间金融内生于农村经济的发展过程中,其内生性需求根源在于农村社会资本和农村金融需求。农村社会资本是农村民间的信任、互惠及合作有关的一系列态度和价值观构成的由农民参与的互惠网络(即农民的社会关系网络)以及在此基础上建立起来的共同规范。农村民间金融是为适应多样化的金融需求而自发形成的。由于农村金融借贷需求很难得到正规金融机构的支持。基于血缘、地缘和亲缘的民间金融的交易特征更符合农户和农村经济组织的金融需求①。

2. 社区性。农村民间金融是依赖于血缘、地缘和亲缘关系建立起来的在一定区域内互相合作的金融形式。农村民间金融的借贷行为来往于熟人圈子,具有浓厚的地域特征和熟人群落内活动的特性,借贷双方彼此熟悉信息传递快,且较为对称。农村社会成本的信任构成农村民间金融的重要约束机制。

3. 灵活性。农户和农村经济组织对资金的需求金额数量小、使用频率高、用途多样化,使得农村民间金融具有很强的灵活性。如借贷期限灵活、贷款利率灵活、担保制度灵活等。同时,贷款手续简单,流程单一,无需抵押和担保,交易成本低。但是由于借款合同十分简单,多数时候仅凭一张借条而已,形式不够规范。

4. 层次性。在我国,由于我国不同区域的经济和社会发展水平,存在与

---

① 董君:《我国农村民间金融发展、生成、困境与前景》,载《兰州商学院学报》2011 年第 5 期。

之相适应的不同层次的农村民间金融形式,主要包括三个层次:一是无息的互助性质的民间借贷;二是有息的民间借贷,这两种形式均发生于农村经济落后的中西部地区;三是组织化的民间金融,主要发生在农村经济发达的东部地区。

5.共存性。农村民间金融在我国不同的区域具有不同的发展形式和程度,其主要原因在于其社会习惯、经济状况和信用发展水平等因素存在区别。而各种不同的层次和位阶的农村民间金融组织形式共同存在于一定区域范围内,共同满足不同借款主体的多样化需求,体现出强烈的共存性。

二、农村民间金融的功能

1.践行包容性普惠金融理念[①],解决农民贷款难问题

我国长期以来实行"金融二元论",导致农村地区金融资源匮乏,供给严重不足。金融体系的"高大上"仍居于主流,而农民金融需求仍难以得到有效满足。农村民间金融的存在正是在践行包容性金融理念。各国的实践表明,包容性普惠金融在促进金融改革与发展、维护金融体系稳定、消除贫困、保护金融消费者等方面具有积极的作用。农村民间金融对于石展农村融资渠道、缓解农业贷款难、践行普惠金融理念、实现可持续扶贫和精准扶贫等方面,起到十分重要的不可替代的作用。

2.打破金融垄断局面,优化农村金融资源配置

市场经济需要足够的主体参与,主体越多,地位越平等,竞争越充分,效率也越高。中国实体经济改革中放手发展体制外经济成分,创造良好的竞争环境,进而提高效率的成功经验已经充分说明竞争的重要性。农村民间金融的发展有利于打破官方金融的垄断局面,形成有效竞争局面。农村民间金融对资金的配置是以市场为基础的,真实地反映资金的供需状况,供需双方间信息高度对称,贷款人对资金使用者的资金用途和投资项目了解深入,增加决策的科学性。同时,也由于信息充分,民间金融组织能够及时地、有针对性地进行结构调整,与农村正规金融相比,具有较高的资金配置效

---

① 包容性普惠金融(Financial Inclusion)2005年由联合国提出,它强调通过完善金融基础设施,以可负担的成本将金融服务扩展到欠发达地区和社会低收入人群,提供价格合理、方便快捷的金融服务,不断提高金融服务的可获得性,解决信贷配给的难题。

率。农村民间金融高效配置资源的功能还可以通过分离金融资源和增强市场竞争两个途径,向整个农村金融体系扩散高效配置的效应。民间金融组织通过吸收存款,聚集闲散资金,占有官方金融的部分市场份额,充分发挥资源配置效率,增强市场竞争力,强迫或示范正规金融做出相同的判断,进而完成在整个农村金融体系范围内提高配置资源效率的任务①。在民间金融市场形成的过程中,参与各方都以自身效用或利润最大化作为其行为选择的依据。根据一般均衡的帕累托最优化理论,在民间金融市场中,资源最优配置的效率状态便会自然形成。

3. 弥补农村正规金融供给不足,促进农村经济发展

农村地区金融资源匮乏,资金需求强烈,但正规金融供给却严重不足,阻碍农村经济的发展。农村民间金融的贷款手续简单便捷和经营操作灵活的特点恰好和农村信贷资金数额少、期限短、需要急的特点相吻合。由于农户和农村中小企业很难通过正规金融渠道获得所需贷款。而农村民间金融有着天然的优势,可满足农村金融市场的多样化需求,为正规金融提供必要的补充,有效推进农村金融改革,缓解我国农村民营经济的融资困境,为农村经济发展提供有力的资金支撑。

第四节　农村民间金融的兴起及其正当性

在发达国家,金融市场比较完善,正规金融占据主导地位,但民间金融仍是满足不同社会需求和促进国家发展不可或缺的②。改革开放以来,随着非公有制经济的不断发展与扩张,正规金融难以满足农村社会的资金需求。农村民间金融活动发展势头迅猛,特别是民间借贷活动在广大农村地区非常盛行。农村民间金融的存在与发展既是外部特定环境的推动又是由农村民间金融自身特点所决定的,是在各种因素的共同作用下产生的一种必然现象,也是农村改革开放和市场经济发展的必然结果。

---

① 王贵彬:《农村民间金融规范化发展的制度研究》,西南大学 2006 年硕士学位论文。

② Seibel, Hans Dieter, "Informal Finance: Origins, Evolutionary Trends and Donor Options", *IFAD Rural Finance w WorkingPaper*(*July* 2000).

一、农村民间金融的兴起原因

（一）受农村二元金融结构下金融抑制的重要影响

在发展中国家，由于经济相对落后，基本上采取"金融压制"政策以集中力量发展民族经济。金融压抑政策造成正规金融垄断和整体效率低下，致使正规金融内累积的风险增加，却为民间金融的兴盛提供了条件[①]。发展中国家缺乏金融市场，"非市场制度"（Nonmarket Intitutions）成为消解正规金融体制中累积的风险和缓解融资困难的重要工具[②]。关于农村"金融二元"结构，表现为农村金融体系不能很好满足农民的资金需求，而国家对农村金融体系和农村民间金融实施双重抑制政策，同时农村金融体制改革对制度抑制本身很难实现有效的突破，反而是会强化这种抑制。爱德华·S·肖（Edward S Shaw）和罗纳德·I·麦金农（Ronald I.Mckinnon）认为金融抑制是指一个国家的金融体系不完善，金融市场不健全，金融市场的扭曲造成资本利用效率低下，金融运行中存在过多的金融管制措施和制度，从而使金融与经济发展处于相互约束、陷于双双落后的恶性循环状态。目前，发展中国家存在严重的金融抑制，造成金融抑制的主要原因是经济的分割性，资金、技术、土地、劳动力等生产要素分散于零散的经济单位之中，而国内市场也处于割裂状态，无法发挥其合理配置要素的功能，这种分割性经济的存在和发展客观上决定金融体制的割裂与脆弱[③]。

在我国，当前金融抑制首先表现为制度性抑制。国家通过强制性立法和意识形态的强化作用，固化国家对整个金融资源的完全支配权利，肯定国家在金融资源分配中的主体地位，排除其他组织和个人对金融资源进行合理性支配的可能与机会。把金融发展和国家政权的稳定紧紧捆绑在一起，从而在金融制度的变革上表现出强烈的国家意志和自上而下的改革路径，同时努力排除其他形式的非国家主体的金融改革行为，从而排除其他组织和个人进行金

---

① Sehrader.H,"Some Reflections on the Accessibility of Banks in Developing Countries：A Quantitative，Comparative Study"，*Working Papers*，No 188，Sociology of Development Research Center，University of Bielefeld，1995.

② Besley and levenson，"The role of Informanl Fiance in Household Capital Accumulation：Vence from Taiwan"，*The Economic Journal* Vol.106（January，1996）.

③ 于丽红：《中国农村二元金融结构研究》，沈阳农业大学 2008 年硕士学位论文。

融制度改革的可能,由此衍生出垄断的国有金融机构的整体布局;其次,表现为结构性抑制。结构性抑制主要体现为金融制度的设计上对农村和城市设置不同的金融机构,这些金融机构各自的功能和业务有明显的区分,这种结构性和城乡二元的社会构架保持有机的默契,具体体现在国有的金融机构容易从所有制的角度出发界定自己的服务对象,因此农村集体性质的企业和单位比个体的农民更容易取得贷款,与此同时,农村的基层政府也会发挥自己的力量来影响基层信用社的贷款业务;再次,城市和农村金融机构的人员的人力资本构成、业务素质、基本工作设施、工作环境、制度建设、金融机构之间的交流在整体上存在很大的差距。正是这种金融抑制的长期存在,农村社会资金供求出现矛盾,在金融垄断格局下我国广大农村融资主体特别是农户和农村中小私营企业的融资渠道向正规金融延伸的可能性很小,而更多地转向民间。农村社会强烈的借贷需求与正规金融资金供给严重失衡。总之,农村金融体系不完善,农业贷款难现象极为突出。

由于正式金融制度自身的特点以及农村特殊的实际情况,导致正式金融制度下乡时出现不适应性。农村金融呈现四个基本问题:严重的信息不对称、抵押物缺乏、特质性成本与风险、非生产性借贷为主。四大问题的存在,使农村金融市场自然发育状态下出现"市场失灵"和"负外部性",需要政府介入。但政府介入后,又往往以正式金融制度取代非正式金融制度,进一步恶化农村融资环境,又带来了"政府失灵"。由于农村金融抑制的存在,使得农村信贷可得性得不到满足,"信贷获得的可能性对于农村经济和农民生活至关重要,因为它牵涉到能否使一个有利可图的农村小型投资项目进行下去,能否使农户的季节性收入和连续性支出之间的消费平滑化。更为关键的是,在小农最为关注的涉及婚丧嫁娶、生病上学等突发性的大额而刚性的消费需求来临时,能够获得必要的融资"①。加之,随着城乡居民剩余资金增多,存款也同步增加。在农村产生大量的乡镇企业和经营农户,无论是乡镇企业,还是农户的生产及规模扩大都需要资金作为永久的推动力,但两者都被排斥在正规金融机构的服务之外。有供需就有市场,农村民间金融的产生顺理成章,是市场经济规律作用的必然结果。

---

① 周立:《农村金融市场四大问题及其演化逻辑》,载《财贸经济》2007年第2期。

（二）正规金融比较下农村民间金融具备独特优势

相对于正规金融而言,农村民间金融信息对称,交易费用较低。从制度经济学角度来看,交易费用是从事社会经济活动的各个主体之间由于相互存在知识、信息不对称以及经验存在差异而导致的结果,是利益冲突与调和过程中所损耗的各种资源。农村民间金融作为一种特殊的制度安排,具有独特的信息甄别机制,能够有效降低借贷双方面临的信息不对称问题,在很大程度上减少逆向选择和道德风险的发生。中国传统社会是典型的乡土社会,在传统文化中有很强的家族、血缘、地缘意识。民间借贷活动也往往以血缘、姻缘、地缘等社会关系为依托,在亲朋好友范围中进行。基于此,借贷双方相互熟悉,有利于克服双方知识、信息不对称与经验差异问题。而且,民间借贷方式非常灵活,借款金额、借款利率、偿还期限等往往是由借贷双方根据实际情况商量确定,而且手续简便、快捷、无需抵押担保,多为口头约定,交易成本较低,从而为农村民间金融提供广阔的生存与发展空间。

另外,相对于正规金融而言,农村民间金融有着明晰的产权和独特的激励约束机制。产权具体规定人与经济物品有关的行为准则,所有人在与其他人相互作用过程中必须遵守,否则必须承担惩罚成本与损失,而产权不清晰是造成效率低下的原因。农村民间金融组织有着独立的产权保障,其交易活动完全是建立在竞争机制、供求机制、价格机制等市场机制的基础上,为提高投融资活动效率和操作透明度提供有效的产权保障。农村民间金融组织或活动有着一套独特的惩罚约束机制,特别是农村社会的乡规民约、民风民俗等非正式制度对农户行为起到了强烈的道德约束作用。对于那些借款人,如果不能按期偿还借款,他们失去的不仅是自身声誉和信用损失,特别是在社区共同体内多次传播,可能受到熟人疏远与责备,对违约者有着巨大的威慑力。因此,明晰的产权关系以及由此形成的激励约束机制,也是农村民间金融兴起的重要原因。

（三）乡土社会背景下农村民间金融文化底蕴深厚

农村民间金融在我国农村有着悠久的历史和深厚的积淀,它的悠久与深厚不仅仅在于它自身的有形的传承、史书的记述,而且还在于由它所积累而演绎的民间传说、口头文学、戏曲乃至实际的器物的所有整体构成农民日常社会生活的一个有机组成部分,从广大的民间到家庭成员这些有机构成的部分在生活和社会活动当中作为经验在人与人之间的交流互动中无形被传播,从而形成乡村社会记忆的一个重要部分。这样的传承超越历史和空间的界限,也超越一定历史时期法律和意识形态的界限,它深深隐含于民间,但从来没有中断,是各个时代的芸芸众生通过自己的社会实践赋予乡村记忆新的内涵,尽管新中国成立以来一浪接一浪的各种政治运动都没有把这些记忆完全洗刷掉,已经有力地证明农村民间金融文化顽强的生命力,同时也希望通过官方的手段来处理农村民间金融设想的出发点和假设存在脱离现实的不足。

农村民间金融的深厚底蕴与中国社会特殊的历史发展路径是紧密相关的。在官方的合法的金融秩序运行的同时,在农村有一种潜在的民间金融以自己的文化积淀为背景正进行另一种潜在秩序的酝酿和发展。酝酿这些潜在秩序的民间金融的文化和当代主流文化意识从历史发展来看往往既有冲突又有妥协与融合,但官方既宽容又打压的基调在大多情况下是基本一致的。同时这也与我国现有国情是分不开的,广大的农民群体在实际生活中不约而同地履行着民间金融文化的传承义务。我国现在的农村民间金融文化的积累不论是在时间上还是在空间上都是超越于现有制度文化的约束范围的。从农村民间金融文化自己的特点出发来考虑,我们认为它深深依赖于自我生存的地域乡土和社会文化风俗,社会越是发展越是开化,这些文化的积累越是能够和现有的社会制度相融合,甚至能够对现有制度的缺陷产生一定的拾遗补缺的功能。同时随着人口流动的加快和城乡二元社会结构的逐渐被打破,原来的维持自身文化积累的基础也相应的发生相应变化,但并不意味着农村民间金融文化积淀的终结。只要有农民这个大群体的存在,只要他们在一定范围内拥有自己的思想和符号表达系统,农村民间金融文化的积累就不会停止,而且在很长的历史时期内按照自己形成的路径依赖持续向前发展。可以说,正是在乡土社会的背景下,才具备农村民间金融产生与发展的可能,而农村民间金融文化正是农村民间金融活动产生的母体,没有文化的厚重与积淀,农村民间金融的迅猛发展是不可能的。

(四) 法治国家建设下农村金融立法严重滞后

社会主义法治国家的建设需要包括农村在内的中国社会的整体发展,其法治的主体与对象理应包含农民与农业。农村金融作为农村建设、农业发展、农民致富的重要工具与手段,通过农村金融制度的完善来发展农村经济是破解我国目前"三农"问题的一条有效而合理的途径。而农村金融制度的完善有待于农村金融法制的发展,农村金融立法是整个农村法治建设的重要部分,也是社会主义法治国家的建设的题中之义。现阶段我国农村金融立法严重滞后于其他领域立法的规模与进度,可以说,正是因为农村金融立法的不足导致农村民间金融活动的兴起以及农村金融混乱状态的产生。

目前,农村金融立法的滞后主要表现在以下几个方面:首先,金融立法的假设和现实的明显冲突,在我国的金融法规中把所有的合法公民的行为放在一种假设下,即所有的国民都可以根据法律享受到相应的权利,而现实当中农民的国民待遇长期得不到尊重,享受权利更无从谈起,法律的规定和社会的其他制度缺乏应有的配合,许多权利缺乏实施的社会基本条件导致无法实施,立法精神中所倡导的法律面前人人平等对农民来说是一种奢侈品;其次,金融立法所产生的宏观性"大法"的齐全和针对农村社会的微观"小法"的缺乏,导致法律的权威在农民意识中弱化,农民的许多金融行为和农村的金融现象无法用法律去约束,广大农民无法可依,而最高人民法院的司法解释缺乏"大法"的产生过程和宣传力度,不利于普法活动在农村的开展;再次,立法过程的民主参与程度比较低,对农村金融的立法严重落后于农村社会的发展,金融违法违规现象和行为往往超越现有法律的规范范围,使得对于这些现象和行为缺乏应有的法律约束,对农村民间金融的约束软化,落后于城市金融发展的步伐,所以很多的金融法规在城市得到广泛执行,而农村却被遗忘,立法工作缺乏对农村金融二元性的认识,一次性立法无法解决相应的问题,农村和城市必须同步走;最后,金融立法的守法精神在农村缺乏相应的宣传,导致农民对于农村金融立法的迫切性缺乏足够的理性认识。农村金融立法应当顾及农民自身的实际利益和社会诉求,针对农村的金融立法和传统的立法可以有适当的变通,在渠道和信息传递方式上可以进行一些改革①。

---

① 杜伟:《中国农村民间金融发展研究》,西北农林科技大学 2008 年博士学位论文。

二、农村民间金融存在的正当性

（一）农村民间金融存在的理论基础

马克思主义政治经济学是反映社会经济运行及其发展规律的一门基础学科，是分析农村民间金融存在的基础；经济法以社会整体利益为本位，是综合性的协调平衡法。因而，从这两个角度，分析农村民间金融存在的理论基础。

一方面，从马克思主义政治经济学来看，随着社会生产进入到生产社会化阶段，产生出无限增多的剩余，剩余对人们来说就是一种增量利益，人们对这种增量利益所享有的权利就是剩余权。在建设社会主义新农村的过程中，农户掌握着不同程度的剩余资金，但远远不能满足其生产和生活的需要；同时，农村正规金融体系供给缺位，在资本逐利性的驱使下，民间资金融通自然有其一定的市场。这是由资本最大限度地追求利润的本性决定的，而对其主体来说就是利益的增加，也就是实现剩余权。

另一方面，从经济法的理念和价值角度而言，农村民间金融的存在也具有正当性。经济法以社会的整体和谐与协调发展为理念，以追求建立在社会整体利益基础上的经济与社会的可持续发展为目的的价值，最终以维护个体增量利益最大化为核心内容。农村民间金融作为农村金融体系不可或缺的组成部分，为社会主义新农村建设提供必要的动力支持，为解放"农资"问题发挥着独特的优势，其目的也是追求经济的可持续发展，能够促进农村经济的持续、快速、健康发展，进而促进社会整体利益的和谐有序运行。

（二）农村民间金融存在的现实基础

农村金融改革的滞后和农村金融供给的不足，越来越成为制约农村经济发展的瓶颈，突出表现为国有金融组织逐渐从农村金融市场退出，各种正规金融形式无法满足日益发展的农村经济的需求。由此，各种民间金融形式应运而生。发展农村经济要求资金形式多元化，资金来源多样化，需要同存异。因此，各种民间金融形式的出现及其迅猛发展，有其时代必然性和必要性。从微观层面上看，就金融服务需求而言，无论是农户还是农村中小企业，都存在着巨大的金融服务需求，但它们很难向银行提供合格的抵押物来获得贷款；就金融服务供给而言，我国农村金融市场存在正规金融机构单一化和垄断化、服务供给能力弱、服务覆盖面窄等缺点。在广大的农村金融市场、正式金融服务功能难以有效发挥，农户的信贷需求主要依赖非正式金融①。

第五节　农村民间金融的 SWOT—PEST 分析

SWOT—PEST 矩阵法是一种战略分析方法,利用它可以把影响农村民间金融发展的政治(P)、经济(E)、社会(S)、技术(T)等因素放到统一的框架内进行系统的 SWOT 分析,辨别影响我国农村民间金融发展的关键因素,从而有利于了解农村民间金融发展的环境条件,为农村民间金融的可持续发展提供战略性决策。

一、S(Strength)/O(Opportunity)优势和机遇分析

农村民间金融存在诸多优势和机遇,主要体现在:(1)政府倡导普惠金融,鼓励金融创新。当前政府大力提倡包容性普惠金融,颁布一系列相关文件,鼓励金融创新,丰富金融市场层次和产品,推动民间金融的发展,努力促进金融民主化,力图打破金融垄断,推动民间金融合法化,实现金融民主化,解决农业贷款难问题;(2)着力推进农村金融体制改革。政府高度重视农村金融市场,农村金融优惠政策增多,支持力度加大,加强金融基础设施建设,扩大农村金融服务范围,激活农村金融市场;(3)弥补正规金融遗留的市场空缺。农村民间金融的广泛存在反映出正规金融机构远不能满足农村对资金的需求。民间金融扩大社会融资的范围,调节个人之间的资金余缺,能在一定范围内弥补银行信用的不足,其较高的灵活性对社会信用形式发挥拾遗补阙的作用,满足居民筹集资金、解决收不抵支困难和实现消费效用最大化等方面的需求;(4)融资速度快,资金利用率高。由于农户和中小企业规模小、抵押或担保不足,正规金融机构基本上不会放贷。由于正规金融机构对农村中小企业和农民的资信情况调查会提高贷款成本。而且即使正规金融机构愿意贷款,繁杂的贷款手续、严格的贷款条件也会使资金需求方望而却步。民间金融由于融资速度快、门槛低,大多是用于企业资金周转或家庭应急,贷款人有一定的把

① 张燕、张汉江等:《新农村建设中民间金融风险的法律规制》,载《河南金融管理干部管理学院学报》2008 年第 3 期。

握在一定的期限内还清款项,所以资金回收快。

二、W(Weakness)/T(Threat)劣势和威胁分析

农村民间金融也存在诸多劣势和威胁,主要包括:(1)农村民间金融监管难度大,不利于国家宏观调控。农村民间金融存在的盲目性和不规范性,增加了国家宏观调控的难度,其借贷过程中存在的金融投机、高利盘剥不利于货币流通的稳定和人们生活的安定,增加金融风险。民间金融广泛存在,大量资金在体外循环,不仅会增加国家金融监管难度,甚至还会加剧局部经济过热;(2)面临农村民间金融高利贷的利率市场压力。利率市场化实质上是一个逐步发挥市场机制在利率决定中的作用、进而实现资金流向和配置不断优化的过程。农村民间金融的高利率驱使巨额资金游离在正规金融体系之外,对我国利率市场化造成严重影响。高利贷的利率一般远远高于市场利率,严重背离市场价值规律,阻碍利率市场化的进程;(3)农村民间金融具有盲目性和不规范性。由于民间借贷长期游离于正规金融之外,存在着交易隐蔽、监管缺位、法律地位不确定、风险不易监控以及容易滋生非法融资、洗钱犯罪等问题。不规范性不仅体现在借贷手续的不规范性,还体现在收回资金手段的不规范性。同时,由于民间金融的种种便利以及民间金融的法律监管缺位等原因,民间金融愈发活跃。民间借贷行为的日益高涨使得民间金融在一定程度上占领农村借贷市场,对正规金融产生"挤出效应",影响金融秩序;(4)农村民间金融面临各种风险的严峻考验。资金持有者高度关注农村民间金融的高利率,但高额回报的背后蕴藏着巨大的风险。农村民间金融纠纷案件的增多以及涉案标的金额不断加大。通常高利贷一般还会牵涉地下钱庄等非法金融机构,这些非法金融机构长期脱离金融监管,对金融秩序造成严重破坏,影响我国社会经济生活的安定,阻碍我国社会经济发展的稳定发展。随着我国经济发展水平的逐步提高,一些发达国家纷纷选择将我国作为新的利益增长点。如英国渣打银行、美国花旗银行等都在我国农村地区参与设立村镇银行。国外资本为了盈利,不顾我国金融市场的发展需要,盲目扩大投资规模,对我国金融市场的发展产生极为不利的影响,因此要警惕国外"热钱"涌入,防止金融风险的出现。

三、SWOT—PEST 矩阵分析结果

表 4　农村民间金融的 SWOT—PEST 分析

Pest/Swot		政策法律环境（politics）	经济环境（economics）	社会文化环境（society）	技术环境（technology）
内在因素	优势 S	推动农村金融民主化	激活农村金融市场	弥补正规金融遗留的金融市场空缺	贷款门槛低，无需抵押物与担保品
	劣势 W	法律监管难度大	对正规金融产生"挤出效应"	农村民间金融具有盲目性	贷款手续简单，不够规范
外在条件	机遇 O	政府推动包容性普惠金融	农村金融体制改革	农业供给侧结构性改革需要	新型农村金融机构的设立
	挑战 T	没有界定农村民间金融的法律地位	面临高利贷的利率市场压力	面临国外热钱带来的金融安全风险	农村民间金融风险防范机制不健全

根据表 4 所示,分析如下:(1)在政策和法律环境层面。农村民间金融的政策引导、法律监管对农村民间金融的发展起着根本性的影响作用;(2)在经济环境因素层面。政府的支持和宏观经济环境的稳定对农村民间金融的发展起到重要的作用。社会对金融创新包容性逐渐增强,民间资本充裕,因而应发挥民间资本的作用,考虑自身存在的各种风险,建立利率风险定价机制和有效的激励约束机制,提高融资效率,尽力保证资金安全和投资回报 (3)在社会文化环境因素层面。贷款门槛低,信用费用低,满足农村市场的资金需求。但农村民间金融具有盲目性,导致其发展受制约;(4)在技术环境层面。融资速度快,交易成本低,但因贷款程序不规范,风险防范机制不健全,若监管不到位,会影响金融秩序。

通过分析农村民间金融发展的内在条件:自身所具备的优势和劣势,同时分析农村民间金融发展的外部条件:其所面临的机遇和挑战。根据对农村民间金融的 SWOT 分析,对于其未来发展,我们可以采用以下发展战略:S/O 战略(发挥优势,抓住机遇),借助政策的优势和政府的支持,促使农村民间资本

进入行业领域,参与各种层次经济的发展;O/W 战略(弥补不足,利用机遇),弥补农村民间金融发展的劣势、完善法律法规、健全监管机制、培养专业素质人才;利用实体经济振兴和产业结构升级的机遇,大力发挥民间资本在市场经济中的作用;T/S 战略(以压力为动力,不断强化自身的实力),农村民间金融的自身运营素质的提升和优势的发挥,可以使民间金融与正规金融结合,流入金融市场,成为享有同等权利的市场参与主体。

农村民间金融作为推动我国农村经济复苏发展的重要力量,越来越引起我国社会各界的广泛关注。在推进新型城镇化建设进程中,各层次市场参与主体都对资金有着极大的需求。农村金融市场需求强烈,发展潜能大,但困境仍然存在,特别是法律风险巨大。因此,政府部门应积极解决正规金融体系资金供应不足的问题,鼓励和引导农村民间金融法治化发展,对农村民间金融予以法律规制,从而保障其持续健康可持续发展,充分发挥农村民间金融的潜能。

第六节　农村民间金融法律规制的必要性

随着我国的市场化规范程度越来越高,其对法治的依赖程度逐渐加深,而作为资源配置包括金融资源的配置基本手段的市场功能的有效发挥极其需要完善的法律制度作为保障。在依法治国的时代背景下,需要对体制外运作的农村民间金融活动予以法律规制的必要性日益凸显。本节主要从农村社会秩序、农村社会资本、农村金融市场、农村民间金融本身这四方面加以分析说明。

一、对农村社会秩序而言

促进农村民间金融法治化发展,减少农村民间金融违法行为,有助于维护农村金融安全及农村社会稳定。与正规金融相比,农村民间金融的信用风险是由于其薄弱的制度框架和相关制度缺失而产生的。这种制度性的缺失主要包括农村民间金融组织制度缺位、农村民间金融的信贷活动中形成的契约得不到法律的有效保护、农村民间金融的信用关系在正式制度的调节范围之外等。使得政府无法实施有效监管。"每个社会秩序都面临着分配权力、限定权力范围、使一些权力与其他权利相协调的任务"①。农村民间金融制度框架的建立在于使农村金融活动进入一种可持续发展的有序状态。农村民间金融的可持续发展需要具备完善的法律监管框架、成熟的信用文化以及金融合同有效执行的制度能力。从目前我国现存相关法律制度对于农村民间金融所设定的权利和义务来看,还不能够完成协调其所有的权利与权力的任务,对我国农村民间金融发展的制度需求不能得到充分满足。因而会影响农村民间金融的有效规制,从而影响农村社会秩序。

二、对农村社会资本而言

社会资本是资本的一种特殊形态,学者对于社会资本的定义各有不同。皮埃尔·布迪厄(Pierre Bourdieu)认为,社会资本是实际或潜在资源的集合体,它们与或多或少制度化的相互认识与认知的持续关系网络联系在一起。农村社会资本是镶嵌在农村社会结构中的资源,从形式上看,是基于农村地区的血缘、地域等相互认识或信任能够联系起来并且能够为农民生活和行动提供便利的农村社会关系网络。农村社会资本能够加强人们之间的信任和沟通,提供相对完全的借贷信息,降低农村民间金融的交易成本,促进农村民间金融的自发形成。农村社会资本是降低农村民间金融风险的非正式制度基础。

农村社会资本"差序结构"是农村民间金融形式变迁的基础。农村民间金融的形式,包括无息贷款、有息贷款、组织化的民间融资,分别与不同结构的社会资本紧密对应,先天性的农村社会资本结构下,无息的或者低息的农村民间金融就能适应金融发展和社会稳定的需求主体之间彼此非常信任,其还贷率高,金融风险小,推动农村经济的发展。但是,随着组织规模的扩大,血缘、地缘关系开始被业缘关系所代替,后天的农村社会资本成为主流时,参与者的信息严重不对称,信任满足感降低,借贷者为了维护自身权益而设定不同的利率作为交易风险成本来补偿这种不确定性风险损失,因而,有息的、组织化的农村民间金融应运而生。然而在当前时代背景下,农村社会资本的结构性变

---

① ［美］E·博登海默:《法理学:法律哲学与法律方法》,邓正来译,中国政法大学出版社2004年版,第165页。

化改变农村民间金融发展依赖的经济社会环境。其变化主要体现在以下几方面:一是农业经营主体的变化,除传统的农户之外,出现新型农业经营主体(专业大户、农民专业合作社、龙头企业、农庄等),为实现农业产业化经营,对资金的需求极为强烈,其还款能力相对较强;二是农民文化水平的逐步提高,市场意识不断增强,农户的经济行为也有所改变;三是农村人口流动性增强,进一步扩大农村原本的社会网络①。由于农村社会资本的结构性变化,使得原有的社会规范约束机制减弱甚至失灵,农村民间金融机构面临的风险会加大。同时,农村民间金融赖以生存的经济和社会环境不复存在,农村经济市场化、城镇化的趋势越来越明显,正规金融与市场经济相适应的优势凸显出来,农村民间金融只有适时演进到更高级的组织形式,才能适应农村经济的发展②。这都对农村民间金融的有效运行提出法治化需求。

三、对农村金融市场而言

首先,农村民间金融的法治化发展有利于应对正规金融机构在农村社会基层金融服务不能够满足需求的尴尬局面,同时有助于补救国有大型银行基层金融服务的萎缩,国有银行从农村领域大规模裁撤合并后,农村社会资金需求出现的真空局面,从这个角度讲,农村民间金融是国有金融的有益补充,同时又成为农村合作信用社潜在的竞争对手,对信用社改进服务方式、加快农村信用社的改革有着积极的推动作用。农村民间金融以自己的存在方式和交易方式不同程度满足和解决国家和地方政府难以解决的农村社会的资金贫困问题。因而,农村民间金融的法治化发展可对我国农村金融市场进行有效补充,能够实现对农村民间金融的合理规范,稳定金融市场,同时对于地方经济发展和农村私营经济的发展都具有正面积极影响作用。同时可解决闲置资金对农村金融市场的冲击。

其次,农村民间金融从融资的方式上属于内源性融资,而这种内源性融资的"内"却有着自己独特的含义。一方面是指相对于国家政权下的国有金融机构的"外"而言;另一方面是指被意识形态和金融制度抑制之下的独特的社

---

① 赵改清:《中国农村民间金融的内生成本——基于社会资本视角的分析》,载《经济经纬》2008 年第 2 期。

② 董君:《我国农村民间金融生成、困境和前景》,载《兰州商学院学报》2011 年第 5 期。

会群体向其内部寻求社会制度无法赋予的金融权利与金融自由的一种回归性行为。它存在于现有社会制度和政权框架之内，而又保持自己独特的发展历史和传统，这又使得农村民间金融的存在又外在于现有的社会制度。从这个角度看，所谓的向内回归性的行为，实际上，既是回归于一种社会资源的重新发现和组合，也是回归一种心理和文化伦理方面的稳定感与慰藉，而这些都有着悠久的历史和传统。

再次，农村民间金融在一定程度上突破原有的金融制度和规范的框架，开辟了新的融资渠道和融资方式，它的发展对于农村金融以后的发展具有示范和鼓励的积极意义。对于突破现有的意识形态束缚进行农村信用社的改革有一定的借鉴性，应采用适当的规制方式和途径充分发挥农村民间金融的潜在优势。

最后，农村民间金融法治化便于国家获取更全面的农村金融市场统计数据，进行更准确地决策判断，实现资金资源的合理利用，为转型时期的我国金融领域的金融体制改革中如何更加全面地利用和挖掘尽可能多的金融资源而提出新的思路和路径。

四、对农村民间金融自身而言

农村民间金融的规范化发展是制度变迁的必然趋势。农村民间金融作为诱致性制度变迁的产物，最终还是需要由政府来完成正式制度的供给，一方面是制度需求原则的要求；另一方面则是适当超前原则的要求。农村民间金融法治化是民间金融可持续性发展的客观需要。我国农村民间金融自身持续性发展，必然要求其不断降低借贷成本，保持其发展的活力，而这就要求不断地降低针对单项业务的风险溢价，要抵御类似经营风险，则依赖于我国农村民间金融的法治化发展。并在抵御风险能力加强的基础之上，努力进行制度创新，实现农村民间金融可持续发展。如果农村民间金融没有明确的法律地位，没有确定的法律规范予以调整，没有健全的制度运行机制保障，就难以建立完善的农村民间金融信用体系，会阻碍其自身可持续发展。实质上，任何经济活动的有效运行都绝对离不开法律的保障、规范和约束，农村民间金融当然也不例外。

第三章 农村民间金融法律规制的理论基础

第一节 农村民间金融法律规制的理论分析

"规制"一词来源于英文"regulation",属于经济学范畴词汇,是规制部门通过对某些特定产业或企业的产品定价、产业进入与推出、投资决策、危害社会环境与安全等行为进行的监督与管理。依据规制性质的不同,规制可分为经济性规制和社会性规制。其中经济性规制主要是政府针对微观企业主体的产品定价、准入与推出等方面进行的监督与管理;而社会性规制是以确保居民生命健康安全、防止公害和保护环境为目的所进行的规制,主要针对经济活动的负外部性问题所制定的相关规制政策①。

一、农村民间金融法律规制的法学理论分析

(一) 公平竞争论

公平乃是人与人的利益关系及利益关系的原则、制度、做法、行为等都合乎社会发展的需要。公平是一个历史范畴,不同的社会,人们对公平的观念是不同的。公平观念是社会的产物,按其所产生社会历史条件和社会性质的不同而有所不同。公平又是一个客观的范畴,尽管在不同的社会形态中,公平的内涵不同。不同的社会,不同的阶级,对公平的理解不同,但公平具有客观的内容。公平是社会存在的反映,具有客观性。竞争是商品经济社会的必然现象,公平竞争是市场优化资源配置的重要手段,但市场缺陷则会使公平竞争转化为不公平竞争,这需要政府对经济活动的适当干预,将不公平竞争转化为公平竞争。公平竞争的关键在于公平竞争规则,市场主体可用公平竞争权有效对抗交易对方或其他同业竞争者的滥用市场优势地位、垄断或其他限制竞争、不正当竞争

---

① [日]植草益:《微观规制经济学》,朱绍文译,中国发展出版社1992年版,第20页。

的行为,从而降低其交易成本和社会总成本,防止因交易所产生的利益恒定地被一方或一阶层占有或占有不合理的份额。与公平相对应,效率是成本与效果的比较,是指时间、精力和资源花费的多少与结果好坏之间的关系。效率是人们在实践活动中的产出与投入之比值,如果想提高效率,必须降低成本投入,提高效益或产出。关于公平与效率的关系,从长远趋势来讲,二者应该是一致与互补的。一致性体现在公平促进效率,不公平导致低效率,而公平与政策、制度能够促进效率,政策和制度的不公平与不合理则导致低效率。其互补性表现在:一方面,公平有利于效率的提高,可以给效率提供充足的动力源泉和保证。效率的提高只有在结果相对平等的条件下才能持久。公平要求在实现机会平等、过程平等的同时,实现一定程度的结果平等,这就必须依靠国家法律制度的保护,同时使法律所规定的各项平等权利得到落实,这些都能促进效率的提高。另一方面,从一定意义上说,效率是获得有意义的公平的最佳途径,只有在一定效率基础上的公平才是实在的人人可以享受到的公平。

　　经济秩序的效率表现为经济体制是否法律化,能否根据现实社会发展提供的条件,通过法律制度合理分配经济权利,保障公民经济利益。目前,我国农村金融秩序正转向现代金融秩序,虽然农村民间金融秩序还没有完全建立起来,但从已运行农村民间金融的运转效率来看是非常高的,这主要得益于农村民间金融的内生性、灵活性、低成本性等特征。正规金融机构垄断国家金融资源,民营资金虽有所进入,但这种金融领域的大量国有化现象在内部不会形成良好的竞争格局,这种失衡格局不但导致自身正规金融体系内部的低效率,还造成整个金融体系的低效率,民间资金转为正规金融盈利的渠道还很狭窄。在我国农村民间金融的秩序中,对于个人金融资源获取,分享金融权利并没有在当下的法律制度中得到保障,致使农民或穷人很大程度上不能获取金融资源,相反,一些民间金融形式还得不到现实法律制度的承认,总以安全、效率的理由肆意打击与取缔。农村民间金融作为一种弱势金融,其存在与发展的基础就与正规金融有质的差别,正规金融在金融资源的分配,国家机构的有效监管等方面都有国家这个坚强后盾的支撑,农村民间金融自发性很强,强调自我运作,自负盈亏,其理应得到公平的对待。因此,作为保障农村民间金融合理发展的立法在保障效率与公平统一的同时,我们认为农村民间金融在公平与效率的价值选择上更应该优先考虑公平,一方面需承认农村民间金融的合理性,另一方面在政策和制度的供给上给予倾斜性的照顾,从而达到公平与效率价值的和谐统一①。

公平竞争不仅仅是形式意义上的公平,更主要的是实质意义上的公平,由于制度剥夺与市场剥夺导致的金融垄断的存在,农村民间金融主体特别是农民与中小规模农村企业在市场活动中处于弱势地位,通过自身力量不可能实质公平地参与市场竞争,更是很难从正规金融机构获得金融资源,因此将公平观念与公平竞争权制度化不可或缺,只有通过权利和制度倾斜式配置才能达到实质公平竞争的局面。因为"国家所提供的基本服务,是一些根本性的竞赛规则"②。

农村民间金融的法治化发展正是在于赋予民间资金持有主体实质公平竞争权以及农村民间金融主体金融资源获取的权利,强调弱者扶持,确保农村民间金融主体在国内外金融市场竞争中获得公平地位,有助于壮大农民力量与农业产业实力。

(二) 自由发展论

对社会个体而言,自由是指个人或组织希望、要求、争取的生存空间和实现个人或组织意志的空间,这个空间包括社会的、政治的、经济的、文化及传统的等外部条件,同时也包括个人体质、欲望、财富、世界观价值观及理想观的表达欲望等个人因素和内在因素。自由是一个非常具有时限性和相对性的概念,自由的取向有时是盲目的,甚至是非理性的。不同的群体、不同的个体对自由的看法是不同的,自由分为感性的自由和理性的自由,理性的选择和感性的选择往往存在差异和冲突,因此可以说不存在绝对意义上的自由。从一般意义上来讲,人们更看重感性意义上的自由,而感性的自由更容易和外部世界发生冲突。而理性意义上的自由和对这种自由的尊重,是人类个体、群体乃至民族和国家走向文明和发展的必然的先决条件。

至于法律的自由价值至少有字面、哲学、法学三个层次上的含义。从字面上看,无论英语中的"freedom"和"liberty",汉语中的"自由",它的意义都是"不受拘束",哲学层面讲,自由意味着对必然性的把握和对客观规律的认同;

---

① 张燕、杜国宏:《金融和谐视角下农村民金融法律制度的价值取向》,载《河南金融管理干部学院学报》2008 年第 6 期。

② [美]道格拉斯·诺斯著:《经济史上的结构与变革》,厉以平译,商务印书馆 1992 年版,第 24 页。

就法学意义而言,自由指的是在国家权力允许的范围内活动。这三方面的含义是相互联系着的,要想获得自由,就必须认同客观规律,而社会生活的客观规律就是人必须过有组织的社会生活,必须受社会秩序的制约。所以人不可能彻底摆脱拘束,只能以忍受一些拘束为代价而获取相对不受拘束的生活,因而自由永远是相对的。与自由相对应,秩序是指事物组织化的状态,那是人和事物存在和运转中具有一定的一致性、连续性和确定性的结构、过程和模式等。秩序强调的是一种固定化的稳定,看重的是安全。在知识经济时代,财富的累积不过是在自由价值观普及的社会里,无数个人活动的副产品。在个人自由得到最大保障的社会,民众的智慧空前活跃,创新的东西也会不断被提出,财富作为副产品也会像火山爆发般喷涌而出。秩序则没有这样的功能,秩序中的管理可以聚拢现有的智慧和力量,会创造一时的强盛,但会使智慧之源枯竭,为强盛的土崩瓦解埋下伏笔,而且无一例外地都导向死亡。

具体到农村民间金融,其秩序就是农村民间金融活动存在方式。而法律意义上的农村民间金融的秩序是用来防止无序的主要手段。那么,秩序就成为农村民间金融法律最基本的价值之一。实际生活中,自由与秩序价值常常存在冲突,这种冲突是人们理想的自由与现实可能获得的自由之间的冲突,而自由对秩序的反叛实际上是对秩序中不合理因素的反叛。当这种冲突发生时,法律要么应该致力于把这些冲突限制在一定的范围内,避免冲突过于激烈而对秩序造成破坏,要么改变目前的秩序,使形成的秩序有助于其它价值的实现。目前,我国农村民间金融法律制度对其活动中建立抑制的秩序,而这种抑制的法律秩序多是基于金融安全的考虑,但这种金融安全价值观已经到了一种矫枉过正的局面,自由偏失对农村民间金融的合理发展起到一定的阻碍作用。因此,构建我国农村民间金融法律制度,应当改变目前的法律秩序,给予农村民间金融更多自由发展的权利,从而使农村民间金融实现自由价值与秩序价值的平衡。对待农村民间金融的态度,应该在保持一定的社会秩序的基础上给予更多自由的空间与余地,而不只是一味地打压与取消,以达到自由与秩序价值和谐统一①。

---

① 张燕、杜国宏:《金融和谐视角下农村民金融法律制度的价值取向》,载《河南金融管理干部学院学报》2008 年第 6 期。

（三） 金融监管论

金融监管是金融监督和金融管理的总称。金融监管是指政府通过特定的机构（如中央银行）对金融交易行为主体进行的某种限制或规定。金融监管本质上是一种具有特定内涵和特征的政府规制行为。综观世界各国，凡是实行市场经济体制的国家，无不客观地存在着政府对金融体系的管制。从词义上讲，金融监督是指金融主管当局对金融机构实施的全面性、经常性的检查和督促，并以此促进金融机构依法稳健地经营和发展。金融管理是指金融主管当局依法对金融机构及其经营活动实施的领导、组织、协调和控制等一系列的活动。金融监管有狭义和广义之分。狭义的金融监管是指中央银行或其他金融监管当局依据国家法律规定对整个金融业（包括金融机构和金融业务）实施的监督管理。广义的金融监管在上述涵义之外，还包括金融机构的内部控制和稽核、同业自律性组织的监管、社会中介组织的监管等内容。

金融监管权是指权力机构的金融职权或者金融执法权。金融监管权在我国又常被称为金融行政执法权。金融监管权具有以下特征：(1)法定性。法定性是金融监管权存在的前提，监管权的法定性包括主体法定、职权法定、职权行使程序法定等；(2)主体的多元性。行使金融监管权的机构主要是政府的金融行政机关，当然行业自律协会和金融机构本身也承担着一定的监管职责；(3)对象的复杂性。金融监管权对象既包括正规金融机构，又包括非正规金融机构；(4)内容的多样性。监管权内容包括规章规范制定权、资格审批权、金融考核权、业务监督检查权、金融救助整顿权、金融机构接管权、金融市场制裁权、金融建议权、督促谈话权等等。金融监管权实质上是国家权力的行使。

金融监管权的合法性体现在合法、公正、公开、适度四个方面：首先，国家行使金融监管权是有明确的法律依据的，监管机构只能在法律规定的范畴内行使权力；其次，监管权主体在行使法律赋予的职责时，要秉承公正的态度对待任何监管对象，而不应有所差别；再次，监管权主体的一切监管行为与监管信息都应公开，使民间金融主体和金融机构掌握全面准确的金融信息；最后，金融监管机构监管金融市场时，需尊重市场经济规律，不能过度干预，只能在适度的范围内进行必要的干预，否则会破坏市场本身的活力①。

---

① 邹维：《我国农村民间金融监管法律问题研究》，华中农业大学 2009 年硕士学位论文。

金融机构作为经营风险的实体,不可避免地面临信用、市场、利率、操作、法律、声誉等各种形式的风险,高风险决定其正常运转需要适度监管。监管对于维护金融领域的正常运转,提高金融机构的竞争力非常重要。农村民间金融作为农村金融市场的重要力量,运作机制的复杂性决定其更需要有效的监管。对农村民间金融的监管应侧重于内部监管而弱化外部监管,以司法监管为主,金融监管为辅。内部监管主要是指农村民间金融内部经营管理的规范性、标准化,能够在民间金融内部形成合规化经营的内在要求,以期达到风险因素内部消化、解决的目标。内部科学化管理的主动性并非一朝一夕可以完成的,它需要外在强制力的推动,在建立科学化运作机制的初期需要外部金融监管机构制定适宜的准则和标准督促民间金融机构的执行,久而久之,这种强制性行为便会成为一种自觉行为。在内部约束治理机制缺乏的情况下,有效的外部监管是降低金融风险的重要手段。农村民间金融的一个重要特征就是低成本,这意味着民间金融需要较少的外部监督以保持低成本运作。目前主要包含两种金融监管模式:

1. 功能性金融监管

功能性金融监管(Fnctional of Fncial Rgulation),由美国哈佛商学院教授罗伯特·鲁宾(Robert Rubin)在 1990 年最先提出,是指基于金融体系基本功能而设计的更具连续性和一致性,并能实施跨产品、跨机构、跨市场协调的监管。在这一监管框架下,政府公共政策关注的是金融机构的业务活动及其所能发挥的功能,而不是金融机构的名称,其目标是要在功能给定的情况下,寻找能够最有效地实现既定功能的制度结构。

功能性金融监管是由金融监管法确立并保障运行的金融监管模式,充分体现金融法治的现代金融理念。功能性金融监管以政府监管为主,同时发挥行业自律和金融机构内控的作用。美国于 1933 年颁布的《格拉斯—斯蒂格尔法案》(Glass-Steagall Act),1999 年美国国会通过的《金融服务现代化法案》,充分体现功能性金融监管理念。巴塞尔委员会于 1995 年在为银行设置全球性的证券资产组合的资本标准时也采纳功能性金融监管理念。而对于农村金融来说,由于其主体形式的多样性,在农村经济活动中发挥的作用也不相同,而农村民间金融就更具有自己独特的功能,因此确定农村民间金融在农村经济活动中的功能,树立功能性监管理念,有助于我国农村民间金融的良性发展①。

2. 包容性金融监管

与传统的金融监管模式相比,包容性监管是一种"新治理"的监管机制,它以监管者的角色为中心,注重的是监管的社会控制与影响效果,而不是监管权力的来源,具有横跨公私部门划分的特性。目前,在金融监管实践中,虽然包容性监管的概念尚未普及,但秉持这一理念的做法却是广泛存在的。例如,OECD 国家在其金融监管过程中普遍采取非正式咨询、散发监管提案以供评论、公开的公告与评论、听证制度、顾问机构等公开咨询工具,旨在提高其监管的透明度和增强公众的参与性。在美国等国家,监管协商作为包容性监管的一种特有手段已经得到广泛采用,它是指当监管者决定同某些利益集团进行协商时,必须建立一个协商委员会,如果任何个人或利益集团认为自己的意见没有得到充分反映,那么就必须赋予他们一个成员申请机会②。

包容性监管的内涵界定为:(1)差异化监管。差异化监管本质上是一种融合现代管理理念的多元思维、多元目标的监管,它强调金融环境、金融市场主体等差异性因素,注重要素的关联互动,并充分考虑各种信息约束,倡导激励监管相容,追求公正与效率的统一③;(2)适度监管。考察金融监管的历史,不难发现监管者总是徘徊于金融效率与金融安全之间进行艰难的选择与取舍。对农村金融是强化安全还是放松管制,是加强监管还是推行金融自由化,理论的迷思与现实的悖论总是让人倍感困惑。事实证明,对农村金融无论是监管过度还是监管不足均会引发灾难性的后果,监管过度会扼杀农村金融的创新动力进而使其陷入金融抑制的深渊,监管不足则可能导致农村金融秩序的紊乱甚至会诱发民间金融的系统性风险。在这种"二律背反"的困境下,适度监管就成为农村金融治理的理性图景;(3)柔性监管。基于农村金融特有的社会传统与文化背景,必须打破对纯粹的国家主义治理观的盲目崇拜,认真

---

① 蔡四平、岳意定:《中国农村金融组织体系重构——基于功能视角的研究》,经济科学出版社 2007 年版,第 25 页。

② Robert F. Weber, New Governance, Financial Regulation, and Challenges to Legitimacy: the Example of the International Models Approach to Capital Adequacy Regulation, *Administrative Law Review*, Vol.62(March 2010).

③ 李庚南:《差异化监管:小企业信贷商业化可持续的内在要求》,载《中国农村金融》2011 年第 8 期。

对待乡土社会中那些鼓励性、协商性、指导性的软法规范,将农村社会共同体的制度化、规范化、程序化的自治规则纳入到体制内的监管框架中来。同时,在利益多元化的时代,刚性的监管规则容易诱发利益冲突,而柔性监管意味着协商与共识,它强调的是被监管对象的参与,凸显的是现代民主精神,与哈贝马斯"协商民主理论"的价值旨趣一脉相承①。

(四) 金融法安全价值论

法的价值是指其所构筑的法律秩序的目标和其所调整的社会关系及其调整的社会关系所应遵循的方向和原则。安全是一切法律的基本价值取向,安全有助于使人们享有诸如生命、财产、自由和平等其他价值的状况稳定化并尽可能地持续下去。尽管保护人身和财产安全是法律安全价值的核心内容,但不同的法律追求不同意义的安全。金融安全是金融法安全价值的集中体现②。同法的其他价值一样,在不同历史时期,金融法上的安全价值的内涵也会有所不同。

20世纪30年代第一次世界经济危机爆发之前,金融安全的价值主要体现在微观金融安全,法律主要强调对个体金融机构权利的保护,此时亚当·斯密(Adam Smith)的经济思想盛行;直到20世纪70年代,事实证明市场并不是万能的,市场会失灵,针对金融机构的破产,金融业受到严重冲击,此时为维护公共利益,政府应充分发挥职能作用,国家应对经济有所干预,对金融应加强监管,金融安全的价值则体现在加强宏观金融安全,严格规定金融机构的经营业务;此时凯恩斯主义宏观经济政策为主导;20世纪80年代 以"金融抑制"和"金融深化"理论为代表的金融自由化理论开始成为主流,主张放松对金融机构的管制,促进金融业的竞争,提高金融效率,金融法强调金融效率优先于金融安全价值;在20世纪90年代,东南亚金融危机等区域性金融危机的持续爆发,人民开始关注金融安全价值,金融安全与金融效率关系的处理成为各国的重点关注。自21世纪以来,随着"包容性增长"概念的提出,包容性金融理念盛行,追求实现金融民主、金融安全与金融公平、金融效率关系的妥善处理是当今的重要任务。

---

① 冯果、李安安:《包容性金融监管理念的提出及其正当性分析——以农村金融监管为核心》,载《江淮论坛》2013年第1期。

② 张忠军:《金融法的安全观》,载《中国法学》2003年第4期。

从总体上看,金融法所追求的安全价值应包括金融财产的安全、金融制度的安全和金融体系的稳定、正常运行和发展等几个方面的核心要素。就一国金融体系整体而言,金融安全通常包括积极和消极两方面。积极意义上的金融安全,表现为保障金融制度的稳定、金融体系的健康、可持续发展的协调状态;消极意义上的金融安全,则表现为抑制金融体系中不协调因素与力量,控制和防范金融风险,防止金融动荡,甚至金融危机的消极状态的出现,即一国能够抵御国内外重建,保持金融业正常运行和发展的能力和状态①。加强金融监管、防范金融风险、维护金融安全与稳定,是金融监管当局的重要目标,是各国或各地区金融法一致的价值追求②。

纵观各国金融实践,对金融业的规制理念已发生变化,对金融安全价值的追求同时也重市场运行规律。在我国农村民间金融的兴衰变迁历程中,充分体现金融法安全价值论在不同时期的表现,包括积极的金融安全和消极的金融安全。农村民间金融对金融安全的作用具有两面性:一方面提升金融系统稳定性;另一方面缺乏法律制度保障,难以把控金融风险,会伤害金融安全价值,甚至造成社会不稳定。明确农村民间金融法律制度金融安全的价值定位,清醒认识农村民间金融的有效边界,进而制定出科学合理可行的农村民间金融法律制度并对农村民间金融予以有效规制。

二、农村民间金融法律规制的经济学理论分析

(一) 金融抑制与深化论

罗纳德·I·麦金农(Ronald I.Mckinnon)在《经济发展中的货币与资本》一书中提出针对发展中国家的金融抑制论,他认为,发展中国家的经济是被分割的。经济分割使大量的经济单位互相隔绝,他们所面临的生产要素与产品的价格不一,所得的资产报酬率不等,出现市场不完全。在金融领域表现为现代与传统的钱庄、当铺、高利贷组织并存。这种市场不完全把大量的企业和客户排斥在有组织的资金市场之外。他们想要投资,只能依靠自身的内部融资,只能在一个时期的内部积累后跳跃式地间断地进行投资。另外,他还指出,发

---

① 胡启忠、高晋康:《金融领域法律规制新视域》,法律出版社 2008 年版,第 52 页。
② 张忠军:《论金融法的安全观》,载《中国法学》2003 年第 4 期。

展中国家的经济之所以欠发达,是由于金融抑制,即可能是利率被人为压低,或是过高的通货膨胀,或二者兼而有之。要对问题予以解决只能通过金融深化,即政府要放弃对金融业过多的干预,允许非国有化、非银行的金融机构进入,培育一个竞争性的金融体系,让市场发挥资源配置的作用。爱德华·S·肖(Edward S.Shaw)在《经济发展中的金融深化》中提出金融深化理论,他认为,金融部门与经济发展是息息相关的,一国金融业处于金融深化状态还是金融抑制状态,直接会成为经济发展的动力或障碍。在落后经济中,没有统一的市场价格,信息流通不畅,投资风险迭生,收益极不稳定,经济活动中异质性较强,生产要素呈现极大的不可分割性,金融业处于抑制状态,政府的经济对策是所有市场实施价格控制。在金融市场上,政府干预的程度似乎达到了顶峰,导致金融市场不完善,储蓄者的资产选择范围较小,外源融资比较困难,内源融资占主导地位。要使落后经济走上稳定健康的发展之路,必须放弃利率限制,消除人为因素对金融市场的分割,打破金融体系内部行业垄断,大力发展各种形式的金融。由此才能促进各类金融机构之间的竞争,形成一个竞争性的金融体系①。

金融压制主要表现为实际利率被压得过低,金融深化要求利率能真正反映金融产品的稀缺程度和供求状况,这就不仅要消除各种人为因素的利率压制,允许利率的自由浮动,而且要让各种金融机构特别是国有金融机构参与市场进行交易。民间金融机构的参与能够充分发挥市场机制的作用,实现有效的竞争,以形成均衡市场价格。否则,价格扭曲难以消除,无法实现金融深化。金融结构可以用金融工具和金融机构来反映。金融结构单一抑制了金融工具的发展,储蓄和信贷成为最主要的金融,金融机构单一,多为政府所有并经营,资本市场缺乏并受到严格控制。金融深化要求金融机构多元化并主张发展各种金融工具。金融机构不仅可以有各种国有形式,也可以有各种非国有形式,这有助于实现金融机构之间的真正竞争。各种金融机构并存,明显可以优化金融机构,有助于整个金融体系的健康发展。在金融抑制经济中,一方面存在着现代的有组织的正式的或官方的金融机构,如中央银行、商业银行等;另一方面又存在着传统的无组织的非正式的或非官方的金融机构,如钱庄、高利贷

---

① 魏晓丽:《我国农村民间金融问题研究》,首都经济贸易大学 2006 年硕士学位论文。

者、私人银行等。爱德华·S·肖（Edward S.haw）和罗纳德·I·麦金农（Ronald I.ckinnon），对农村金融市场竞争与效率进行研究，发现在许多发展中国家，因为存在金融抑制，农村金融体系呈现出典型的"金融二元性"，国有金融组织垄断经营，利率扭曲，资金总量矛盾突出，金融工具不足，信用形式单一，补贴性信贷利率和信贷供给，使得农村金融市场资源配置效率低下。中国的农村金融市场具备典型的"金融二元性"的特征。金融深化就是要消除市场分割，尽可能形成统一的完善的金融市场。这就需要发展农村民间金融，促使其以正式的有组织的形式出现，可以有效抑制非正式的无组织的传统金融机构的存在，有助于消除"金融二元性"。

（二）制度变迁论

新制度经济学（New Institutional Economics），是以制度作为其主要研究对象的经济理论，发端于罗纳德·H·克斯（Ronald H.Coase）的交易成本学说。经过 19 世纪 60 年代末期以来三十余年的演变与发展，现已成为西方经济学颇具影响力的理论分支，制度变迁理论是其核心理论之一。制度均衡与制度非均衡之间的交替往复的过程就是制度变迁。西奥多·舒尔兹（Theodore W. Schultz）、道格拉斯·诺斯（Douglass C.North）和林毅夫等新制度经济学家借鉴新古典经济学的供求均衡理论，建立各自的制度变迁模型。这些模型从不同角度揭示制度变迁的动因、过程和特征。其中若斯的制度变迁模型最具代表性，通常被视为制度变迁的一般理论模型。此外，还有两种比较著名的制度变迁理论模型，即拉坦（V.W.Latan）提出的诱致性制度变迁理论和林毅夫提出的强制性变迁理论。

道格拉斯·C.诺斯（Douglass C.North）认为，"制度是一系列被制定出来的规制、守法程序和行为的道德伦理规范。它旨在约束追求主体福利或效用最大化利益的个人的行为"。制度的作用是"提供人类在其中相互影响的框架，使协作和竞争的关系得以确定，从而构成一个社会特别是构成一种经济秩序"，制度主要由"正规约束"和"非正规约束"以及这些约束的"实施特征"组成①。

诺斯制度变迁理论的内在逻辑结构可从制度变迁的动因、条件、主体、方

---

① 道格拉斯·诺斯：《经济史中的结构与变迁》，上海三联书社 1994 年版，第 225—227 页。

式及路径加以阐明。制度是一种公共物品,制度供给是有限的、稀缺的。随着社会发展,人们为实现利益增长,会不断提出新制度需求。因此,当制度供给与制度需求均衡时,制度则稳定,当制度供给不能满足制度需求时,就会发生制度变迁,这是制度变迁的基本动因,在此基础上,只有制度变迁达到如下变迁条件:即制度变迁带来的预期收益大于其产生的预期成本,制度变迁才会实现,反之,制度变迁将受到阻碍。制度变迁的主体主要有两种,即初级行为团体(对制度变迁起主要作用)和次级行为团体(对制度变迁起次要作用)。根据充当初级行为团体的主体的不同,可将制度变迁分为自下而上的和自上而下的制度变迁。自下而上的变迁指由个人或团体受到制度潜在利益驱使,自发组织和倡导的制度变迁,又称诱致性制度变迁;自上而下的变迁是指由政府充当初级行为团体。以法律和命令等形式推行和保障的制度变迁,又称强制性制度变迁①。

　　现阶段我国民间金融发展壮大的主要诱因是高收益导向的供给和巨大的融资需求,可见,民间金融的发展在现有制度安排下具有自发性和"寻利而生"的特点,并具有内在稳定性,这种发展符合金融制度的诱致性变迁的,而这种制度变迁进一步体现制度创新的特征。在我国的经济转轨过程中,许多"寻租"的活动事实上都带有"边际创新"的意义,因为在转轨过程中,人们认定的原有准则会变得模糊不清,在打"擦边球"的过程中体制就可能被突破,甚至重新建立起"合法"和"不合法"之间的分界。由此可见,在经济结构高度不稳定和体制框架还在逐步形成的过程中,经济活动的"合法性"应该建立在行为的合理性的基础上。虽然农村民间金融的产生和发展符合诱致性制度变迁理论,但是由于长期被排斥在正规金融制度之外,诱致性变迁中形成的自我增强作用会使民间金融在稳定增长的同时,也具有非正式、不规范和低效率的特点。系统内的特殊性决定民间金融不可能具有规模经济的制度优势,并且其对竞争的本能回避导致一定程度上的低效率。如果没有外部强有力的制度冲击和国家制度供给,民间金融会由于制度创新的成本过高而无法走出这一状态,可见,规范与发展民间金融对于民间金融制度本身而言也是一种创新和突破。

---

① 杨光斌:《诺斯制度变迁理论的贡献与问题》,载《华中师范大学学报》2007 年第 3 期。

（三）金融约束理论

因以"金融深化论"和"金融抑制论"为基础的金融自由化在发展中国家运行中发生金融危机，许多经济学家开始对以往经济发展理论的结论和缺失进行反思和检讨。斯蒂格利茨（Stiglitz）在新凯恩斯主义学派分析的基础上概括金融市场中市场失败的原因，他认为政府对金融市场监管应采取间接控制机制，并依据一定的原则确立监管的范围和监管标准。在此基础上，赫尔曼（Hellman），默多克（Murdock）和斯蒂格利茨（Stiglitz）在《金融约束：一个新的分析框架》一文提出金融约束的理论分析框架：以发达的金融市场为对象，以不完全信息为基础，提出信贷配给理论，即"金融约束理论"，这种理论认为由于经济生活中存在信息不对称风险和道德风险，资本无法自动实现帕累托资源最优配置，所以适度的政府干预是必要的，主要手段包括控制存贷利率、限制竞争和限制资产替代政策等。其目的是通过创造租金以提供适当的激励机制。事实上，金融约束是发展中国家从金融抑制状态走向金融自由化过程中的一个过渡性政策，它针对发展中国家在经济转轨过程中存在的信息不畅、金融监管不力的状态，发挥政府在市场失灵下的作用，因此并不是与金融深化完全对立的政策，相反是金融深化理论的丰富与发展。"金融约束理论"的不足之处在于：要保证金融约束达到最佳效果，必须具备一些前提条件，如稳定的宏观经济环境、较低的通货膨胀率、实际的利率，真正的商业银行，政府对企业和银行的经营没有或有很少的干预，以保证银行和企业的行为符合市场要求，但这些条件在现实社会往往难以满足。

政府的金融管制体现出金融活动的安全需求，实现法律的安全价值，但是安全价值不是一种绝对价值，因为安全价值的实现，本身受到既对个人有益又对社会有益这个条件的限制①。如果安全的内容过于宽泛，就会产生这样一种危险，即社会或者经济的发展会受到抑制或妨碍，因为某种程度的压力、风险和不确定性往往是作为一种激励成功的因素而起作用的。在管制之下，农村金融市场失去竞争，正规金融机构获取管制的特许权和经营权，同时也获取农村金融市场上的垄断地位，对于农村金融市场准入以及金融利率的限制造

---

① E·博登海默：《法理学：法律哲学与法律方法》，邓正来译，中国政法大学出版社2004年版，第165页。

成了民间金融发展的困境,显然,对民间金融的抑制并不利于增加农村的社会公共福利,农村的金融消费群体成为管制的受害者①。过度管制的结果是政策目标严重偏离,利率水平过高,过分强调银行金融机构的作用,忽视非银行金融机构,阻碍金融创新,难以形成公平竞争性的市场,导致农村金融资源匮乏。

(四) 金融中介理论

金融中介是指在金融市场上资金融通过程中,在资金供求者之间起媒介或桥梁作用的人或机构。约翰·G·格利(John G.Gurley)和爱德华·S·肖(Edward.S.Shaw)把金融中介机构可以分为两大类:货币系统和非货币的中介机构。货币系统作为中介机制,购买初级证券和创造货币;非货币的中介机构只履行购买初级证券和创造对自身的货币债权的中介作用,这种债权采取储蓄存款、股份、普通股票和其它债券形式。金融中介一般由银行金融中介及非银行金融中介构成,具体包括商业银行、证券公司、保险公司以及信息咨询服务机构等中介机构。金融是现代经济的核心,在市场经济中,金融活动与经济运行关系密切,金融活动的范围、质量直接影响到经济活动的绩效,几乎所有金融活动都是以金融中介机构为中心展开的,因此,金融中介在经济活动中占据着十分重要的位置。随着经济金融化程度的不断加深和经济全球化的迅速推进,金融中介本身成为一个十分复杂的体系,并且这个体系的运作状况对于经济和社会的健康发展具有极为重要的作用。

古典的金融中介理论以现存的金融中介为前提,论述银行的部分职能,包括信用媒介、信用创造等。20 世纪初至 60 年代,一些经济学家引入阿罗—德布鲁模式(Arrow-Debrue Model),论证金融中介机构无用论。如果金融市场中不存在交易费用,储蓄者和投资者之间不存在非对称信息,金融市场是完全竞争的,就不需要金融中介机构这个多余的楔子,因为金融市场足以承担一切功能并使资源配置达到帕累托效率。20 世纪 60 年代以后,新金融中介理论从不完美市场出发,利用信息经济学和交易成本经济学的最新成果,对金融中介机构存在、发展和功能进行了微观细致的理论分析。西方许多经济学家都认为交易成本的存在是金融中介产生的理由,因为金融中介可以利用技术上的

---

① 吴正刚:《我国农村金融法律制度研究》,华中农业大学 2010 年硕士学位论文。

规模经济和范围经济降低交易成本。新金融中介理论产生于西方发达国家，这些国家的金融中介的主体是民间金融机构，主要服务于居主体地位的民营经济。

而中国的市场条件不同，是垄断的国有金融体制，主要服务于国有经济。这种金融中介机构适合新中国成立后的国情，但实行改革开放后，民营经济崛起并在国民经济中的地位日益提升，产生金融服务需求，原有的金融中介机构结构也应发生相应变化，农村金融组织体系逐步形成，但农村金融资源极度缺乏，这就是我国农村民间金融产生的背景条件。

三、农民民间金融法律规制的法经济学理论分析
（一）内生性法律理论

卡塔林娜·皮斯托（Katharina Pistor）指出，与法律制度的起源相比，更应重视法律制度移植国原有的国情过程，进行"内生性"的改变。青木昌彦（Masahi ko Aoki）教授的"比较制度分析"中将"制度"概括为一种博弈均衡，这种均衡不是受制于第三者的强制，而是参与博弈者的合理的、最适合的行动的结果，属于支配性的、稳定性的均衡。由于法律等外生性体系可以导致博弈参与者的利益等方式变化，从而有可能制约参与者的行为，但法律自身并不是"制度"而是对"制度"施加影响的一种存在。鹤光太朗在此基础上，针对卡塔林娜·皮斯托（Katharina Pistor）教授强调"法律制度自身根据不同的环境变化持续性地发生演变、进行适应"的观点，提出一个新的观点：认为法律制度"并非是不变的、外生性的要素，它以民间行为主体自我约束性的博弈均衡形式内生地生成，并对上述均衡与行为模式加以强化、巩固"。从法律制度在经济体系中"内生性"地生成这一含义上讲，可以将这种提法称为"内生性法律理论"（Endongenous Law Theory）。因此，从法律制度是经济体系中的"内生变量"这个角度来看，通过修改法律制度去强制性地改变各类主体行为的做法不会有多少效果。重要的反倒是应该看清在民间行为模式没有受到制约的情况下存在的、自我约束性最优均衡是否已经形成，即对现存法律制度是否阻碍了对民间最优反应做出判断。这是因为，"均衡"作为民间自身的最优行为模式，与法律制度之间经常会发生背离。若强行地改变法律制度，以此改变人们的行为模式，其结果是"强扭的瓜不甜"。

农村民间金融市场存在大量潜规则,如正式法律制度对此回避或是毫无反应,就会发生正式法律制度与非正式制度的冲突与对立,就会影响农村民间金融的生态环境的有效性和适应性。

（二）法律与金融理论

法律与金融理论(Law and Finance)是从 20 世纪 90 年代中后期才在美国兴起的一门由金融学和法学交叉而形成的新兴交叉学科,是法律经济学在金融学领域的运用和发展,属于法律经济学研究的前沿分支领域。它应用金融经济学和计量经济学方法分析和探究法律和金融的关系、法律和法律制度对国家金融体系的形成、金融体系配置资源的效率、公司金融、金融发展以及经济增长的影响。法与金融研究的产生起源于经济学四人组 La Porta,Lopez-de-Silanes,Shleifer 和 Vishny(LLSV)发表的两篇经典文献,即 1998 年发表于《政治经济学》杂志的论文"法与金融"和 1997 年发表于《金融学》杂志的论文"外部融资的法律决定因素"。不同的法律起源塑造不同的政法体制,法律制度和监管规则,并进一步塑造不同的金融体系,最终导致不同的经济绩效。越来越多的实证经验表明:法律是信贷市场发展的一个重要决定性因素,有效的法律制度能够降低贷款风险,并使经济体中信贷规模占 GDP 的比重有所增长。LLSV 实证考察 49 个国家投资者保护立法、执法效率与法律起源的关系,并分析这些差异对金融发展的影响。然而应当注意,他们明确指出"在研究样本中并不包括社会主义或转型经济国家。

哈斯曼(Hussmann)、皮斯托(Pistor)、维格(Vig)等对 12 个经济转型国家进行了研究,结果发现法律促进信贷行为,债权人权利保护的总体水平与信贷规模正相关,同样,法律变革与信贷规模增长之间也呈正相关。在运用"法律与金融"理论的同时,必须结合我国自身的实际情况,对我国农村民间金融领域的约束条件(非正式规则和乡村文化传统)进行研究。从"法律与金融"理论出发,认为法律变化并非总是锁定在已有的法律框架中,而是取决于本土机构的需求,以及改变是否应适应现有的法律体制下的机制设定。法律是功能性的、反应式的、适应性的,而非标准化制式。法律不是政治、经济中立的机制,而是各方利益参与者的博弈。"法律与金融"研究关注法律的供给与需求,从研究法律与金融禁止的、线性的关系发展到关注法律与金融动态的、非线性的互动。重视正式法律制度与非正式规则的对抗、博弈、共生等互动关系①。有学者研究发展中国家发现,如中国正式法律金融制度与可选择的非正式制度安排,认为基于私人信用、合同联系和企业联合的制度和以民间信用和传统社会关系为基础的可选择的融资渠道,有力地支持中国的经济与金融的增长②。因此,在运用"法律与金融"理论的同时,必须结合国情,我国是在悠久的儒家文化和计划经济制度的基础上进行金融法治建设的,因此应当对我国农村民间金融领域的约束条件,包括非正式规范和乡村文化传统等进行深入研究。

四、农民民间金融法律规制的法政策学理论分析

关于法律与政策的关系,美国法学家迈里斯·麦克杜格尔(Myres McDougal)指出,"法律规则—无论是从习惯、惯例还是根据其他什么渊源派生出来的,在特定案件中的每次使用,事实上都要求进行政策选择。"与美国政治学家哈罗德·拉斯韦尔(Harold Lasswell)共同致力于发展一个设计法律制度的学科,这就是法律政策科学,已作为一门科学概念在欧美被法学家们广泛使用。日本东京大学名誉教授平井宜雄的著作《法政策学》系统梳理法政策学的基本内容,解析法政策学的必要性、基础概念、法律制度设计的一般性评价标准及法律制度设计的基础理论、法政策学的技法。

法政策学是研究法与公共政策相互关系的学问。正确理解法与公共政策的联系和区别,是合理定位法政策学的前提。就学科定位而言,法政策学应当定位于法学的分支学科,并始终要以法律思维为基础,在不断批判和反思政策思维的基础上实现法学与公共政策学的有机整合。就基础概念而言,法政策学的支柱性概念包括政策目标(立法目标)、政策工具(行政手法)、规制模式(组合手法)和评价基准等。就具体的事项分析而言,法政策学需要采用过程分析模型,对立法所涉及的价值、事实和规范三要素进行循环往复的观察和论证③。

---

① Curtis,Milhampt,"Byongd Legal Origin:Rethinking law's relationship to the Economy-Implication for Policy",*The American Joural of Comparative Law*(September 2009).

② Franklin Allen,Junqian,Meijun Qian,"Law,Finance and Economic Growth in Chinn",Joural of Finance *Economy*(July 2005).

③ 鲁鹏宇:《法政策学初探——以行政法为参照系》,载《法商研究》2012 年第 4 期。

法政策学认为,法律和政策不是二元对立,而是紧密关联的。法政策学的研究包括两个方面,即对法律和政策的双重审视:从政策的视角审视法律如何顺利实现政策追求的目标,着眼于法律的工具性和合目的性;从法律的视角审视政策是否适合或有必要转换为法律,重心在于政策的合法性、正当性以及可行性。法政策决定过程,通常要经历规划、决定、实施、评价、再规划、再决定的循环过程。在一项公共政策提升为法案并实施之后,需要对实施效果进行评价。在法律实施过程中获得的信息和经验,会通过不断的循环往复影响和推动新的政策议案的形成。政策法律化方式路径主要包括:(1)法律思考模式;(2)两种思考模式、决定模型;(3)两种社会关系;(4)决定的类型。

在不同的历史背景下,出台的有关农村民间金融的政策也会有所不同。运用法政策学提供的法律制度设计的方法论,沿着"立法目标—法律手段—规制模式—评价基准"进路推进农村民间金融法律制度构建是十分必要的。

第二节　农村民间金融法律规制研究的理论基点——农民金融权论

我国现代化的主要内容是农民问题的解决与发展。农民问题的核心是农民的权利,确立并保证农民作为社会主义公民的权利,是解决农民问题的关键。农民的公民权分为两个层次或环节:一是在现有条件下,以法律明确规定农民与城市居民平等的公民权,取消身份制和户籍制,保障其迁徙权,并规定农民与城市居民平等的选举权与被选举权;二是在此基础上,充实并保证农民的民主权与经济权利,建立完善的监督协调机制,实现与保障农民获得国家物资帮助与追求幸福生活的权利①。其中,经济权利是农民公民权中的一项重要的权利,金融又是经济的核心,因此获得经济权利很大程度上取决于能否得到平等的金融支持,农民作为弱势群体,从情理、法理视角理应获得国家的金融支持与帮助。农民金融权的意蕴是金融权利对农民本身的意义。保护农民金融权利对于平等地实现农民的生存权和发展权具有重要的意义,也是农民公民权的有力彰显,更是一种"底线公平"的体现。"底线公平"要求不得对低

---

① 刘永佶:《农民权利论》,中国经济出版社2007年版,第107页。

收入人群进行信贷歧视,确保社会成员能够得到基本金融服务,消除金融服务的真空地带,将信贷权视为一项基本人权,让公民拥有"免于匮乏的自由"①。

一、农民金融权的性质剖析

(一) 农民金融权是一种理应归属农民的金融利益

马克思认为,"人们奋斗所争取的一切,都同他们的利益有关"。所谓利益,从哲学的主客体二元对立出发,就是独立于主体世界的存在,是能够使社会主体的需要获得某种满足的生活资源,而这种资源满足的程度是以客观规律、社会环境和社会制度所认可的范围为限度的②。利益是一个内涵丰富的概念,从广义上看,利益就是满足生存和发展而产生的对一定对象的客观需求,是社会主体的需要在一定条件下的具体转化形式,它表现出社会主体对客体的一种主动关系。狭义上的利益就是指经济利益,是在经济活动过程中产生的能满足经济主体需要的客体价值。经济利益在人类社会中处于基础性、决定性地位,它深深地影响着经济关系,从而决定社会上层建筑,成为社会发展的动力和保障③。随着市场经济的不断发展,金融活动日益兴旺,逐步成为市场经济活动的重要内容,在这样的条件下,金融利益作为一种独立的利益形式应运而生。所谓金融利益,是指经济主体在金融经济活动中所获得的一切经济利益的总称,它广泛存在于正规金融和非正规金融(民间金融)当中。与利益相对,权利可以认为是一种法律上得以确认的利益,得不到法律确认与承认的利益不能称为真正的利益,至少这种利益是不稳定与欠缺保障的。

在我国农村地区,正规金融的缺位使得非正规金融得到迅速发展,农村民间金融成为农村金融活动的重要内容,也成为农村地区金融利益的主要载体。从某种意义上说,金融利益是农村民间金融主体存在的前提条件。因为人类多种多样的需要是经济利益的自然基础,人类实现多种多样的需要,要通过各种各样的经济活动来实现。金融活动也一样,它是人们为了实现金融利益而进行的金融产品和服务的交易活动,追求经济利益是金融活动的必要前提和

---

① 资中筠:《也谈罗斯福"新政"》,载《国际经济评论》1998 年第 7 期。

② 李长健:《论农民权益的经济法保护——以利益与利益机制为视角》,载《中国法学》2005 年第 3 期。

③ 商晨:《利益、权利与转型的实质》,社会科学文献出版社 2007 年版,第 42 页。

终极目标。所以说,金融利益是农村民间金融发展的前提和动因①。农民金融权是一种农民在进行金融活动过程中获得金融供给与救济的权利,实质上是一种理应归属农民主体的金融利益,农民金融权的主体是广大的农民,农民群体的金融利益要想得到很好的实现和保障的话,赋予农民平等的金融权利是必需的。与城镇居民相比较,农民群体的金融利益受到严重的歧视和不公正对待,没有农民金融利益的适度增长,就谈不上提高民间金融主体的积极性和创造性,就会导致民间金融活动的停滞和衰减,进而危及整个农村金融体系的发展,最终影响农村社会的稳定、繁荣和进步。由此可见,金融活动是以金融利益为中心的,金融利益是农村民间金融最基础、本源性的内核,保护农民的金融利益就是在维护农村民间金融的健康发展,也是实现农民金融权利的最好的表征。

（二）农民金融权是一种无差别的综合性权利

"权利"一词在古代汉语里很早就有了,所谓权利,汉语本义指"权势和货利"。这种语义上的权利不是一个可以用来构造法律关系的法学概念。19 世纪中期以来,"权利"的英文对译"rights"进入我国并被广泛使用。我们在此要考察的就是后来的或所谓现代意义上的"权利"一词的涵义。在现代政治法律里,权利是一个受人尊重而又模糊不清的概念,给权利下一个定义并不难,但这样做容易导致权利问题的简单化、庸俗化。为全面、正确的理解权利概念,较为关键的是把握权利的要素,而不是权利的定义。权利主要包含五个要素,这些要素中的任何一个都可以用来阐释权利概念,表示权利的某种本质。这五个要素分别是利益、主张、资格、力量与自由。因此,我们可以说,其一,权利是受到保护的利益,是为道德和法律所确证的利益;其二,这种利益需要利益主体通过表达意思或其他行为来主张;其三,利益主体提出利益主张要有所凭据,即要有资格提出要求;其四,力量包括权威（power）和能力（capacity）,一种利益、主张、资格必须具有力量才能成为权利;其五,权利主体应该可以自由地按个人意志去行使或放弃该项权利,不受外来的干预或胁迫。如果某人被强迫去主张或放弃某种利益、要求,那么就不是享有权利,而是履

---

① 张燕、潘红:《我国农村民间金融发展的困境分析与立法完善》,载《乡镇经济》2008 年第10 期。

行义务①。

　　具体到农民金融权,我们认为农民金融权是一种综合性的权利。这种权利不仅仅是单一的利益导向性权利,它包括的内涵带有复杂与综合的特色。首先,农民金融权是一种实然权利与应然权利的结合。我们知道,应然权利是权利主体应该享有的或是应该获得的预备性权利,而实然权利是权利主体实际上真正能够享有或是获得的权利。前者的权利指向立足现实,而后者的权利导向将来,一个实实在在的存在之权,一个是翘首以待的权利。权利的实现程度、法律制度的完善都是由一定的物质与历史条件决定的,阶段性的表征使权利成为局限性的可能,不同的社会、经济、文化发展阶段,其权利的形态与实施程度是不同的。农民金融权也不例外,它也会受到物质条件与历史阶段性的影响,其范围与实现也迥异。现阶段我国社会、经济、文化发展程度决定农民金融权的内涵与实现的程度、水平,这是一种实然的权利,随着社会、经济的不断发展,其权利内容一定会不断更新与完善的,其权利实现的程度也会不断加深,这是农村民间金融发展的必由之路,从这个意义上来说,农村金融权是一种应然的权利;其次,农民金融权是一种行动权利与接受权利的结合。英国学者米尔恩根据权利涉及的对象把权利分成行动权和接受权。行动权指有资格做某事或以某种方式采取行动,如选举权;接受权指有资格被分配到某物或被以某种方式对待,如被选举权②。农民金融权的权利内容非常丰富,它既包括农民群体自由从事民间金融活动的权利,这种权利是受到法律保护的,具体是指农民有进行合作金融的权利,农民的活动应该得到平等的对等待遇,这也是现代法治国家的文明体现,也是生存权与发展权平等性的最好展现。农民金融权是一种农民群体自主、自由意志引导下的从事正常金融活动的选择行动,是一种典型的行动权利。另外,农民金融权的权利内涵的重要部分是指农民有国家和社会获得金融资源供给的权利,这也是农民主体区别于其他社会金融活动主体最明显的权利表征,从侧面反映国家对金融资源完全垄断性,农民金融资源的获取是相当匮乏的。因此,农民金融权也是一种农民接受国家金融资源供给的权利,也是典型的接受权利;最后,农民金融权是一种原权利

---

① 徐宗良:《权利、义务、责任的内涵探讨》,载《道德与文明》2009 年第 4 期。

② 邹华安:《米尔恩的人权思想解读》,载《法制与社会》2007 年第 6 期。

与救济权利的结合。民法原理认为,原权利是由符合法律规定或不违反法律要求的行为而形成的权利,通常的民事权利均是原权利;而救济权是因原权利受到侵害而产生的权利,目的是保护和恢复被侵害的权利。

金融安全是金融制度的核心,任何一个金融活动参与者都不能不考虑金融的风险问题,农村民间金融由于其内在脆弱性与天生缺陷,极易寻致一定程度的金融风险的发生,如何防范金融风险,维护农民群体的金融利益就显得格外重要。农民金融权除应该包括平等、自由从事金融活动、组织合作金融以及获取国家金融资源供给的权利外,还包括获得保障与救济的权利,这些举措一般是在金融风险发生之后实行。因此,农民金融权赋予农民平等、自由的金融发展权利、获取国家金融资源供给的权利与保障、救济的权利。在这些权利谱系中,前两种权利属于原权利,后一种权利属于救济权利,农民金融权是原权利与救济权利的完美结合。

(三) 农民金融权是一种关乎农民生存与发展的人权

人类不仅生而平等,更重要的是发展平等,推广至一个国家或民族就是国家、民族的生存与发展平等的问题。所谓人权,是指在一定的社会历史条件下每个人按其本质和尊严享有或应该享有的基本权利,就其完整的意义而言,就是人人自由、平等地生存和发展的权利,就是人人基于生存和发展所必需的自由、平等权利。人权归根到底是生存和发展的问题,生存是基础,发展是保障。其中,生存权优先于其他各种人权,是首要的人权。它既包括国家的生存权,也包括人民、民族的生存权和个人的生存权。生存权的权利主体是生活中的贫困者、失业者等弱势群体,所以生存权又被称为社会弱者的权利[①]。可见生存权的权利主体是具体的、特定的人,本研究所界定的农民就是生存权的主体,因为现阶段我国农村民间金融很大一部分发生在贫困与落后地区,金融活动主体一般为社会财富贫乏者。发展是所有人的权利,每个人除了有生存的权利外,还有生活得更好的权利,这项权利就是发展权,发展权是一项新人权。发展权就其本质而言,主要是弱势群体的发展权利。

在生存权与发展权的视角下来看农民的金融权利保护,其实就是国家如何通过金融资源的配置来实现和保护农民生存与发展的问题。长期以来,我

---

① 吴宁:《社会弱势群体权利保护的法理》,科学出版社 2008 年版,第 53 页。

国法律体系所维护金融资源配置制度使农村资金不断外流,农民享受不到应有的金融发展权利。农民不能通过金融的功能实现对农村各种资源整合,获取家庭农业生产之外的农业产业化、规模化、市场化和非农化的收益。我国农村现在出现的许多问题,实际上是"垄断金融资本"和"私人工商业资本"对农民进行剥夺。不保护农民的金融权利,不仅农村金融会非农化,农村产业化也会非农化,农民的生产自主权、经营自主权就业自由权就得不到到充分的保障。由于农民和其他社会群体的差别较大,在市场竞争中,每个人都是在追求自己利益最大化的"经纪人",优胜劣汰使得农民和其他社会群体的差别拉得更大,这一切都严重地阻碍了农民的发展。保护农民的金融发展权利,使他们能不断地由弱变强,以便让他们更好地参与到竞争中来,才是正义的应有之义。格莱明乡村银行创立者穆罕默德·尤努斯(Muhammad Yunus)教授认为,如同人们在衣食住行上享有的权利一样,金融权利也是一种人权,也是一种人的基本生存权利。农民的金融权利便是一种应有的人权,从社会公平正义的角度来说,农民理应获得与其他社会群体平等的金融权利以满足自身发展的需要。但是应有的人权需要转化为法律上的人权,只有法律才能保障农民金融权利的实际享有,也就是从法律上的人权转化为现实中的人权,只有这样金融权利才能被农民意识到并享有和行使。这三种权利范围的差别越小,说明一国的人权状况越好,国家有义务采取措施提供条件保障农民金融权利的行使,因为这项权利关乎着农民群体的生存与发展。

二、农民金融权的权利要素分析

农民金融权内涵深远,其权利要素主要包括主体、内容以及客体或对象。由于农民金融权的权利客体或对象比较容易得知和明晰,仅仅是指金融服务与制度本身,在此不再详述。因此,本研究主要将从主体与内容两个方面来阐述农民金融权的内涵。

(一)农民金融权的主体

主体是农民金融权利的一个关键性问题,只有主体的确定,才有权利的确定。农民金融权利的权利主体不是"集体",与集体的权利不同,这些权利的主体并不是有组织的集体,而是某一类人。与一般的个人权利也不同,这些权利的主体不是所有的个人,而是某一种、每一时期或处于某一状态下的个人。

农民的金融权利的权利主体可以称为群体,是介于组织和个人之间的人群混合体,群体权利不是个人权利的简单相加,也不是与个人权利不同的集体权利,它只能说是以群体的共性形式表现出来的个人权利,群体权利总要落实到个人头上的,群体权利实际上是一种特殊的个人权利。群体实际上更多的是一种学术上的划分,实质还是个人,但是个人又不是所有的个人。农民金融权利的主体名为农民这个群体,实为个体的农民。这里需要说明之处,现实情况中由农民作为成员的经济组织也享有金融权,这种由农民组成的组织体的金融权利的行使只不过是农民金融权主体内涵的延伸,同样属于农民金融权主体权利的范畴。

　　谈到权利主体,不能不提到义务主体,农民金融权的义务主体对实现农民金融权的权利主体的金融利益有着至关重要的作用。在法哲学的意义上,权利和义务具有同一性,义务主体和内容也是权利构造不可或缺的组成部分。农民金融权利保护的义务主体是国家。就农民获得金融贷款的权利来说,国家的义务是提供完善的农村金融制度,建立相应的农村金融机构,保障农村资金不外流,能够为农村经济发展所用;就农民获得农业保险的权利来说,国家的义务是提供完善的农业保险制度,为建立完善的农业保险体系提供相关支持,减少各种频繁的灾害对农民造成的损失,实现农民灾后迅速发展的权利;就农民金融合作权利来说,国家的义务是完善相应的法律法规,使农民的闲散资金能够积聚起来,推动农村合作经济组织的发展,实现农村的金融资源整合①。

(二) 农民金融权的内容

农民金融权的内容主要包括以下几个方面:

1. 农民金融发展的平等权利

农民的经济平等权利是指农民在国家经济生活中与其它各社会成员享有同等参加经济活动权利和同等享有财产和其它物质利益的权利,其旨在保护农民的经济利益,从而促进农民存量利益的增加与增量利益的增长。由于社会财富在农村和城市严重的分配不公,使城乡贫富差距逐渐拉大,影响了农民

---

① 张燕、吴正刚:《论农民金融权益的法律保障与实现》,载《郑州航空工业管理学院学报》2009 年第 4 期。

经济权利的实现,使得农民的经济权利在法律层面受到不平等的对待。尤其是农民的金融权利在资源的供给与分配领域中,受到相对于城市市民而言不公平的制度与人为的限制,主要表现在金融制度设计的不合理、金融资源分配的不公平以及农民缺乏融资担保的客体等方面①。

　　基于以上分析,我们认为要让农民平等地享有金融发展的权利,应做到以下三点:(1)应树立农民经济公平观。在市场经济条件下,经济公平要求投融资公平,农民金融权是一项基本的经济公平权。无论规模和强弱,从经济公平的角度而言,任何市场主体都应当获得公平合理的投融资机会。经济公平观追求市场竞争公平、分配公平、资源与环境公平、地区发展公平。保护农民金融权,有利于规制金融机构追求利润最大化、对农村金融投融资主体"嫌贫爱富"、歧视农民的行为,有利于维护公平竞争的市场秩序,实现资本的再分配公平;(2)应从法律上确立农民金融权的平等权性质。农民金融权利的平等保护意味着法律对农民与其他社会主体在金融权利上的无差别保护,不得以某种方式(歧视)受到限制和剥夺。农民金融权的实现,是使农民可以通过银行等金融机构公平、合理的融入资金,获得创业发展的机会,进而改变落后面貌,实现经济社会的协调发展。农民金融权是一种平等权、发展权,是人权的具体体现,也是一种经济公平权。无论从法律正义的角度,还是保障人权的角度,农民都应当享有公平的经济发展机会,其金融权利应得到平等的保护;(3)农民金融权之权利义务应为非对等。权利义务的一致性并非权利义务的对等,社会公平追求的是实质平等而非形式平等,在对农民的权利进行法律设计时,不能要求农民按照享受的权利一致来承担义务,否则,他们将无法摆脱弱势地位。在农民金融权的设计上也是如此,当农民在融资过程中享有特殊权利的同时,应由国家、社会组织和其他强势群体承担相应的义务,农民只需要遵循不滥用权利的规则,不超出法定的限度。对处于社会最不利地位的农民的权利采取倾斜性保护,保障处于不平衡、不平等发展关系中的农民获取消除这种差异性的资格和权能。让农民在投融资过程中的"机会均等"和"权利平等",使其在生产资本的分配中获得平等的关注和尊重,进而享有平等的权利。对农民金融权进行特别保护,是权利实现的"差序格局",是为农民个人

---

　　①　杨婷婷:《论弱势群体的间接融资权》,湖南大学 2008 年硕士学位论文。

的发展所必需的前提条件进行实质意义上的平等保障。

2. 农民享有自由进行合作金融的权利

在社会结构转型时期,从传统差序格局中解体出来的农民的个体化和分散化,不仅大大地增加了农民在市场经济中的交易成本,而且严重削弱了他们在政治生活中的博弈能力。广大农民的这种处境,不仅是其权益屡屡受到侵害的原因,也成为危及农村社会和谐稳定的重要因素。因此,提高农民组织化水平,赋予农民合作的权利,对于社会主义新农村建设与构建和谐社会都具有重要的意义。政治上,推进农民合作有利于实现政策决策的科学化与民主化,提高他们在农村政治关系中的对话能力和政治活动中的博弈能力,充分表达要求和保障权益。经济上,农民合作是处于弱势地位的农民在自愿互助和平等互利的基础上,通过经济联合的方式,将家庭经营的个体劣势转化为群体优势,在更大范围、更广空间实现资源的优化配置,实现外部利益的内部化和交易费用的节约,减少经济活动的不确定性,打破市场垄断,共享合作带来的经济剩余。

市场经济条件下的商业银行不可能向高度分散从事高风险生产的农户提供既难以审查监督又无利可图的金融服务,个体农民在组织农业生产上的有效性与参与资金市场的弱势地位之间的矛盾,决定农业经济中符合“帕累托改进”要求的金融制度安排,应是在农民家庭独立生产前提下实行金融供求的自愿合作,建立服务于农民金融需求的“利益共享,风险共担”的金融互助合作组织,以弥补农民家庭分散化、信贷规模小、担保能力有限,难以融入金融市场的制度缺陷。农民金融互助组织可以部分替代金融市场的作用,将一定范围的外部金融市场运作内部化,降低资金融通的交易成本及风险。同时,农民互助合作金融代表农民的金融利益,在资金配置上实现公平和效率的统一。农民互助合作金融是农民之间出于共同的金融利益诉求而自愿组织起来解决融资问题的一种制度安排,其经营目的不是盈利而是成员自身的融资需求的满足,所以能够完全代表农民的金融利益,对内向全体成员公平地提供金融服务,避免受到资金市场对于中小经济个体的差别待遇。我国农村缺乏以农民为主体的真正合作金融组织,仅有的商业银行解决不了农民贷款难的问题。因此,应加快发展以农民为主体的信用合作社(而非官办商业化的农村信用社),让金融杠杆服务于农民和农村的发展,促进农民金融合作权从应然权利向实然权利的转化,赋予农民以发展新合作金融组织的权利,填补农村社区金融真空,使合作金融成为发展农村合作经济的核心和强劲的推动力。

3. 农民有获得国家金融资源供给的权利

国家金融资源供给是指国家通过政策与制度安排来分配金融资源,从而影响金融资金的流向,农民的这种金融权利主要是指农民有获得一定金融贷款的权利,实现农民更有质量的生存和更好发展的权利。2006 年诺贝尔和平奖得主穆罕默德·尤努斯(Muhammad Yunus)在北京大学演讲时表示:"我相信,信贷决不是天生就与穷人无缘,它是每个人应当享有的权利。"农民的困难首先在于他们不能像其他人一样从正规金融机构得到借款,在于缺乏用以摆脱贫困的最基本的物质条件,给农民获得一定贷款的权利,实现打破信贷市场失灵的制度创新,可以为农民提供一种改变初始要素配置的途径。

由于国家产业政策、金融制度、金融政策等原因,使农村金融资源配置不合理,在资金供给上产生抑制,形成供给型金融抑制,即由于农村金融机构少,资金量小,供给总量不足,导致"三农"对金融的需求得不到满足。从我国现阶段的情况来看,农民属于弱势群体,法理意义上的弱势群体包括贫困群体但不等同于贫困群体①。经济上的减负、经济利益的补偿只能在表面上缓解农民的资金需求,并不能从根本上解决引发农民的金融需求问题。例如,邮政储蓄机构只吸收存款,不发放贷款,人为造成农村资金的大量流失;而农业发展银行不吸收存款,其信贷业务只界定为对粮棉油收购资金的供应和管理;农业银行事实上的单一"收购银行"的性质限制其支农作用的发挥。在我国现行的法律制度下,对于我国广大农民的获取金融支持还存在着诸多障碍,由于现行法律的规定,担保和抵押贷款在农村还难以成为融资的主要渠道,这也客观造成民间借贷融资的兴旺。农民的财产主要集中于房屋、土地、农作物收成等,但目前农村个人住房抵押缺乏明确的法律规定,由于农村个人房屋占用的是宅基地,而宅基地属集体所有,农民只拥有使用权,因此与城市房屋抵押制度相比,转让或抵押都受到一定限制。因此,现行的农村住房、土地制度,实际上大大削弱农民的融资能力,造成农民的金融权益不能得到平等的保障,农民

---

① 郑杭生:《转型中的中国社会和中国社会的转型》,首都师范大学出版社 1996 年版,第 320 页。

也难以得到优惠的贷款条件。农村资金的大量流出也使资金成本上升过快，超过农民的承受能力，参加互助担保融资组织的人大大减少①。因此，许多位置偏僻、经济基础差的农户还很难从互助担保贷款中收益。现行的抵押和担保贷款方式存在诸多不足之处，农民的金融权益由于种种原因都无法获得保障。

正式的制度安排只在农民生活的一小部分中存在，大多数农民的生活都和非正式制度有着密切的关联，金融制度亦是如此。由于正规金融对农村提供金融服务的不足，农村地区许多现实的资金需求有很大程度上诉求于民间金融。虽然国家目前对于农村金融市场的市场准入门槛在逐渐放宽，但目前农村地区许多资金需求仍然通过亲朋好友之间的个人借贷行为、个人和企业团体间的直接借款行为、经济服务部、金融服务部、高利贷、各种合会、私人钱庄等形式来满足。然而由于种种原因，农村民间金融制度安排始终难以得到合理对待，造成发展的不规范，也限制了其在缓解农村金融供需失衡方面所应发挥的作用，给农民的金融利益造成了一定的损害②。

三、农民金融权利保护的必要性解析
（一）保护农民金融权利是实现社会正义的方式

在本质上，权利总与特定的社会生活条件、历史文化条件紧密联系的，随着我国进入市场经济时代，在社会利益分配模式的重新调整、社会资源的重新分配的背景下，"农村资金通过商业银行严重外流，而国家对农村的放款仅限于大型基础设施、国债配套资金和生态建设等大型项目，对农户的农业生产和中小企业的金融服务处于萎缩状态③。"这种不合理的金融资源配置制度使农民不能在平等的基础上享有生存权和发展权，它直接决定农民生存和发展的机会和条件，上一代的贫困又直接决定下一代的贫困，所以没有金融权利保障的农民，其摆脱贫困实现自我发展的机会相对于城市居民而言要少

---

① 邱海洋、霍倩佳：《对农村贷款担保机制的探索》，载《经济论坛》2005 年第 10 期。

② 张燕、杜国宏：《农民金融权：一个农村民间金融理论研究新视角》，载《农村经济》2010 年第 9 期。

③ 费芳、阮垂玲：《当前中国农村存在的金融问题及对策研究》，载《经济与科技》2007 年第 1 期。

很多。一个正义的社会应本着公正的原则制定政策,制定合理的金融配置制度,大力发展农村金融,满足农民的金融需求,给予农民正当的金融权利,制定保护农民金融权利的长效机制,是解决农民问题,进一步实现社会正义的关键。

从立法的角度来看,国家应该用法律明确规定农民的金融权利,其中包括农民获得金融资金支持的权利、获得农业保险的权利和农民的金融合作的权利。我国现行法律没有具体对于农民的金融权利做出规定,农民的金融利益得不到法律的保障。为了保障农民的金融权利,使农民更有质量的生存和实现自我发展,国家应该在法律上做出规定,对于符合条件的农民,相关金融机构应给予资金支持,从国家的小额信贷来看,并没有起到应有的作用。国家应立法完善农业保险法律法规,使受到灾害的农民提高抵御风险的能力。国家应该制定合作金融法,实现农民金融合作的权利。民间自发的金融合作,互助会及其他的自发的借贷行为都应该是适合农村现阶段经济基础的金融制度安排,对于这些有利于农村经济发展的金融形式,国家应该用法律予以确认,并保障相关主体的权利。

农民的金融权利同样需要在执法过程中得到保护。执法是以国家名义对社会生活实行全方位的组织和管理,涉及到社会生活的各个方面。农村金融是我国经济组成的重要部分,所以执法的内容也延伸至我国农村金融活动之中。执法在分配社会资源、维护社会秩序、保障公民权利、推动社会进步等方面起到重要作用,对农村金融活动进行行政执法实际上是国家通过法律对农村金融活动进行调节的形式。农村金融活动不仅仅是资金流动的问题,而且还涉及到农村金融秩序稳定和金融资源合理利用等公共领域的问题,因此如何实现农村金融资源在市场主体中实现合理的分配,维护农村金融秩序,保护农民金融权利是政府和金融机构执行农村金融法律的重要任务。由于农村执法和农民接触较多,并代表国家权利直接作用与农民的权利和义务,会对农民的生产、生活和经营产生较大影响,所以执法人员涉及到农民金融权利时应本着公平、公正的原则,平衡国家权利和农民的金融权利。

(二) 保护农民金融权利是现代农村金融制度的理论基点

人们从不同角度对于利益有着不同的理解,依据《牛津法律大辞典》,将利益定义为"个人或个人的集团寻求得到满足和保护的权利请求、要求、愿望或需求"①。人的需要是人之本性,这种需要导向对"需要满足"的目的性利益追求,在农村经济发展过程中,农民对于利益的追求与冲突演绎着农村社会的变迁。在农村金融的发展过程中,对于金融利益的追求也成为农民群体对与获得满足自身发展条件的需求的动力,因此农民的金融利益需求以及有此表现出来的对金融利益的追求成为金融权利的动力之源。

权利和利益是既有联系而又有所区别的概念,对利益的需求以及由此产生的冲突导致权利的产生,所以利益是权利产生的动力之源。法律对于利益的调整主要是通过权利的形式来实现,因为法律并不能将人们的要求和主观愿望作为调整对象。同时,"并非一切利益冲突都能导向权利,只有经过利益主体选择后由现行法律所承认和保护的利益才能成为权利。农民权益含政治权益和经济权益两个基本方面,经济权益在农民权益中处于基础性、决定性地位,政治权益又深深地影响着经济权益,成为经济权益实现的保障"②。金融是现代经济的核心,农村金融必将在农村经济发展中发挥巨大的作用。所以,农民的金融利益是农村经济文化发展的前提和动因。随着新农村建设不断向前推进,农民获得的金融利益总量将会逐渐增大,农民金融利益的保护进入人们的视野。在金融利益的产生过程中,不仅需要促进以农民为主体的全面自由发展,而且需要农村金融的大力发展,改变农村金融的抑制状态,其带动的是各利益主体关系的变化,利益分配格局、乃至社会结构的改变。我国政府掌握着主要金融资源配置的权力,也在金融利益分配格局中处于强势地位,而农民由于天然的弱势身份,其金融利益分配中的弱势地位必须改变。抑制政府部门从自身考虑,通过金融利益主体和金融利益的重构,以社会整体利益为考虑,从金融利益的产生、分配、再分配等全过程环节中,给农民以平等的参与权和分享权,从而实现社会的实质公平。

人类社会之达成起因于利益的竞争,而利益的竞争又起因与资源的稀缺。资源分为物质性资源、精神性资源和制度性资源③。对于农民来说,金融资源是一种稀缺性的资源。有很多学者关注到金融资源的稀缺性对农民生活的影

---

① 齐延平:《社会弱势群体的权利保护》,山东人民出版社 2006 年版,第 6 页。

② 李长健、伍文辉:《基于农民权益的社区发展权理论研究》,载《法律科学》2006 年第 6 期。

③ 齐延平:《社会弱势群体的权利保护》,山东人民出版社 2006 年版,第 6 页。

响,但是却忽视制度性资源对农民生活的建构价值。事实上,制度性资源对物资性资源的占有、使用与收益有着决定性的影响。建立现代农村金融制度,通过对农村金融资源的配置、调整、保护和救济才能保护农民金融权利的享有。农民是一个弱势群体,社会弱势群体的形成在很大程度上可以说是利益分配制度设计的不合理、权利保护制度的缺失、权利救济制度的失灵造成的。所以,对现代农村金融制度进行研究就必须以农民金融权利的保护为理论基点。

第四章 中国农村民间金融制度变迁与政策发展历史考察

我国农村民间金融历史悠久,已经历4000多年的历史沉淀。本章对农村民间金融制度变迁轨迹与政策演变历程进行历史考察,探寻农村民间金融制度和政策变迁规律及发展趋势,剖析农村民间金融兴衰变迁的深层次本质原因,以期对农村民间金融法律规制路径的理性选择和规制规则的合理制定,提供历史视野参考。

第一节 农村民间金融制度变迁与政策发展历程

一、新中国成立之前的农村民间金融制度实践与政策发展

民间金融在我国具有较长的发展历史,民间金融的几种代表形式,如民间借贷、典当、合会等早在古代就已出现。早在公元前2000年夏商时期,就已有民间货币借贷。

在西周时期,当时借贷的"贷"有施、借、举物生利三层意义。周人的时代非常重视"亲亲"和族属,宗族内部财产公有,各支子"异局而同财,有余则归之宗,不足则资之宗。"资就是借的意思,可见宗族内部的有余财产的上缴和不足财产由宗族内部无偿借给施予补充。据《周礼·地官·泉府》记载:"凡民之贷者,与其有司辨而授之,以国服为之息。"所谓"以国服为之息",即视当时情形,按为国服事之各种税率计算利息。由此可见,在西周时代有宗族内部的无利息的借贷,也有官方的国家信用。

在春秋战国时期,各诸侯国竭尽全力发展壮大,为加强凝聚力,不少国君纷纷向国人施恩惠以笼络人心,而无利息的放贷便成为其中一种手段。据《左传》记载"晋侯归,谋所以息民,魏绛请施舍,输积聚以贷",到战国中期时,商品经济发展较为迅速,社会财富得到一定积累,使得高利贷有了发展空间,

如专门从事高利贷经营的子钱家。

两汉时期,《史记·货殖列传》记载:"……贯贷行贾遍郡国。"《汉书·食货志》记载:"其明年,山东被水灾,民多饥乏,于是天子遣使虚郡国仓廪以振贫。犹不足,又募豪富人相假贷。尚不能相救,乃徙贫民于关以西,及充朔方以南新秦中,七十余万口,衣食皆仰给于县官。数岁贷与产业,使者分部护,冠盖相望,费以亿计,县官大空。而富商贾或滞财役贫,转毂百数,废居居邑,封君皆氐首仰给焉。"从汉代开始,法律针对借贷利率专门规定"取息过律"罪名,规定诸侯取息过律要削去爵位。如"旁光侯殷,元鼎元年(公元前116年)坐贷子钱不占租,取息过律,免。"东汉末至三国时期,民间高利借贷现象更加普遍,据《魏书·武帝纪》记载:"袁氏之治也,使豪强擅恣,亲戚兼并,下民贫弱,代出租赋,炫鬻家财,不足应命。"

从南北朝时代起产生信用机构,被称为"质库",由寺庙经营,兴起了典当业。据《南史·甄法崇传》载:宋江陵令甄法崇孙甄彬曾"尝以一束苎就州长沙寺质钱,后赎苎还,于苎中得五两金,以手巾裹之。彬得,送还寺库。"这里提到的寺库,就是寺院经营的专门当铺。典当业在这一时期的出现和南北朝时代佛教兴旺,佛寺的自有财产空前积累有一定的关系,但多局限于寺院。大体来说,典当机构在中国起源于南北朝期间。北魏宣武帝永平四年(511年)专门下诏规定借贷累计利息总额与原本相等,就停止计息,对于超过原本的利息,债权人即丧失请求权,官府不予受理,此后,"一本一利"的制度为历代沿用。另外《晋书·食货志》记载"敕戒郡国计吏、诸郡国守相令长,务尽地利,禁游食商贩。其休假者令与父兄同其勤劳,豪势不得侵役寡弱,私相置名。"

到唐朝时,国内外贸易发展较快,资本积累较多,唐朝典当业得以迅猛发展,除了寺院办的典当以外,还有民办和官办性质的当铺。而官办又分为官僚自己经营和政府投资两种情形。据《唐会要》载,武则天长安元年(701年)曾规定:"负债出举,不得回利作本,并法外生利。"唐代对民间借贷在法律方面有明确的规定①。

---

① 《宋刑统》卷二六《杂律·受寄财物辄费用》对此有记载:"诸公私以财物出举者,任依私契,官不为理。每月取利,不得过六分。积日虽多,不得过一倍。若官物及公廨,本利停讫,每计至五十日不送尽者,余本生利如初,不得过一倍。家资尽者,役身折酬。役通取户内男口。又不得回利为本(其放财物为粟麦者),亦不得回利为本及过一倍)。若违法积利、契外掣夺及非出息之债者,官为理。收质者,非对物主不得辄卖。若计利过本不赎,听告市司对卖,有剩还之。如负债者逃,保人代偿。"

在唐代,允许民间的大量的营利性借贷行为在一定范围内存在,只要不违背国家律令的规定就可以。国家也支持民间的非营利性借贷。当时的长安西市就是中国初期的金融市场。

宋朝初期,甘肃敦煌地区存在大量私社。主要包括两种类型:一种主要从事佛教活动,另一种主要从事经济和生活的互助活动。私社由同一地域的人发起成立,私社的结社宗旨主要为赈济互助。结社的具体活动内容围绕结社目的而进行。因此,被认为是"和会"的早期形态。宋代的寺院质库再次兴起,数量增多,当时的典当业官营与私营并举。据《新安志》描述:"愚民嗜储积,至不欲多男,恐子益多,而赀分始少。苏公谪为令,与民相从为社,民甚乐之。其后里中社辄以酒肉馈长吏,下及佐史,至今五六十年,费益广,更以为病。"可见,新安社的参与者主要来自当地同乡的农民,基于乡民间的相互信任,以储积为目的。在福建等一些地方盛行另一种类型的被称为"过省会"、"万桂社"的经济互助会社,其目的在于为贫寒读书人的生活、赶考等提供资金帮助,相互间的联系纽带为人际信用。参与者来自社会各个层面,主要是本区域内的乡朋好友,反映出一定的地缘性特点。据《宋刑统·杂律》对民间借贷的利息作出"每月取利不得过六分,积日虽多,不得过一倍"的规定。南宋时期,朱熹创社仓法,采用保甲制度,可掌握人口的真实情况,据此合理地发放粮贷。十家为一甲,甲推一人为首。五十家为一社,社推一人通晓者为社首。每年十二月,都要社首保正副,对旧保薄,核查修改,重行编排。这份保薄是支领借贷的凭据。其薄不实,则当治罪。申报借贷的资格,重在救恤,不是平均主义。根据家庭经济情况确定,人户"产钱六百文以上及自有营运衣食不阙,不得请贷"。社仓支贷的程序是,人户向队长、保长申报,队长、保长再向社首、保正副申报。如果没有队长,人户可以直接向社首申报。本人亲自到社仓,各级乡官也要到场验明正身,才给发米。"正身赴仓请米,仍抑社首、保正副、队长、大队长并各赴仓,识认面目,照对保薄。如无伪冒重叠,即与签押","监官与乡官入仓,据状依次支散"。所谓的"据状依次支散"的"状",是指人户要填写并交给社仓的"请米状"。规格是某都、第某保、队长某人、大保长某人,管辖之下某处地名、保头某人、若干人,递相保委。就社仓借米,每大人若干,小儿减半,侯冬收日,备干硬糙米,每石粮收耗米三升,前来送纳。保内一名走失事故,保内人情愿均备取足,不敢有违,谨状。年月日,保头姓名,甲户名,大队长姓名,队长姓名,保长姓名,社首姓名。这个联保机制,是为了保证有借有还,防止社仓的损失①。

金代时期,据《金史》记载金世宗在南京、东平等地广设官当,并颁布关于典当的法律,不仅形式较为完备,而且还是我国历史上最早出现的此类法律。

元代时期,政府鼓励民间社区间的互助性质的借贷关系,存在较为详细的相关法律规定,包括基层社会的民间互助义务和对鳏寡孤独赈贷制度②以及民间的借贷契、契约纠纷甚至人身抵押借贷等③。元代官方要求借贷和买卖的双方的行为必须按照一定的程序合法进行而且交易必须是出自自愿的立场,严令禁止人身抵押借贷。据《元史·刑法志》中规定:"诸典质不设正库、不立信帖,违例取息者,禁之。"《大元通制》则规定:"诸以财物典质,……经三周年不赎,要出卖。或亡失者,收赎日于元典物钱上,别偿两倍,虽有利息,不在准折之限。"规定对于所典当物品的损坏、延期赎回等需承担一定的责任,如缴纳相应的惩罚性利息,同时还规定典当行在满足一定前提条件下,可对典当之物进行变卖处理。

明代时期,开始设立基层社区的民间实物借贷机构,并对人员组成和运作

① 朱熹《社仓事目》,《权立社仓榜》,见四部丛刊初编辑部,《朱文公文集》卷99,上海商务印书馆缩印明刊本,1937年版,1771—1775页。

② 《元史》《志》第四十二《食货》一记载"有疾病凶丧之家不能耕种者,众为合力助之。一社之中灾病多者,两社助之。义仓亦至元六年始立。其法:社置一仓,以社长主之,丰年每亲丁纳粟五斗,驱丁二斗,无粟听纳杂色,歉年就给社民。……然行之既久,名存而实废,……鳏寡孤独赈贷之制:世祖中统元年,首诏天下,鳏寡孤独废疾不能自存之人,天民之无告者也,命所在官司,以粮赡之。"

③ 《元史》载,元世祖至元六年(1269年)曾行敕令:"民间贷款取息,虽逾期限止偿一本息。"《元史》《志》第五十一《刑法》二记载"诸典卖田宅,从有司给据立契,买主卖主随时赴有司推收税粮。若买主权豪,官吏阿徇,不即过割,止令卖主纳税,或为分派别户包纳,或为立诡名,但受分文之赃,笞五十七,仍于买主名下,验元价追征,以半没官,半付告者。首领官及所掌吏,断罪罢役。诸典卖田宅,须从尊长书押,给据立帐,历问有服房亲及邻人典主,不愿交易者,限十日批退,违限不批退者,笞一十七。愿者限十五日议价,立契成交,违限不酬价者,笞二十七。任便交易,亲邻典主故相邀阻,需求书字钱物者,笞二十七。业主虚张高价,不相由问成交者,笞三十七,仍听亲邻典主百日收赎,限外不得争诉。业主欺昧,故不交业者,笞四十七。亲邻典主在他所者,百里之外,不在由问之限。若违例事觉,有司不以理听断者,监察御史廉访司纠之……诸以女子典雇于人,及典雇人之子女者,并禁止之。若已典雇,愿以婚嫁之礼为妻妾者,听。诸受钱典雇妻妾者,禁。"

方式做出相应规定①。从中期起,典当业开始兴盛,其中民营当铺最为兴旺,各地的商人和商帮如徽商、晋商等纷纷涉足典当业。明代严禁官吏私自放贷和从事典当业②,这在一定程度上有利于国家的金融稳定和经济发展。明代对典当的利率有明文约束,基本上坚持"一本一利"的原则,并提出了相应的惩罚规定③。

清朝时期,清代衙门自己开设公营当铺遍及全国,成为各级政府财政收入的来源之一。皇当是清朝皇室补给开销,争夺社会财富的一种方式和手段,盛行于雍正、乾隆皇帝执政时期。当时,许多买办资本家兼营典当。在这一时期,开始要求典当行领取营业执照,对典当业进行纳税管理,典当行领取营业执照。清朝典权制度得到进一步完善和规范,如在乾隆年间,对典期的最高年限加以硬性的规定:典卖契载不明之产,如在 30 年内,契内无绝卖字样,即以绝产论概不许找赎。清宣宗道光二年(1822)十一月在一道谕旨中,对民间质押当铺的作用给予肯定并立法加以保护④,《大清明律》还规定了民间借贷的法律责任⑤。清王朝对典当行的相关政策规定对当前民间典当业的发展起到很大推动作用。

总之,历史上的明清时期是中国民间金融的黄金时代,其中山西票号和闽粤标会赫赫有名,影响面极广。当时,由于没有官办金融机构,民间金融机构在货币交易和流通中发挥着主导作用。在城市,民间金融机构以当铺、钱庄、

---

① 《明史》《志》第五十四《食货》二记载"孝感饥,其令请以预备仓振贷,帝(太祖)命行人驰驿往,且谕户部:自今凡岁饥,先发仓庾以贷,然后闻,著为令。"又《志》第五十五《食货》三记载"嘉靖八年乃令各抚、按设社仓。令民二三十家为一社,择家殷实而有行义者一人为社首,处事公平者一人为社正,能书算者一人为社副,每朔望会集,别户上中下,出米四斗至一斗有差,斗加耗五合,上户主其事。年饥,上户不足者赏贷,稔岁还仓。中下户酌量振给,不还仓。有司造册送抚、按,岁一察核。仓虚,罚社首出一岁之米。其法颇善,然其后无力行者。"

② 《大明律》规定:"若监临官吏,于所部内举放钱债、典当财物者,杖八十。违禁取利,以余利计赃重者依不枉法论。并追余利给主。"

③ 《大明律》规定:"凡私放钱债及典当财物,每月取利并不得过三分,年月虽多,不过一本一利。违者笞四十,以余利计赃。重者坐赃论罪,止杖一百。"

④ 谕旨称:"民间典质称贷,有无相通,事属常有。江西省所属,向有殷实之户,于青黄不接之时,将余谷听农民质押,以有余补不足,沿行日久,贫富相安若再加立禁令,官为限制,事涉烦苛,致滋流弊。"(《清宣宗实录》卷45,道光二年十一月壬辰条)

⑤ 《大清律例》规定:"反私放钱债,每月取利不得超过三分,年月虽多,不过一本一利,违者,笞四十"。

票号为主;而在农村地区,则主要是当铺为主。

民国时期,虽然提倡"平均地权",但由于连年战争,地方军阀各自为政,中央政府的政令很难得到应有的执行,农村土地分配严重不均。依据农业部软科学课题研究报告《如何引导农村民间金融借贷健康发展》调查结果表明,这一时期农村借贷关系频繁发生,各地农村中农户借款的家数达56%,借粮的家数也达48%。民国时期从中央到地方,都曾出台严禁高利贷的政策和条例。对于借贷利率,国民政府1927年7月19日训令,最高借贷年利率不得超过20%,地方也出台一些相应规定。据1933年中央农业研究所对中国中部12省737县的调查,农家之负债者占农户总数的62%。1934年,湖南棉业试验场在澧县对700个农户进行调查显示,负债者高达524户,所占比例为74.8%,且平均每户负债额高达八十余万元,借贷的主要用途用来维持生计,用于生产的比例很少。1936年对湖南等四省进行农村金融调查,农户借贷的资金、粮食的主要用途包括:农业生产占16%,副业占4%,修补房舍3%,还旧债和捐税占5%,债祸占26%,口粮生活占45%,其他占1%。旧中国农村的借贷信息,多为高利贷。一般是"钱加三"、"谷加五"等。利息的名目繁多,有"大加一"、"大加二"、还有"九出十归外加三"、"五日会"、"驴打滚"等。在高利贷占主体情况下,也存在部分无息或低息贷款,一般发生在亲戚朋友之间,属于互助性质的借贷,但所占比重较小。当时,政府对公典和私典采取一视同仁的政策,允许和鼓励官僚、商人通过自筹资金或贷款的方式开办当铺,也允许银行自己筹措资金投资开设公典,其经营方式与旧式的典当行大无二致,受到国内政治局势的影响,抗战时期,典当行纷纷倒闭。抗战胜利后,国民政府出台扶持政策,典当业迅速恢复。民国时期的有关典当业的法律法规的数量大幅增加,级别效力也大有提升。地方性和全国性典当法规先后相继颁布实施。对典当业的发展起到一定的推动作用。民国政府规定公营典当之利率最高不得超过月利1.5%,私营典当利率最高不得超过月利2%。但从前面的分析可知,这些规定在实际执行当中,往往得不到应有的贯彻,现实状况与此有很大的出入。民国时期民间的钱会组织分布比较广泛,根据民国统计机构的统计在长江中下游六省区平均每个县有3.62个,全国平均每个县2.21个,而实际状况比这个统计数据还要多。钱会的数量多寡与当地经济发展水平有一定的相关性,通常经济发达的地区,钱会组织数量多,反之亦然。当时,在南方

的苏区,中共领导的中国工农红军在对苏区所在的国民党的政权和经济组织
采取了一系列的革命措施,1932 年中华苏维埃共和国国家银行颁布《定期抵
押放贷暂行规则》规定"凡备有相当抵押品,抵押用途在不抵触苏维埃法律与
不妨碍经济政策,而取得本行之许可者,无论个人、团体、商店、工厂均可自行
抵押借款。"除此之外还对抵押品的折价、期限、利息等事项做出详细的规定。
抗战期间解放区和抗日根据地对借贷利率的限额控制在 1～1.5 分之间,超过
此额度,就被看作是高利贷,晋察冀根据地 1938 年规定:"出门利(现扣利)、
剥皮利、臭虫利、印子钱等高利贷,一律禁止"。1940 年又规定,"高利贷者应
受刑事处分。"抗战胜利后,1946 年中共中央发表《五四指示》,1947 年中共中
央颁布《中国土地法大纲》决定实现"耕者有其田",同时宣布"废除一切乡村
中在土地制度改革以前的债务"。对地主富农的债务实行废除政策,由抗战
时期的减息政策转变为本利全部废除,从根本上使得沿袭几千年的民间借贷
行将就木,也为新中国成立后对此类行业和现象采取意识形态和制度高压的
措施埋下伏笔。

二、新中国成立之后的农村民间金融制度实践与政策发展

我国社会先后经历社会主义改造、合作化、初级社、高级社、大跃进、反右、
文革一系列重大事件,而农村民间金融在这样一个社会进程当中已经过一个
由被宽容、限制、到改造直至被禁止再到发展规范的过程。我国农村民间金融
包含几个重要的发展时期,从排斥停滞到初步繁荣,从抑制发展再到引导规
范,充分体现出农村民间金融的特性、作用、监管之难度以及国家引导其健康
发展的政策态度与制度导向。

(一)排斥停滞期(1949—1977)

金融排斥是从社会排斥中分化出来的概念。法国学者勒内·勒努瓦
(Rene Lenoir)首次提出"社会排斥"的概念,并用它来阐述那些不能得到社会
保障、受到社会歧视的特定人群的生存状态,例如精神和身体残疾者、自杀者、
老年患者、药物滥用者等边缘人、反社会的人和其他社会不适应者[1]。基于类

---

[1]　Silver H,"Social Exclusion and Social Solidarity:Three Paradigms",*International Labor Review*,(May 1994).

推解释逻辑,金融排斥则是用来描述特定社会群体在获取金融资源的机会与能力上存在障碍与困难、不能以合适的方式使用主流金融系统提供的金融服务的状态①。金融排斥的原因包括银行的拒绝、身份的要求、条款和环境、银行收费、由于银行分支机构的关闭导致的无法适时获得金融服务、心理和文化的障碍、社会安全保险的缺乏等②。由于金融资源的稀缺性再加上人们禀赋、能力以及地位的差异,金融排斥的产生具有一定的必然性,即使发达国家也难以避免。例如,在 1995 年的美国,收入在 5 万美元的家庭中,只有 1% 没有支票账户,而收入在 1 万美元以下的家庭中,该比例却高达 40%。在发展中国家,金融排斥的状况更加严峻。如在印度,仅有 40% 的人口拥有银行账户,10% 的人口拥有人寿保险,0.6% 的人口拥有财产保险,90% 的人口无法获得银行贷款③。

新中国成立后,私营经济领域被政府统一接管,私营经济主体基本消失。政府取缔典当业,对于私营银行业先采取组建公私合营银行,再通过和平赎买的方式将银行和私营钱庄收归国有,传统的民间金融业基本绝迹。

土地改革后,一方面农村中旧的借贷体系基本瓦解,而新的借贷体系在短时间内难以建立起来,而农村内部也正在进行新的经济政治的整合;另一方面国有银行的资金链延伸到农村尚且需要时间和制度的保障,这些都不是短期内能够完成的,而且解放战争正在进行当中,政府很难有充裕的资金来扶持贫苦农民。为此,中国共产党中央委员会(以下简称"中央")在领导进行土地改革、废除封建债务的同时,又制定废除封建债务后提倡自由借贷的政策。1948 年中央发出《关于借贷问题的指示》明确提出:"在封建阶级的债权已消灭的地区,"废债的宣传和行动均应在原则上停止","现在的任务就是鼓励和保护各种普通借贷,以达贷者敢贷,借者有还之目的。"

1950 年至 1953 年间,国家鼓励和支持农村私人信贷。1950 年中国人民

---

① Panigyrakis G.G., "All Customers Are Not Treated Equally: Financial Exclusion in Isolated Greek Islands, *Journal of Financial Services Marketing*" (January 2002).

② Elaine Kempson, "Policy Level Response to Financial Exclusion in Developed Economies—Lessons for Developing Countries, "*Paper for Access to Finance: Building Inclusive Financial Systems*", Vol 30, No.5(May 2006).

③ Joseph J.Doyle, "How Effective is Lifeline Banking in Assisting the "Unbanked"?", *Current Issues in Economic and Finance*, Vol 4, No.6(June 1998).

银行总行(以下简称"人行")在《人民银行区行行长会议关于几个问题的决定》中指出:"大力提倡恢复与发展农村私人借贷关系,我们应结合当地党政部门宣传借贷自由政策,鼓励私人借贷的恢复与发展。利息数不要限制,债权应予保障。"1953 年中央政府在《关于春耕生产给各级党委的指示》提出:"允许农民间的自由借贷,发展信用合作以补国家银行农业贷款之不足。"这一阶段对于民间自由借贷持许可态度,保护民间借贷债权,推动农村信用社广泛发展。

1954 年人行召开反高利贷座谈会进一步提出"代替私人借贷"的方针,农村进行社会主义改造,其中民间的借贷关系自然成为改造的对象之一。主张积极发展社会主义性质的信用合作社,配合国家农贷工作,用以代替私人借贷。这就意味着在农村替代私人借贷已经成为一项政治任务,农村信用社不仅仅担负着经济使命而且也担负着政治使命,农村金融建设配合合作化道路,形成对农村的民间借贷形成经济和政治的双重抑制。替代农村民间借贷力图使国家的经济政治力量主宰农村农民的日常生活和经济关系,在完成社会主义改造以后使得农村的社会成员在政治上清纯化,经济上与国家的关系日益密切,也使得国家在农村的社会动员的潜在能力日益加强,社会成员的身份在由合作化向集体化过度当中日益军事化、意识形态化,为后来向大集体的迈进奠定了基础。在此之后的"大跃进"和"文化大革命"运动当中,民间借贷关系的存在上升为一个极其敏感的政治话题和革命话题,对农村民间金融的全面抑制在当时的社会背景下成为一个可以被接受的合理事实[1]。据农业部研究报告对浏阳、茉阳、双峰等县的相关调查表明,建有农村信用社的乡镇,农户间的借贷占借入总额的 27%,而农村信用社贷款占 73%,而没有农村信用社的乡镇,农户间的借贷活动则占 75.3%,其余为银行贷款[2]。1956 年社会主义公有制改造尤其是在人民公社时期之后,我国进入严格的计划经济时代,个体经济、民营经济作为资本主义产物受到严厉禁止,极力排斥非公有经济成分,这时城乡所有私营经济几乎被彻底扫除,民间金融赖以生存的土壤基本消失,也就谈不上存在和发展民间金融的必要。在这一时期,在人民公社体制下,与

---

① 张晓艳:《中国农村民间金融市场运行机制研究》,西北农林科技大学 2008 年硕士学位论文。

② 摘自农业部软科学课题研究报告《如何引导农村民间金融借贷健康发展》(1954)。

人民公社体制下的农村经济结构相适应的农村金融基本格局以组织上和功能上的单一为基本特征。农村金融依附于高度集中的大一统银行体制,再次决定成立农业银行,但很快又因缺乏生存基础而被撤销。农村信用社褪掉民办特性而成为国家银行的基层机构,农村信用基本上变成国家银行的独家信用,农村民间金融基本失去发展的经济动力。

与此同时,在广大农村地区,农村金融方面存在的一个突出的问题是,高利贷活动又在许多地方死灰复燃。因此,国家出台一系列农村民间金融禁止的政策文件。1963 年中央、国务院批转人行的《关于整顿信用社打击高利贷的报告》,要求必须尽快整顿信用社,使其有效打击农村高利贷活动,并提出打击高利贷最有效的办法,是在生产发展的基础上,依靠信用社,组织农村资金的余缺调剂,吸收闲散资金,帮助农民解决副业生产和生活上某些临时性的资金困难。自此在全国范围内开始整顿农村信用社,打击高利贷的高潮。之后由于"大跃进"和"文化大革命"等一系列政治运动的影响,农村金融体制出现多次反复。在"文化大革命"期间,农村金融发展基本处于停滞,农村民间借贷关系的存在已成为敏感的政治话题。在大批"修正主义路线"、"条条专政"、"专家理政"等运动中,农村金融主要是贯彻执行"以粮为纲、全面发展"的方针,支持"农业学大寨"的群众运动和农业机械化进程,农民自营生产经济被全面禁止,农村民间借贷活动被视为"资本主义的尾巴"而受到批判,无法得到制度上的支持。即便新中国成立初期所创立的唯一的合作金融组织农村信用合作社,也已经在"一大二公"的经济意识氛围中异化为集体所有制的产物,成为农业银行事实上的基层组织。所以农村民间金融即使存在,也仅是以个人之间自由借贷形式出现,且大都是隐蔽的,其额度、范围和规模之小是显而易见的。在当时的社会背景下,对农村民间金融的全面抑制已然成为必然和必要。因此农村民间金融在这一阶段的发展处于排斥停滞时期。这种状况一直持续到 20 世纪 70 年代。

(二) 初现繁荣期(1978—1992)

国家实行对外改革开放后,农村和农业经济得到自主发展。1978 年,家庭联产承包责任制开始在农村推广和实施,是农村微观经济体制的重大制度变迁。农业生产力迅速释放,农民生产积极性空前高涨,农业生产总值快速攀升,农民收入稳步增加,农民手持现金增多,农村乡镇企业发展速度加快,其资金需求量在不断提高。与此同时,相应的农村金融体制重新开始建立。在党的十一届三中全会通过的《关于加快农业发展若干问题的决定》明确提出"恢复中国农业银行(以下简称"农行"),大力发展农村信贷事业"。人行于 1979年向国务院报送文件《关于恢复中国农业银行,统一管理国家支农资金的报告》。国务院在《关于恢复中国农业银行的通知》对中国农业银行的性质、任务、业务范围、资金来源、机构设置、企业化经营和领导关系等问题作出明确规定。农村信用社实行扩大业务经营自主权,放宽信贷政策和信贷范围,搞活业务经营,试办信用社县联社等初步改革。可以说,农村家庭联产承包责任制和经济体制改革推动农村经济的发展,同时也带动农村个体工商户及乡镇企业的发展,这些农村经济主体的资金供需日趋强烈,虽然农业银行和农村信用社设立之初的功能定位是服务农村经济,并且国家一直都在努力优化农村金融体制,但仍然无法满足民营经济和农户的资金需求,这给农村民间金融的复苏与发展提供机会和空间。在这一阶段,主要是农村金融体系的重构与调整,如农村信用社体制的调整、逐步放开对民间信用的管制等。纵观这一时期,国家对农村民间金融约束较为宽松,农村经济体制和经济格局发生巨大变化,农村金融市场逐步形成,多种融资形式纷纷兴起,形式多种多样。

1981 年农行在向国务院呈报的《关于农村借贷问题的报告》中提出,对于农村的信用关系,在国家银行和信用社的信用占主导地位的条件下,允许集体与社员、社员与社员之间的正常借贷存在,作为银行、信用社信用的补充,这些信用形式对于发展农业生产是有好处的。但是,应当积极引导加强管理。该报告肯定了农村民间借贷的作用,认为它是农行和信用社的补充。就借贷的形式而言,除了农村合作基金会外,还有自由借贷、银背和私人钱庄、合会、典当行、民间集资等多种形式。

1984 年中央 1 号文件《关于 1984 年农村工作的通知》中指出"允许农民和集体的资金自由或有组织地流动,不受地域限"。同年 5 月农行总行在《关于农村自由借贷情况的通报》中指出"农村民间自由借贷的存在和发展是不可避免的"。因此,对农村民间在发展商品生产、商品流通中调剂资金余缺、互助性质的借贷,不管是无息还是稍高于银行或信用社利息的,都可以视作银行或农村信用社信用的补充,允许其存在和发展。至于高利借贷应作具体分析,主要要看资金和使用效益。若用高利息筹资,从事非法经营,要予以取缔。

在这样宽松的宏观经济社会环境下,我国农村民间借贷活动逐步增多,尤其是东南沿海商品经济发达地区的民间金融发展更为迅猛,并逐步向内地延伸,农村民间金融市场逐渐形成。同年《国务院批转中国农业银行关于改革信用合作社管理体制的报告的通知》指出,农村信用社是经营货币信用业务的合作金融组织,应变"官办"为"民办",充分发挥其民间借贷的作用。但是,尽管农村经济需求迫切,农村信用社的资金运用却从应面向农村承包户、专业户的宗旨,逐渐改为面向乡镇企业,一些信用社对乡镇企业的贷款甚至超过贷款总额的60%①。这种状况,使得包括农民、农村承包户、种植户在内的资金需求从农村信用社渠道被迫转向民间借贷。有学者认为,农村经济发展形成的资金供求不平衡是民间借贷发展的客观条件,而农业银行和农村信用社的信贷工作不适应农村经济发展的需要时民间借贷发展的直接原因,为其提供了直接机会②。

1985年中央1号文件提出要"适当发展民间信用",在政策的支持下,江苏大丰县万盈乡成立全国最早的农村合作基金会,农村合作基金会成为这一时期农村民间金融的典型代表。1986年中央发布27号文件指出"一些农村合作经济组织自愿把集体闲置资金集中起来,采取有偿使用的办法用于支持本乡、本村合作经济组织和农户发展商品生产。这种办法只要不对外吸收存款,只在内部相互融资,应当允许执行。"1987年中央5号文件指出"一部分乡、村合作经济组织或企业集体建立合作基金会,有些地方建立信托投资公司。这些信用活动适应发展商品生产的不同要求,有利于集中社会会闲散资金,缓和农行、信用社资金供给不足的矛盾,原则上应当予以肯定和支持。"1990年中央19号文件要求"办好不以盈利为目的的合作基金会,管好用好集体资金"。1991年中央十三届八中全会要求各地继续办好农村合作基金会。而后财政部和农业部联合下发文件对农村合作基金会的发展给予充分肯定、支持和鼓励。到1991年底,全国已经建立农村基金会的乡镇达2万多个,约占全国乡镇总数的30%,已经建立农村基金会的村接近13万个,约占全国农

---

① 蒋世绩:《当前信用社恢复三性遇到的几个认识问题》,载《广西农村金融研究》1985年第1期。

② 陈广仁:《关于我国民间借贷政策的探讨——从是否划定一条高利贷利率杠子谈起》,载《农村金融研究》1984年第6期。

村总数的 15%,聚集的可供融通的资金多达 99.9 亿元。在一定程度上满足农村经济主体的金融需求,促进农村经济的发展,符合地方政府的利益。因此在中央宽松的政策背景下,各地方政府对民间金融更加支持、袒护甚至纵容。比如吉林省人民政府曾印发《吉林省人民政府关于印发加快发展乡镇企业座谈会纪要的通知》(吉政发〔1992〕28 号),允许集体钱庄等民间金融组织的存在和发展,只要经过乡以上政府批准,农民则可创办股份合作基金会。

由于中央政府的默认、地方政府的袒护与支持以及巨大的金融需求,使得农村民间金融在广度和深度上都有显著的提高。从广度来看,一是农村民间金融的形式越来越多,体现出不同的组织化和规范化程度;二是范围越来越广,逐步从经济发达地区逐步延伸至欠发达地区;三是金融工具越来越繁杂。从深度来看,一是农村民间金融形式本身不断完善和成熟;二是农村民间金融对农村社会经济金融生活的影响越来越大;三是农村民间金融规模越来越大,参与者越来越多。

根据农行 1984 年至 1990 年农户调查情况的统计数据,民间借贷的人均规模由 1984 年的 25.40 元增长到 1990 年的 56.64 元,增长 2.23 倍,平均年增长速度为 12.1%。从正规信用机构获得贷款的户数比例呈逐年下降趋势,尤其是在 1986 年以后,农户的贷款来源由主要来自正规信贷机构逐步转变为主要来自民间借贷。在这段时期政府在一定程度上允许农村民间金融发展,因而农村民间金融的发展初现繁荣。

(三) 抑制发展期(1993—2003)

农村民间金融在经历初步的繁荣之后,其领域出现紊乱现象并开始扰乱正常的金融秩序,国家基于经济安全的考虑,对其进行整顿。1993 年中央 6 号文件《关于当前经济情况和加强宏观调控的意见》提出,"整顿金融秩序,严肃金融纪律"。农村民间金融的制度环境变得严峻起来。随着民间金融组织的逐步扩大和农村基金会经营宗旨的转变,其缺陷日益暴露出来。这一点突出表现为农村合作基金会的违规经营和各种"倒会"风波的频繁发生,"平阳水头会案"、"苍南矾山连环案"和"福安标会倒会"风波就是典型例证。为此,中央政府对民间金融的管理趋于严格。

1994 年 11 月 8 日农业部和人行联合下发《关于加强农村合作基金管理的通知》对农村合作基金会的活动进行限制(第 1、7、11 条),规定只能在社区范围内开展活动,不准异地开设网点,不得对城市居民和单位开展业务,乡(镇)一级的农村合作基金只限于在本乡(镇)范围内开展活动,村一级的只限于在本村范围内开展活动,其开展资金互助的资金占用费,不准高于国家金融部门规定的利率标准,并明确指出,农村合作基金会不是金融机构,不得办理存贷款业务。对于已办理存贷款业务的,限期改正,经整顿验收合格的,可转为农村信用社。之后,农村合作基金会的金融活动受到很大限制。

1996 年国务院发布《关于农村金融体制改革的决定》提出对农村合作基金会进行清理整顿。1997 年东南亚金融危机后,国务院和人行加大对民间金融的管制力度。由于农村民间金融的借贷利率往往高出基准利率的好几倍,加上政府难以对民间资金进行监管,一般将其视为扰乱正常金融秩序的潜在因素加以限制和取缔。中央政府开始系统性地清理整顿各类基金会、互助会、储金会、资金服务部、股金服务部、结算中心、投资公司等民间金融机构。1999年国务院发布 3 号文件,正式宣布全国统一取缔农村合作基金会。至此,四大国有商业银行也开始大规模从农村撤出,能够提供信贷服务的农村金融组织资源更加缺乏,农村经济主体从正规金融机构获得的资金支持量呈现明显下降趋势。这进一步加剧农村金融资源的供求失衡。导致农村金融资源严重匮乏。

(四) 引导规范期(2004—2009)

在这段时期,中央政府连续发布相关政策文件,旨在引导规范农村民间金融进入规范发展阶段。2004 年中央 1 号文件《关于促进农民增加收入若干政策的意见》中要求,改革和创新农村金融体制。要从农村实际和农民需要出发,按照有利于增加农户和企业贷款,有利于改善农村金融服务的要求,加快改革和创新农村金融体制。建立金融机构对农村地区服务的机制,明确县域金融机构为"三农"服务的义务。鼓励有条件的地方,在严格监管、有效防范金融风险的前提下,通过吸引社会资本和外资,积极兴办直接为"三农"服务的多种所有制的金融组织。"2005 年中央 1 号文件《关于进一步加强农村工作提高农业综合生产能力若干政策的意见》中明确提出,"要针对农村金融需求的特点,加快构建功能完善、分工合理、产权明晰、监管有力的农村金融体系。抓紧研究制定农村金融总体改革方案。培育竞争性的农村金融市场,有关部门要抓紧制定农村兴办多种所有制金融机构的准入条件和监管办法,在有效防范金融风险的前提下,尽快启动试点工作。有条件的地方,可以探索建立更加贴近农民和农村需要、由自然人或企业发起的小额信贷组织。"批准成立的小额贷款公司是以服务"三农",支持农村经济发展为重点,为农户、个体经营者和小微企业提供小额贷款的机构,其资金来源为自由资金、捐赠资金或单一来源的批发资金形式,不吸收存款,不跨区经营,贷款利率由借贷双方自由协商。时任人行副行长吴晓灵公开明确表示,能为小微企业和小额贷款需求者提供最好服务的还是"草根金融",即带有非正式金融性质的社区性的融资,政府不应该对民间的合法的金融行为进行过度的干预。人行货币政策执行报告增刊《2004年中国区域金融运行报告》明确指出"要正确认识民间融资的补充作用。"这是第一次正面对民间金融予以肯定。2005年8月国务院公布《国务院关于鼓励支持和引导个体私营等非公有制经济发展的若干意见》,民间将之称为"非公36条",其中第一次明确允许非公有资本进入金融、电力、电信、铁路、民航、石油等垄断行业和领域。指出今后允许非公有资本进入法律法规未进入的行业和领域。允许外资进入的行业和领域,也允许国内非公有资本进入,并放宽股权比例限制等方面的条件。这是对发展民营金融的再次肯定①。同期,人行在山西、陕西、四川、贵州四省进行"农村小额信贷组织"试点的尝试,至此民间金融逐步从地下走出,成为合法的民营金融机构。这表明政府对民间金融的态度已有所改观,为促进民间金融的发展奠定良好的基础。2006年中央1号文件《关于推进社会主义新农村建设的若干意见》则进一步指出:"在保证资本金充足、严格金融监管和建立合理有效的退出机制的前提下,鼓励在县域内设立多种所有制的社区金融机构,允许私有资本、外资等参股。大力培育由自然人、企业法人或社团法人发起的小额贷款组织。引导农户发展资金互助组织。"银监会发布《关于调整放宽农村地区银行业金融机构准入政策更好支持社会主义新农村建设的若干意见》,并决定在四川、内蒙古等6省(区)进行试点。调整放宽农村地区银行业金融机构准入政策,探索培育以村镇银行为主体的新型农村金融机构。2007年中央1号文件《关于积极发展现代农业扎实推进社会主义新农村建设的若干意见》要求:"加快制定农村金融整体改革方案,努力形成商业金融、合作金融、政策性金融和小额贷款

---

① 王晶、王博洋:《民间金融法律关系探析》,载《经济师》2009年第8期。

组织互为补充、功能齐备的农村金融体系,探索建立多种形式的担保机制,引导金融机构增加对"三农"的信贷投放"。2008年中央1号文件《关于切实加强农业基础设施进一步促进农业发展农民增收的若干意见》要求:"积极培育小额信贷组织,鼓励发展信用贷款和联保贷款。通过批发或转贷等方式,解决部分农村信用社及新型农村金融机构资金来源不足的问题。"同时,人行和银监会联合发布《关于小额贷款公司试点的指导意见》,规定小额贷款公司是由自然人、企业法人与其他社会组织投资设立,不吸收公众存款,经营小额贷款业务的有限责任公司或股份有限公司。之后在浙江开始试点,可被视为"民间信贷"合法化的先声,效果较好。浙江省政府启动小额贷款公司试点,国内首次有省份公开提出试点民间金融合法化。这引起大量地下金融机构的注意。许多企业积极申请,竞争非常激烈。申报企业不少于一千家。温州市的担保公司是申报的主力,尽管小额贷款公司注册资本上下限分别是2亿元和1亿元,仍为温州市270家担保公司提供发展和转正的机遇。随之,人行联合银监会在全国范围内开展小额贷款公司的试点。并联合发布《关于村镇银行、贷款公司、农村资金互助社、小额贷款公司有关政策的通知》,对新型农村金融机构的基本内容作出相应规定。人行发布的《中国货币政策执行报告》规定,在进一步发展正规金融的同时,应着手为民间借贷提供更好的法制环境,形成其与正规金融和谐共生的环境,完善多层次融资体系,并有效防范相关风险。人行和银监会联合发布《关于加快农村金融产品和服务方式创新的意见》明确创新试点的主要内容包括:(1)大力推广农户小额信用贷款和农户联保贷款,扩大农户贷款覆盖面,提高贷款满足率;(2)创新贷款担保范式,扩大有效担保品范围。原则上,凡不违反现行法律规定、财产权益归属清晰、风险能够有效控制、可用于贷款担保的各类动产和不动产,都可以用于贷款担保;(3)探索发展基于订单与保单的金融工具,提高农村信贷资源配置效率,分散农业信贷风险。在完善订单农业和农业产业化发展模式的基础上,鼓励涉农银行业金融机构、农村信贷担保机构及相关中介机构加强与保险公司的合作,以订单和保单等为标的资产,探索开发"信贷+保险"金融服务新产品;(4)在银行间市场探索发行涉农中小企业集合债券,拓展涉农中小企业的融资渠道;(5)改进和完善农村金融服务方式,提高涉农金融服务质量和服务效率。积极推进农村金融服务电子化、信息化和规范化。并决定在中部六省和东北三省选择粮食主产区或县域经济发展有扎实基础的部分县、市,开展农村金融产品和服务方式的创新试点,促进金融机构进一步改进和提升农村金融服务,积极满足多层次、多元化的"三农"金融服务需求,大力支持和促进社会主义新农村建设。

从以上我们可看出,自 2004 年以来国家一直在试图将农村民间金融纳入法制化轨道,新型农村金融机构的发展,进一步推动民间金融引向合法化。诺贝尔经济学奖获得者道格拉斯·诺斯(Douglass. North)教授在分析经济制度与经济发展的内在联系时指出,"有效率的经济组织是经济增长的关键。有效率的组织需要在制度上做出明确安排和确立所有权,以便造成一种刺激,将个人的经济努力变成私人收益接近社会收益效率的活动。"特别是在金融危机时期,将其纳入现有金融监管体系之中的意图日益明显。总之,我国农村民间金融发展的政策导向与制度变迁已经由过去的"堵"变为现在的"疏",农村民间金融正在由政策导向逐渐变为法律引导与规范①。

从 2005 年起,农村金融生态环境大有改观,一些新型农村金融组织相继成立,包括农村资金互助社、小额信贷公司、村镇银行等,向多种信用形式的复合农村金融体系发展。

(五) 促进发展期(2010—至今)

国际金融危机后,世界各国对融资难问题持续高度关注,大力发展普惠金融的呼声日益高涨,在这一国际背景下,人行行长周小川在《求是》杂志撰文中表示,当前需加快推进我国包容性金融发展,适度放宽市场准入,支持小型金融机构发展,加强金融消费者权益保护。要深入推动包容性金融发展,使现代金融服务更多地惠及广大人民群众和经济社会发展薄弱环节,既有利于实现当前稳增长、保就业、调结构、促改革的总体任务,也有利于促进社会公平正义,具有积极的现实意义②。

2010 年中央 1 号文件《中共中央国务院关于加大统筹城乡发展力度进一步夯实农业农村发展基础的若干意见》提出,确保 3 年内消除基础金融服务空白乡镇"的战略部署。为支持农村金融发展,解决农民贷款难问题,经国务

---

① 张燕、杜国宏等:《金融危机背景下我国农村民间金融法律制度的因应与完善》,载《金融与经济》2009 年第 7 期。

② 周小川:《践行党的群众路线,推进包容性金融发展》,载《求是》2013 年第 9 期。

院批准,财政部税务总局发布《关于农村金融有关税收政策的通知》,出台相关税收优惠政策。人行积极为小额信贷公司、融资性担保公司接入征信系统进行尝试。国务院《关于鼓励和引导民间投资健康发展的若干意见》出台,其中特别强调"允许民间资本参与和兴办金融机构"和"鼓励民间资本发起设立金融中介服务机构。"国家发展改革委员会在《关于2010年深化经济体制改革重点工作的意见》中提到要修订出台《贷款通则》,积极引导民间融资健康发展,加快发展多层次信贷市场。同时,国务院办公厅发布《关于鼓励和引导民间投资健康发展重点工作分工的通知》对相关部门的工作进行具体分工安排。2011年在第十一届人大四次会议上,温家宝总理在政府工作报告中指出,"认真落实国务院关于鼓励引导民间投资(新36条),抓紧制定公开透明的市场准入标准和支持政策,切实放宽市场准入,真正破除各种有形和无形的壁垒,鼓励和引导民间资本进入基础产业和基础设施、市政公用事业、社会事业、金融服务等领域,推动民营企业加强自主创新和转型升级,鼓励和引导民间资本重组联合和参与国有企业改革,加强对民间投资的服务、指导和规范管理,促进社会投资稳定增长和结构优化。"在十二五规划纲要指出,"鼓励和引导民间资本进入法律法规未明文禁止准入的行业和领域,市场准入标准和优惠扶持政策要公开透明,不得对民间资本单独设置附加条件。"同时还指出,要"积极发展中小金融机构,围绕促进小型微型企业发展、推动科技创新、发展绿色经济、支持企业跨境经营,以及发展网上交易等新型服务业态,创新金融产品和服务模式。"2012年,人行行长周小川表示,金融机构改革的目标就是构建多层次、广覆盖、可持续的农村金融服务体系,以服务"三农"为根本方向,充分发挥政策性金融、商业性金融和合作性金融的作用,进一步深化农村信用社改革,发挥其金融主力军的作用,培育发展新型农村金融机构,鼓励各类金融机构积极探索服务"三农"的有效方式,引导带动更多信贷资金和社会资金投向农村,支持符合条件的现代农业企业,通过资本市场发展扩大,积极拓展期货市场服务"三农"的渠道和模式,继续完善农业保险制度,扩大农业保险范围和覆盖区域。并明确表明农村民间借贷是正规金融有益和必要的补充,在其具有制度层面的合法性这一背景下,我国农村民间金融行业发展取得突飞猛进的成绩。

2013年十八届三中全会《中共中央关于全面深化改革若干重大问题的决

定》提出，"在加强监管前提下，允许具备条件的民间资本依法发起设立中小型银行等金融机构。"这不仅是对民间金融资本地位与作用的肯定，同时也是疏通民间金融进入正规金融领域，走向"阳光化"发展的重要政策引导与举措。2014年中央办公厅和国务院办公厅印发《〈关于创新机制扎实推进农村扶贫开发工作的意见〉的通知》的有关要求，提出进一步完善金融服务机制，合理配置金融资源，积极发展农村普惠金融，支持贫困地区经济社会持续健康发展和贫困人口脱贫致富。2015年银监会宣布对监管组织架构进行重大改革，将机构和人员编制向前台监管部门倾斜。此次银监会的架构改革加强为民监管和薄弱环节服务合力，为适应现有业务布局和形势需要，强化银行业普惠金融工作部在小微企业、"三农"等薄弱环节服务以及小额信贷、网络借贷、融资担保等非持牌机构监管协调方面的总职责。银监会印发的《关于做好2016年农村金融服务工作的通知》中明确提出，将不断丰富金融服务主体，提升农村金融竞争充分性和服务满足度。同时，2016年的中央1号文件要求推动金融资源更多向农村倾斜，加快构建多层次、广覆盖、可持续的农村金融服务体系。2017年中央1号文件提出"严厉打击农村非法集资和金融诈骗，积极推动农村金融立法。"为农村民间金融在新的时代背景下的发展提供法律保障。可看出，在这一阶段，已呈现政策法律化明显趋势。

纵观变迁历程，农村民间金融的发展主要由政策驱动起着主导作用。由于政策的不稳定性。政策和法律的互动和融合极度缺乏，导致农村民间金融制度兴衰变迁起伏跌宕。对经济的发展和社会的稳定都产生了极大的影响。追溯其历史轨迹，可看出农村民间的法律规制逐步由政策为主走向法律和政策的融合和互动。虽然国家目前正在放宽农村民间金融领域的法律制度供给，提出包容性金融理念，态度较之前相比，略为宽松，这可以说是为农村民间金融的发展提供政策依据。中国在2004年至2017年连续14个中央1号文件都鲜明提出要鼓励农村金融改革，强调建立多种所有制的金融组织，其透露的信息表明农村民间金融的重要性越来越受到政府的重视。在新的机遇下，农村民间金融再度快速发展起来。近些年政策导向正在慢慢改变，但我国现行法律不管是刑法、经济与行政法还是民法的相关规定，对农村民间金融发展的态度都在一定程度上具有金融抑制性的，其法治困境仍然没有得到根本性的解决。

第二节　农村民间金融制度变迁轨迹与政策发展原因剖析

农村民间金融发展变迁历程,起伏不定,兴衰变换,究其原因,主要体现在以下几个主要方面:

一、与现行经济体制不相适应

一般来说,金融制度必须与经济体制相适应。而在现实经济中尤其是处于经济体制转轨时期的经济中,往往存在着某种程度的金融制度扭曲。这种制度扭曲的程度可以用一个比值来衡量,即用某一部门对经济增长率的贡献去除该部门贷款在合法金融机构贷款中所占的比率,或者更大范围来说,去除其所占的合法融资比率。最优的制度安排将这个比值在不同的部门间不存在差异。对于不同部门而言,该比值的差异越大,则制度扭曲的程度也就越大;反之,差异越小,制度扭曲程度也就越小。在官方制度下,我国的国有部门对经济增长的贡献大约为百分之四十,但其贷款约占合法金融机构贷款总额的百分之八十;非国有部门的经济增长贡献大约为百分之六十,它的贷款却未占到合法金融贷款的百分之二十,这表明我国的金融制度严重不适应经济体制①。以浙江省温州市为例,该地区 1998 年国有部门的产值不到总产值的百分之六,但其贷款占合法金融机构贷款总额的比率却在百分之八十左右。同时,占百分之九十以上产值的非国有部门所得到的的融资相当少,据统计不超过百分之七。温州市的现金投放量大,家庭工业的发展带来大量现金,使得金融系统客观上难以控制流通中的货币和资金,尤其是官方金融机构下不可能对现金进行严格或绝对的管制,从而为非正规金融部门的发展创造条件。可以说,现金流通的难以控制与温州模式的独特要求为民间金融这一诱致性制度变迁提供制度供给,而非国有经济部门的资金需求由于官方金融的政策歧视,为这一制度提供制度需求。温州市经济的基本特色概括为"其基础是农民经营的家庭工业,其纽带是以农民购销员为骨干的专业市场,其依托是主要

---

① 张杰:《中国金融制度的结构与变迁(1978—1998)》,山西经济出版社 1998 年版,第112 页。

由农民集资兴建或发展起来的小城镇"①。由此可见,市场资金需求旺盛,而正规金融供给不足,则民间金融就表现极为活跃。

二、诱致性和强迫性制度变迁的相互补充和交替

农村市场需要民间金融,体现出需求性诱致性制度变迁。20世纪80年代进行的经济体制改革中,实行以家庭承包联产承包责任制,农户成为独立的生产经营者,生产积极性空前高涨,有力促进农村经济的发展。由于农村经济所固有的特征,包括贷款需求规模小、额度不大、季节性强、贷款程序要求低、信息不对称、贷款抵押资产缺乏、行业经营风险高等一系列因素,激发农村经济发展对于体制外农村民间金融的极度市场需求。由于金融资源不充足,资金供求缺口大,国家实行利率管制。通过信贷配给来分配有限的资金,在此过程中,农村金融资源被大量剥夺,农村正规金融缺位,农村正规金融组织主要将资金投向城市,大量资金被吸引到城市,主要为国有企业提供金融服务,形成大家所熟知的"虹吸现象"。而位于农村地区的中小民营企业、乡镇企业等为求发展,只能借力于农村民间金融。加之,随着农村经济的发展,农民个体的收入在不断提高,民间财富积累逐渐增多,闲置资金需要寻找投资渠道。基于农村民间金融的比较优势,使得其市场需求持续提升。

农村民间金融制度变迁,虽离不开市场对民间金融的需求,但同样不可忽视的是农村民间金融发展所面临的制度环境。民间金融作为与官方金融相抗衡的一种金融,对它的定位一直是灰色的,没有明确的法律支持它的发展,民间金融能在1978年以来得到发展,首先由于它符合非国有经济部门的利益,而且非国有经济部门的发展又符合地方政府的利益,因此得到地方政府的默认;其次,1978年以来的货币现金投放可以给官方金融带来货币化收益,因为对于成长的的官方金融部门而言,现金是一种最为合理的负债方式;再则由于借贷市场处于分割状态,起初成长起来的非正规金融部门对官方金融还构不成威胁。事实上,在中国的"二重结构"中,上层结构总是处于控制地位,因此,民间金融无论如何活跃,都需要首先与具有"暴力潜能"的上层达成妥协才能获利。因此,滋生于民间的金融组织总是要与上层结构达成合谋来共获

---

① 吴象:《温州农村商品经济》,载《人民日报》1986年8月6日。

收益已然成为一种制度演进常态,如山西票号。这也是在中国历史上产生的许多金融形式最终都未能演化为现代金融制度安排的深层次原因。当非正规金融部门的存在和发展在意识形态上可能与上层结构发生冲突时,地方政府的最佳选择是默认,因为默认的成本最低,非国有经济因此获得体制外增长。但默认对于民间金融部门却不是最好的支持。由于民间金融部门得不到金融法规的支持,其自身发展得不到规范,市场的盲目性和风险性就会显现出来。频发的民间金融风暴案例是最好的证明。当民间的非正规金融部门急需得到金融法规的支持时,地方政府所面临的选择则处于两难之中。一方面,民间金融出现风险急需规范,否则它对非国有经济部门的支持将会因此减弱;但另一方面,上升到制订金融法规意味所表明的明确态度会与上层结构的利益选择相冲突,导致所付出的代价高。由于民间金融的最大特点是货币(现金)在体制外循环,现金的增加与国家控制金融成本的上升是成正比的。加之,缺乏相关法律规范,民间金融问题日益凸显。1993 年以来,由于全国的宏观调控形势趋向于控制通货膨胀、稳定经济增长,以及对货币流通量的控制加强,此时地方政府便会做出让步,随之而来的是,民间金融成为首先要被清理整顿的对象。在这种制度背景下,农村民间金融的发展就会受到压制和阻碍。

三、对金融安全具有双重影响的作用

农村民间金融对金融安全价值具有双重作用。一方面,农村民间金融活动有利于金融资源的有效配置,促进经济发展,增强整体金融系统的稳定性,对于金融安全保障起到一定积极作用;另一方面,农村民间金融自身内在的风险性,加上缺乏法律制度的相应保障,面对日趋复杂的社会现实,原有赖以存在的根基,如地缘、亲缘等关系的变化,导致金融风险难以把控,严重影响金融体系的稳定,难以实现金融安全价值。

为保障金融安全,政府对民间金融进行管制,主要包括:一是法律禁止个人和企业之间的融资行为。如果企业向社会不特定对象融资应纳入涉及公众利益的金融业务严格管理,而对企业之间以及其向居民个人的放贷行为,目前也被政府作为金融业务严格管制;二是政府的利率管制。由于我国政府严格管制下的政府主导型的金融体制,金融利率处于行政权力的管制之下。政府的金融管制体现金融活动的安全需求,实现法律的安全价值,但是,"安全价

值不是一种绝对价值,因为安全价值的实现,本身受到既对个人有益又对社会有益这个条件的限制①。"如果安全的内容过于宽泛,就会产生这样一种危险,即社会或者经济的发展会受到抑制或妨碍,因为某种程度的压力、风险和不确定性往往是作为一种激励成功的因素而起作用的。这些制度的实施在一定程度上保障了金融安全,同时也对我国农村民间金融的发展产生深远的影响②。因而,如果过于追求金融安全,对农村民间金融予以过度规制,则会使其发展处于困境之中,最终导致的结果是:农村民间金融随着时代背景的变化也不断随之变化,起伏不定。

四、对金融监管价值取向的取舍

金融安全与金融效率是监管法律制度价值永恒的话题,安全优先兼顾效率或效率优先兼顾安全?但两者孰轻孰重?如何结合在一起才能实现最佳的经济效益和社会效益?对此,理论界的认识各有不同,争论焦点主要在于是安全优先还是效率优先的问题:

(1)安全优先兼顾效率。在我国金融监管制度的建设中,目前仍坚持的是"安全优先兼顾效率"的监管原则。从金融监管的角度看,加强金融监管、防范金融风险,维护金融安全与稳定,是金融监管当局的重要目标,是各国或各地区金融法一致的价值追求。从经济学的角度看,金融安全是金融效率的应有之义,没有安全的经济环境,盈利只在个别投机者身上出现,整体的效率无从实现,甚至个别的盈利也是短暂的,没有安全,人们也就失去追求效率的空间和环境。但在金融发展不完善区域,追求安全阻碍效率的取得,金融效率低下成为金融运行不安全的直接原因和现实基础,效率低下往往导致资源分配不合理,使市场价格远远偏离价值,影响市场稳定,引发系统不安全。同时,过多地关注金融安全而忽视金融效率不可避免地引发金融市场的种种问题,如我国农村经济发展中为了保障农村金融安全而在监管中普遍存在的"金融抑制"现象,这种现象极大地阻碍我国社会主义新农村的建设,成为缩小贫富差距的最大绊脚石。可见,以安全优先的监管价值理念为指导,容易给金融市

---

① [美]E·博登海默著:《法理学:法律哲学与法律方法》,邓正来译,中国政法大学出版社2004年版,第235页。

② 吴正刚:《我国农村金融法律制度研究》,华中农业大学2010年硕士学位论文。

场的快速发展造成种种限制。在不同的时代背景下,必须重新审视安全和效率的价值位阶,在不同的范围和条件下,应该适当考虑效率优先于安全的监管理念。

（2）效率优先兼顾安全。随着金融资源增长方式的转变和种种社会问题的出现,人们开始对"安全优先兼顾效率"的监管价值取向引起质疑,"效率优先"的监管理念日益受到理论界的关注。正如罗尔斯在其《正义论》中所言:"差异的存在最终应有益于地位最低者。"导致金融监管中个体差异的金融安全追求也应以对提高弱势区域的金融效益为前提和基础。从经济学的角度看,在金融监管中体现"效率优先",主要是为了发挥发展尚不完善的金融市场在金融资源配置和利益分配中的基础性作用,在价值规律的竞争机制的作用下,实现金融资源的优化配置。由于不同时期不同的监管价值取向,自然就会引起农村民间金融的兴旺或衰退。

第三节　农村民间金融制度变迁规律探寻及发展趋势

国际金融危机后,世界各国积极改革金融监管措施,全球经济逐步复苏。处在后危机时代背景下,纵观我国农村民间金融制度变迁和政策发展史,结合我国本土实际情况,有必要进行适时的总结和反思,更有必要明确农村民间金融法律规制未来的发展趋势。

一、规制理念:由"抑制性"转向"包容性"

在新中国成立初期,和大多数发展中国家一样,金融处于抑制状态,尤其是农村民间金融更是如此。改革开放以来,大力发展农村经济,但农村金融市场中,农村正规金融供给严重不足,从新中国成立初期的单一的人行金融机构到改革开放以后的由农业银行,农业发展银行,邮政储蓄银行,农村信用合作社等组成的农村金融组织体系,农村正式金融制度支撑的正规金融对农村金融的供给极度缺乏,所形成的金融二元结构严重影响农村经济的发展。在此背景下,农村民间金融得到一定发展,给农村经济发展带来一定活力和新鲜血液。但是,由于相关法律不完善,甚至空白,金融风险也随之而来,加之,亚洲金融危机的爆发,金融安全受到严重影响,农村范围也受到一定影响,因此,金融再次受到严格管控。金融抑制性特征极为明显。忽略金融市场的力量，抑制市场创新能力的发展，导致金融自由度和创新度不够，金融服务供给不足，同时，农村民间金融法律定位的模糊性，阻碍其可持续发展。从而严重制约农村经济的发展。

经过多年的快速经济发展，已在民间聚集较大数量的资金，但在公共利益安全的目标下，我国对民间金融的规制一直依赖加强监管的方式，但这种规制方法不符合民间金融的信息约束条件。单纯强调监管无助于金融全面发展，反而会阻止金融资源的有效配置，对经济产生负面影响①。而且在没有提供更多投资渠道的情况下，如果仍然采用这种抑制性规制模式的制度安排，对于民间资本、中小企业、乡镇企业等经济主体都是不公平的，也与法律制度本身所追求的公平价值目标相矛盾。

直到 2007 年包容性经济增长理论的提出，包容性在金融领域也得到充分体现，提出包容性金融理念。民间融资的种种便利和在社会经济生活中所普遍发挥的现实作用，这一行为已经受到人们的认同，也得到政府相关部门的肯定，使得其逐步公开化。随着金融改革的推进，直接融资规模逐步扩大，利率管制逐步放松，市场在金融资源配置中的作用逐渐增强，特别是商业银行个人委托贷款业务的推出和宏观调控措施实施后中小企业资金的紧张，客观上促使民间融资更为活跃，用于生产投资、商贸活动的大额民间融资时有发生②。在这样的背景下，包括制度内的民间金融生存和发展的外部环境具有一定程度的改善，整个经济社会对民间金融接受和认可的程度也有所提高，民间融资行为逐渐被社会公众理解和认同。如一些民营中小企业通过职工收取保证金、内部集资等方式进行筹资活动，已从原来的隐蔽状态转向半公开甚至是完全公开化。

与此同时，大力培育新型农村金融机构，如村镇银行、农村资金互助社、小额信贷公司等，促进农村民间金融规范化发展。目前已形成正规金融和农村民间金融和谐共存状态。同时，给予处于初级发展阶段的农村区域的民间金融较为自由的发展空间，以充分发挥农村民间金融的优势作用。

---

① 卢峰、姚洋：《金融压抑下的法治、金融发展和经济增长》，载《中国社会科学》2004 年第 1 期。

② 曹一萍：《规范和引导我国民间金融的发展》，载《会计之友》2009 年第 6 期。

二、规制态度:由"救济性"转向"预防性"

金融危机一旦爆发,政府为防止系统性风险扩大,采取各种救济方式对市场进行干预和调控,运用政府的力量稳定经济,行政干预色彩浓厚,经常利用国家信用来补充甚至代替部分商业信用,采取政府直接指示银行放贷款的方法。这种方式在短期内见效快,但是这种危机时期采取的非常措施来刺激经济政策,不具有可持续发展性。随着依法治国的进程不断加快,采取行政手段强制干预市场经济已经行不通,而是转而采用经济、法律和行政等综合手段来适度干预市场主体行为实施国家调控以应对危机。

历次金融危机教训警示我们不能等到金融危机爆发后,才采取临时性、应急性、强制性的措施进行危机处理。这种救济性监管很难预防金融危机的发生,也不能有效地化解金融风险。预防性监管的核心是突出风险管理,其主要目的在于防范金融风险,维护金融体系的稳定与安全。因此应加强金融风险的监测、评额估与预警工作,建立科学有效的金融风险监测预警体系。并根据不同类型的金融风险合理设计相应的监管措施,并借鉴美国骆驼评级法,事先制定一套规范的、科学的定性标准和定量指标体系。通过分析、预警和预测金融机构的市场风险、信用风险等各类风险,识别、计量、监测和控制潜在的金融风险,从而提高金融监管的准确性、科学性和有效性。如在民间金融的利率方面,考虑到维持小农生存高度相关的简单再生产中所有的环节都是脆弱的,而任何环节的断裂都会导致小农破产。因此,在国家没有建立适应小农的金融和保险制度的情况下,大多数高利息借贷的发生都是农户间一种降低交易费用、减少不确定性以及在一定程度上化解风险的理性行为。只要所得到的资金可以弥补某个环节不至于断裂,无论放贷人还是借贷人作出选择时都约定俗成地认识到,农户可以用可能产生的未来预期收益支付高利息借贷。因此,民间金融在维持农业简单再生产方面还是起到了积极作用。但是,这种高利率的认定与正规监管部门的规制态度息息相关。一旦政府加强管制,限制利率水平,就会逼迫民间金融往地下发展,在灰色甚至黑色的状态下生存,则会蕴含更大的潜在的难以控制的风险。因此针对农村民间金融的特殊性,建立适应小农的金融和保险制度,预防金融风险的发生,从而更好地防范和化解金融风险。

三、规制视角:由"微观性"转向"系统性"

传统的金融稳定理论认为,作为所有的金融机构的集合,金融体系的稳定与否取决于单个金融机构的稳健经营,因此,在此理论指导下,金融监管的重点关注微观层面金融机构的经营状况。我国长期以来金融监管侧重于微观性监管,强调"逐条核对"单个金融机构是否达到监管要求,通过不断地健全合规管理和内控机制督促金融机构审慎经营,防止因为单个金融机构的倒闭引起系统性风险。微观性监管主要包括产品监管、机构监管和行业监管。

美国耶鲁大学教授雷蒙德·戈德史密斯(Raymon Goldsmith)在他 1969 年出版的《金融结构与金融发展》一书中明确提出金融结构的概念。认为金融发展的实质是金融结构的变化,研究金融发展就是研究金融结构的变化过程和趋势。金融中介论,认为只有在现有的金融机构框架下,金融才能发挥对金融的影响和作用。机构金融监管通过法律法规来规范各类金融机构。当所处的商业环境发生变化,或者支撑金融机构的基础技术发生变化时,而规制金融机构的相关法律法规通常具有滞后性,因此金融机构的运行的有序性就会受到影响。包括,机构金融监管无法接受金融机构的动态变化,易于抵制金融创新,忽略金融市场的力量等。呈现出的现实状况是,农村金融组织体系的建立基于机构视角下,农业银行、农业发展银行、邮政储蓄银行、农村信用合作社等正式农村金融机构无法满足广大农村的金融服务需求,农村民间金融发展受到抑制;因而农村金融创新难以实现。同时,农村机构金融监管制度很难和农村金融市场发生耦合。金融产品不断创新,传统的监管方式不仅束缚金融创新,还容易滋生腐败。当前金融业朝着混业经营趋势发展,微观性监管很难对各个金融机构的金融业务进行有效监管。微观性监管对于风险的监测、处置和化解机制严重滞后于实践。单凭微观层面的努力难以维护金融体系的稳定。为增强金融体系的抗风险能力、及时处置和尽早化解系统性风险,应加强宏观系统性审慎监管。为建立完善而稳定的农村金融市场,构建基于功能金融视角的农村金融制度更能促进监管规则的一致性和统一性。功能视角考察农村金融系统与外部环境之间的功能耦合关系,根据不同的农村金融功能构建农村金融组织形态和建立农村金融市场的竞争机制,以有效降低交易费用,提供金融效率。在功能视角看来,执行农村金融功能的载体可以是各种经济组织,一项农村金融业务可以是几种功能的组合体,同一农村金融功能也可以是不同的金融产品来实现①。在此基础上,健全农村金融体系的制度设计和作出政策反应,通过加强系统性金融机构的监管来增强农村金融体系的稳定性。强调有效兼顾,提高金融监管效率和水平,有利于农村金融创新,促进农村民间金融法治化发展。因此,应结合农村民间金融的长期、中期、短期目标,对不同类型和不同区域的金融机构实施多元化和差异化监管,规制视角应从"机构性"转向"功能性",实现"微观性"规制向"系统性"规制的转变。

四、规制方法:由"规则性"转向"原则性"

金融规制体系一般由原则(principles)、规则(rules)和指引(guidance)等不同法律规范所构成的有机体系。在这一体系中,不同效力等级的法律规范有不同的排列方式。在任何的法律制度中,"确定性"都是追求的目标,但是这一要求在大陆法系国家获得至高无上的价值,它已成为毋庸置疑的信条,是最为基本的目标②。在规则性规制模式下,规制机构法律体系极为庞杂,覆盖面极广,规范深入细致。我国自从 1993 年国务院发布《关于金融体制改革的决定》以来,中国已建立包括金融法律、金融法规、金融规章和规范性文件等复杂的四个层次的政府金融规制体系。截止 2014 年已经颁布的与金融领域相关的法律共 22 部,法律授权国务院和"一行三会"等各部委所制定的金融规制(注:不含各省市地方政府的金融规制)大约有 3723 个(如下表所示),包括金融法规(国务院令、暂行条例、通知、规定、办法等),金融规章(令、公告、管理办法、管理规定、暂行办法等)和规范性文件(指导意见、指导通知、补充通知等)。除此之外还有行业规范和自律规则、公司内部规章制度以及社会公认的普遍遵守的职业道德和行为准则。由此可见,我国目前在实践中大多是规则性规制模式,其规制成本极高,规制效率偏低。此外,随着金融创新产品的不断涌现,规则性规制的滞后性和僵化性等缺陷暴露无遗,任何具体规则的制定都无法直接调整高度注重创新的金融关系,加之,其大多为定量而非定性的条款,导致金融机构进行金融创新时应享有的自主权和灵活性受到巨大影响,无法跟上变化迅速的行业需求,而展开有力竞争。

---

① 蔡四平、岳意定:《中国农村金融组织体系重构——基于功能视角的研究》,经济科学出版社 2007 年版,第 59 页。

② 〔美〕梅利曼著:《大陆法系》,顾培东译,法律出版社 2004 年版,第 49 页。

　　相比较而言,原则性规制更能满足规制目标的基本要求。用凝练而精确语言组成的原则可精辟地概述规制结果,以结果为导向可避免重复监管或监管真空等问题出现,也可避免由于事先设定的适用条件和行为模式不合理或和实践相冲突,因而会影响规制效率和效果。针对农村民间金融的特殊性,除了明确对其规制的具体规则作为规制依据外,对其规制时若遵循农民金融权益倾斜保护原则、包容性金融规制原则、激励相容性规制原则进行规制,不仅能体系现代金融法的价值,还能实现社会实质正义,更能产生有效规制效果。不过由于我国现行行政管理体制会影响规制机构的灵活性,法制环境不够成熟完善。若在我国和英国等国家一样推行原则性监管,还存在较大的差距。但建立以"原则为主,规则为辅"的规制体系已是大势所趋。特别是互联网金融的出现,更是印证这一趋势,如,以"宜农贷"为代表的 P2P 农户小额信贷创新模式的出现,由于此种模式的四方主体信息存在严重不对称等因素,若适用规则性规制方式,则很难实现有效规制。

第五章　典型国家农村民间
金融法律制度比较

"他山之石,可以攻玉"。世界许多国家和地区通过艰辛探索和反复实践,建立起适应本国国情的农村金融体系,农村民间金融是其中不可或缺的组成部分。均通过法律手段来保障民间金融的健康发展,并根据自身实情选择适当的制度模式,再结合各国和各地区进行农村民间金融法制化路金选择的依据①。这些国家或地区均积累了一定的成功经验和失败教训。本章通过阐述分析美国、日本、德国、法国等发达国家和印度、孟加拉国等发展中国家的农村民间金融制度和实践,探析各国农村民间金融制度存在的差异性和共性,充分结合我国实际情况,归结出可资借鉴的启示,目的在于为我国农村民间金融的法律规制对策提供有益的客观参考。

第一节　发达国家农村民间金融的法律制度与实践

由于政府的介入无法克服发达国家农村金融市场存在的主要问题,如信息不对称、缺乏抵押担保物品、特质性成本和非生产性借贷等。为防止政府对农村金融市场的过度干预,建立包含农村民间金融的农村信贷市场,形成一个正规金融和非正规金融两部门垂直合作的农村金融体系,从而促进农村金融市场的健康可持续发展。

一、美国

美国是一个金融市场和金融中介机构高度发达的国家,拥有全世界数量

---

① 高晋康、唐清利等:《我国民间金融规范化的法律规制》,法律出版社 2012 年版,第209 页。

最多的商业银行,金融制度体系完善发达。但长期以来,美国银行倾向于忽视那些低收入阶层、小企业、移民和有色人种的贷款需求,导致这些群体从正规银行系统所获得的贷款数额不足、服务不周且成本较高,不能完全满足所有资金需求者的需求。因此除了正规的融资渠道外,必然存在着一些非正规的融资渠道,民间金融仍然具有存在的现实基础。非正规的民间融资方式的广泛存在对正规金融主流融资渠道具有补充作用。

美国在 20 世纪以前,没有专门的农村金融机构。随着农业市场化程度的加深,农业发展对农村金融的需求愈加强烈,而商业金融机构及个人的贷款由于数量少、成本高,已无法为农业提供充裕资金。同时,城市工业发展迅猛,已积累大量民间资本,需要在农村地区进行投资。因此,在 1916 年美国政府设立联邦土地银行。为合理引导民间金融规范化发展,陆续制定一系列农业贷款法律。根据 1916 年《联邦农业贷款法案》,美国把全国划分成 12 个农业信用区,每个信用区设一个联邦土地银行,联邦土地银行下设合作社,专门办理农业长期贷款,成为农场主长期贷款的主要供给渠道。美国政府为解决农民中短期贷款难的问题,在 12 个社区建立 12 家联邦中期信用银行。1919 年由美国政府主导设立农业贷款专业银行及其基层机构组织信贷系统。其主要目的是通过对农业相关组织和农业发展项目放贷,扩大农业可用资金的来源,改善农民工作条件和福利,增加农民收入,加快农业发展。

目前在美国农村社区,主要有两类民间金融机构,第一类是合作金融机构,包括信用社、储蓄贷款协会、合作银行以及储蓄合作互助社等。其中信用社最具代表性。美国信用社是遵循平等、互利、自愿等原则建立的,是不以盈利为目的、自主经营具有合作性质,为社区提供金融服务的民间金融机构。美国大约有 11500 多家信用社、2500 多家储蓄贷款协会、500 多家互助储蓄银行,此类小型信贷服务机构约占全部信贷金融机构数量的百分之七十五[①];第二类是数量众多的社区银行,包括地方银行和家乡银行等,数量有九千多家,大约占美国银行数量的百分之六十,这类银行规模较小,具有独立性,属于私人商业银行的性质,主要服务于当地客户,为中小企业和贫困居民服务,弥补民间借贷自身的局限性。美国完善的基层民间金融机构组织系统对于金融市

① 李新:《我国农村民间金融规范发展的路径选择》,中国金融出版社 2008 年版,第 31 页。

场的建立起到非常关键的影响作用。

最初的农村金融合作组织由政府指导并出资,随着国家资金的逐步淡出,现在信用社已成为由农场主拥有的农村合作金融机构。信用社发展的一条重要经验就是在于早期信用社立法在州这一级完成。目前,美国仍然有州立信用社法案和联邦信用社法案之分,由信用社组织者自愿根据不同的要求登记注册为州立信用社或联邦信用社。州立法案既保护信用社这一金融机构创新的形式,也通过州与州之间立法竞争推动信用社的发展。到 1930 年时,美国已有 32 个州通过信用社合法化法案。1937 年美国在《联邦信用社法案》中明确规定信用社免交联邦收入所得税,美联储也对于这些开放的金融活动提供类似于为低收入住房开发以及近期支持新型小企业发展提供的扣税优惠活动①。1998 年信用社管理局修订的《准则与规章》对信用社的具体运作做出十分详尽的规定。

美国农村民间金融机构实行较为严格的业务分工。20 世纪 70 年代以来,美国开始放宽对金融市场的管制,民间金融组织间竞争加剧,其经营向着多样化方向发展。为鼓励金融机构对经济不太发达的特定社区开展金融活动,1977 年,美国专门制定《社区再投资法》(Community Reinvestment Act),详细规定民间金融机构组织的性质、功能等内容。规定参加联邦存款保险体系的存款机构、国民银行、储贷机构、州立特许商业银行和储蓄银行等,都必须为其所在的社区提供信贷支持。通过《社区再投资法》,社区银行将其在农村社区吸收的存款又继续投入到农村金融市场,对于资金从农村流向城市这一现象得以缓解。

美国农村民间金融法律制度的设计以监管为重心②,针对不同类型的民间金融机构采取不同监管模式,如对农村信用社采取联邦政府和州政府两种监管主体制度,民间金融机构或组织可以选择在联邦机构或州机构注册,也可以参加联邦存款保险体系或其他存款保险机构,或不参加任何存款保险安排,并逐步建立适合民间金融组织的统一监管机构和监管制度,即使民间金融机构可能对客户比较了解,这些民间金融机构也必须坚持监管机构制定的统一

---

① 程惠霞:《中美发展中小银行策略之比较》,载《当代经济科学》2000 年第 9 期。

② 有学者将美国民间金融的法制化模式归纳为“监管核心模式”。参见刘丹:《民间金融法制化模式探析》,载《金融与经济》2009 年第 8 期。

的标准,监管机构会定期对民间金融机构的经营状况进行检查,进行实时监管,而对于一些区域性的金融活动,美国监管机构开始注重定量分析和程序的要求,核心内容为贷款检查、投资检查和服务检查,而不再仅仅关注已发放多少贷款等静态的资料分析。针对社区银行采用多重监管模式,成立专门的社区银行协会、社区银行自律协会进行自律监管,同时颁布专门法律予以规制,从而加强外部监管。

由此可见,美国制定一系列法律法规对农村民间金融予以规制,有效促进农村民间金融逐步走向法治化。

二、日本

日本金融体系完备,信用意识强。互助会是日本最为典型的民间金融形式。早在镰仓时代就存在,属于救济性质的经济组织,主要为中小企业和贫困家庭解决资金。到了19世纪末,互助会的性质发生转变,转化为商业化组织,被称为"无尽"会社(相当于我国的"合会"),其信用供给只限于中小企业和参加"无尽"会社的相互信用业务。1915年,日本金融当局和日本银行在研究评估无尽组织利弊的基础上,出台《无尽业法》,对其规模、缴费、合并等具体事项进行规制,如当时有831个"无尽"组织(总资本约2亿日元)中的80%被合并组建成多家联合股份公司。随着日本经济的发展,《无尽业法》的有关条款表现出越来越明显的局限性,比如,贷款被限定在一定的辖区,在大额度资金投放方面的严格限制。到二战后,日本经济金融局面陷入混乱,出现许多为中小企业提供融资的小型金融公司,这种小型金融公司比"无尽"组织更趋向健全,在信贷资金分配上很少采用彩票机制和拍卖机制。由于这些小型金融公司的融资机制与"无尽"组织有很多相似之处,故而被称为互助"无尽"。随着产业促进公司的出现,互助会受到较大冲击。1951年,日本政府为引导互助会向中小规模银行转变,修订《无尽业法》,将其包括在内。《无尽业法》修订案的通过,意味着"无尽"组织从初始的"合会"形态向一般性的金融中介化的的启动。政府颁布《互助银行法案》,督促大多数"无尽"转变为互助银行,除了一些小型的"无尽"组织仍在日本各地继续运转,执行着重要的社会和网络功能。互助银行相对于"无尽"组织而言,在业务范围等方面得到进一步扩展,但仍然存在信贷规模和地域方面的限制。日本互助银行体制维持三十多年,在 20 世纪 80 年代初期,互助银行合并渐成风潮,把互助银行转变为一般性的商业银行已成为政府的一项重要议事日程。从 20 世纪 80 年代初期开始,互助银行在业务和活动等方面同商业银行已经基本无异。在此潮流的推动下,日本金融顾问研究委员会于 1985 年转变对互助银行的态度,日本金融系统咨询研究理事会也充分肯定互助银行的合理存在,开始倡导把互助银行转变为商业银行。在 1989 年到 1990 年间,所有的互助银行都转变成通常意义的商业银行。

在农村金融方面,日本政府为解决农村内部的资金需求问题,长期以来通过政策性金融机构向农村内部注入大量低利补助性资金以扶持农业生产的发展。但是,在政策性金融强势注入农村金融市场的体制下,日本的农村金融市场产生农村资金错位循环的弊端。日本农户拥有巨额的储蓄存款,根据农业经营动向调查,1997 年末农户平均储蓄存款余额为 2980 万日元,全国农户的平均存借比只有 11%,日本的农户构成农村金融市场上一个巨大的资金剩余主体。但是,农村内部充足的资金并未被用于农村内部资金循环。以农协的存贷款规模为例,截止 1999 年,日本农协所有部门吸收约六十九兆亿元的储蓄,其贷款余额约为 22 兆亿元,全国农协平均存贷比为 32%。可见,虽然农户构成日本农村金融市场最主要的资金来源,但只有三分之一左右的农村内部资金被放款到农村内部,而另外三分之二农协这一农村内部的金融中介流向农村外部。在正规的政策性金融外部资金输入的情形下,高利的农村民间金融的生存空间日益狭窄,非正规金融减少,市场利率下降,储蓄动员不足。由此可以看出,日本的农村金融市场有着充裕的资金来源,但由于政府强势注入外部资金,破坏农村金融市场的正常运转,使得农村民间金融发展萎靡。带来的直接结果是:一方面,农村内部资金大量盈余,但它并未流向需要资金的地方;另一方面,资金需求由政府政策性资金注入来满足。这种错位循环使得日本农村金融市场资源配置的整体效率难以达到帕累托最优①。

日本政府着力推进农村政策性金融与民间金融之间的合作。作为政策性金融机构的农林公库在 2005 年颁布的"经营基本计划"的重要内容之一即是确立与民间金融机构之间的伙伴合作计划。计划明确与地方银行和第二地方

---

① 郑蔚:《中日农村金融比较研究》,天津人民出版社 2008 年版,第 97 页。

银行等民间银行间的业务合作目标,并制定《农林公库对民间金融机构参与农业的支援》计划。农林公库与民间金融机构广泛缔结《业务合作备忘录》,从 2004 到 2006 年间,其分别与 112 家民间金融机构签订合作意向书,其中包括地方银行 54 家和信用金库 37 家。北海道、四国地区的几乎所有地方银行和第二地方银行以及东北、北陆地区的大多数地方银行均与农林公库签订合作协议,并且在农业较发达的北海道、东北和四国等地区,与农林金库签订合作协议的民间银行还扩大到大多数信用金库。除此之外,农林公库还针对已经与其签订合作协议的民间银行定期举办信息交换会及研讨会,进行相互的人才交流往来,针对农业部门融资审查等问题,提供信息及咨询服务。农林公库还和地方政府一道为民间金融机构与农业生产者、农业加工者之间的直接交流搭建桥梁,农林公库和地方政府与民间金融机构共司主持定期召开"商务配对"洽谈会。从 2003 年开始,民间金融机构可以"其他附带业务"的形式从事"商务配对"业务,并收取相关手续费。截止 2005 年,已经开通"商务配对"或其他商务洽谈相关业务的民间金融机构有北海道银行、东北银行、北都银行、常阳银行、千叶银行、大分银行等六家地方银行和作为第二地方银行的北日本银行。虽然数量并不多,但这些地方银行及第二地方银行等民间金融机构普遍将其作为开发新业务的手段之一,并推广与之相对应的客户经营咨询业务及其他资讯业务,这将进一步扩展民间金融机构的业务范围向包括农业在内的多领域扩展。

日本通过立法促进农村民间金融向正式金融转换。以日本农业协同组合为例,它主要是以独立于商业银行的方式,组织农协会员手中的剩余资金开展以农协会员为对象的信贷业务。战后,日本实行农地改革,很多农民拥有自己的土地。为保护农地改革的成果,日本于 1947 年 11 月颁布《农业协同组合法》,允许从事信用合作业务的农协面向农村居民吸收存款和发放贷款。于是,各地纷纷建立农民互助合作组织。进入 20 世纪 60 年代,农村资金除了满足农民和农业自身的资金需求之外,逐步出现富余。农办金融的主要业务除了向农协成员发放支持农业生产的低息贷款外,还负责及收农民存款并向系统外其他部门提供资金,帮助农民解决富余资金的出路难题。

日本已经基本形成以农协金融组织为核心,以互助银行、地方银行、农业保险为辅助组织的农村民间金融格局。日本的农村民间金融非常发达,法律也赋予其合法地位,主要包括互助银行、地方银行、在日国外私营银行、农业保险等多种形式。可以说,日本是民间金融发展最完备的一个国家,从政府主导的合作金融组织,到非政府的自主合作金融组织,到合作性质的农业保险,再到民间商业银行,无所不包①。

从日本发展发展过程可看出,其完备的法律规制体系、金融服务对象的市场准确定位、合理的监管模式对日本农村民间金融的规范发展起到关键作用。

第二节　发展中国家农村民间金融的法律制度与实践

发展中国家农村金融组织体系的功能,是围绕城市工业化而进行的农村金融制度安排。因推行"重工业优先发展策略"而内生出来的一种制度安排,其目的是为发展重工业筹措、配置资金②。在政府的金融控制下,长期金融发展让位给短期经济增长,使得金融功能财政化,金融机构扮演起"第二财政"角色。对非正规金融部门进行抑制,使得民间金融组织一直处于初级发育阶段,无法进一步扩展规模和经营网络,从而只能为农民提供简单的金融服务,无法充分满足农村经济和农民的融资需求③。印度和孟加拉国作为发展中国家,经过不断探索和实践,建立适应本国特色的农村民间金融制度。在发展过程中,积累丰富的成功经验,也包含不少失败教训。印度和中国都是发展中大国,尽管两国的社会制度不同,但两国的金融体制改革的历史条件、基本目标和主要步骤都很相似,在某些领域具有很强的类比性;而孟加拉国和中国一样,"三农"问题极为突出,因此,分析印度和孟加拉国的农村民间金融制度发展实践的特点颇具现实意义。

一、印度

作为英殖民地国家的印度长期实行市场经济,其私营经济所占比例很大,但同时,封建性经济结构同样占据统治地位,尽管印度独立后进行"土地改

---

① 李晶:《民间金融发展模式的国际比较与借鉴》,载《资本市场》2009 年第 5 期。

② 林毅夫、蔡昉等著:《中国的奇迹:发展战略与经济改革》,上海人民出版社 1994 年版,第50 页。

③ 章奇:《中国农村金融现状与政策分析》,载《银行家》2005 年第 4 期。

革"和"绿色革命",但都没能彻底消除封建主义基础,至今农业仍然是印度经济的主体和最薄弱的环节。因此在这种二元经济结构背景影响下,印度金融业存在着明显的二元性,一方面延续英殖民者制定的金融制度,即按西方经营管理为模式经营的现代化银行,如印度储备银行、印度国家银行等,有着较为完善的金融市场;另一方面,按印度传统方式经营信贷业务的土钱庄或本土银行。

通常来讲,印度的农村民间金融主要包括民间借贷、本土银行(土钱庄)、农业信贷合作社以及地区农业银行等形式。印度的土钱庄或本土银行是以家庭或个人商业形式组织起来的,在印度货币市场上仍占有突出地位。为了把全国的土钱庄纳入统一轨道,1935年印度储蓄银行成立时曾建议土钱庄放弃商业和代理业务,并实行现代商业银行的经营方法,但是土钱庄拒绝这些要求。土钱庄的金融活动在印度独立后依然存在,并且比较兴旺,甚至在孟买、加尔各答这样的城市及其他大小城镇,土钱庄都能找到存续的空间。

印度政府于1904年通过《信贷合作社法》,为农民以合作、自助的形式提供生产资金,帮助处于饥饿中的农民摆脱高利贷商人的残酷剥削。并于1912年颁布《合作社法》,该法案把合作社领域扩展到非信贷范围,规定城乡可以建立生产、销售、消费、保险和住宅建设等。为加强对合作社组织的管理,政府同时还成立联邦合作社总社。1919年,政府通过新法令,把合作社的有关事务转交由各邦政府管理。1950年,印度政府首次将农村合作社的发展纳入国家的计划中。1954年,作为印度中央银行的印度储备银行提出印度农村信贷一体化规划,成为印度农村信贷的基础。为解决金融二元结构问题,印度主要通过提高国有正规金融机构在农村地区的覆盖率来扩张农村信贷,通过立法手段提升农村金融服务的覆盖面和信贷投放水平。为此,印度政府相继颁布《印度储备银行法案》、《银行国有化法案》、《地区农村银行法案》、《国家农业农村发展银行法案》等法律,均对金融机构在农村金融地区设立机构网点提出一定要求。为确保农村地区的信贷投放,印度储备银行还确定"优先发展行业贷款"制度,要求商业银行必须将全部贷款的40%投向包括农业、中小企业、出口等国家优先发展行业,其中贷款的18%必须投向农业及农业相关产业。如果达不到规定比例,差额部分的资金以低于市场利率的资金价格存放到国家农业农村发展银行,由国家农业农村发展银行对地区农村银行和邦农村合作银行进行再融资①。1976 年印度政府认为有必要建立一个专门针对农村贫苦农民业务的银行网络体系,于是颁布关于建立地区农村银行的法令,明确其主要职能是通过吸收存款,直接向小农、无地农民和农村小手工业者等贫穷农民提供维持生活的消费贷款。在印度政府的各项政策与现行法律制度的引导与推动下,农村金融机构也逐步建立起自己的金融网点。据统计,商业银行在农村地区的分支机构高达三万多家,基层农业信贷协会的数量达到九万多家,土地发展银行在农村的分支超过 2000 家,地区农村银行的分支也达到一点四万多家。它们经营的共同目的就是为了"满足农村地区到目前为止受到忽视的那部分人的专门需要"②。

到 20 世纪 90 年代初期,印度已经建立 196 个地区农业银行和 14500 个分支机构。除了直接为农村提供金融支持的金融机构外,印度的农村民间金融机构都在政府进行注册或由 RBI(印度储备银行)实行监管,每年定期、中期和年度报告详细通报各农村金融机构的经营状况、存在问题和改革建议等,这为农村金融市场的高效运作打下坚实的基础。另外,1982 年印度国会通过《国家农业和农村发展银行法》,宣布成立国家农业和农村发展银行,该部法律明确国家农业及农村发展银行的主要职能,指出除为金融机构提供再融资服务之外,还应当负责监管地区农村银行和农村合作银行。1992 年在亚洲和拉丁美洲小额信贷蓬勃发展的背景下,印度国家农业和农村发展银行发起"自助小组—银行联结"的新型小额信贷模式。按照贷款的回收率、成本的降低和覆盖率(使自助小组成员收益)等标准衡量,初始的实验项目颇为成功。因此,印度储备银行在全国推广"自助小组—银行联结"项目,要求所有的商业银行把其作为其发展战略的一部分。传统上印度农民通常以多种非正规的方式聚集他们的储蓄,然后根据需要向借款人以不同的成本发放贷款。自助小组的设计充分参考这种民间习惯,并且为这种非正规安排提供一个正规的平台。在实践中,自助小组在政府的组织推动下组建,一般由 10 到 20 名贫困的农村妇女自愿组成,银行对其业务开展提供指导。自助小组成员共同出资建立共同基金,然后依据小组决定使用共同基金,向有需要的成员发放贷款。

---

① 栗华田:《印度的农村金融体系和印度农业与农村发展银行》,载《农业发展与金融》2002 年第 7 期。

② 白广玉:《印度农村金融体系和运行绩效评介》,载《农业经济问题》2005 年第 11 期。

银行通过上门式的、以需求为基础的、及时提供小额贷款的方式给予自助小组支持。对还款良好的自助小组不断扩大其贷款规模,支持其发展成为农村微型企业,并积极参与村庄的社会和文化活动。自助小组的主要功能包括,储蓄和节俭、内部贷款、获取银行贷款和偿还贷款。在印度储备银行和国家农业和农村发展银行的大力推动和支持下,自助小银行联结的小额信贷已经成为世界上最大的小额信贷项目之一,这种正规金融和农村民间金融的融合方式取得了显著的成绩。"自助小组—银行联结"模式通过把非正规信贷体系的灵活性和正规金融机构的技术、管理能力和金融资源优势结合起来,充分满足农民的需要。这种模式所具有的优势主要包括降低交易成本、增加存款基数、提高贷款偿还率、银行在农村区域社会声誉的增加等。通过与自助小组合作,银行得到社会的承认,获得好的声誉,这有助于银行在未来拓展乡村业务[1]。

2010 年印度小额信贷最兴盛的位于孟加拉湾西岸的安德拉邦(Andhra pradesh)市爆发小额信贷危机,该地区有四分之三的人口居住在农村是印度小额信贷的发源地,占据全印度小额信贷百分之四十以上的份额,被称为"印度小额信贷之都"[2]。在这种情形下,安德拉邦管理当局通过《保护妇女自助组织免遭小额信贷机构剥削条例》,营造一种阻碍小额信贷机构的基层经营环境,使得安德拉邦小额信贷机构的贷款回收受到影响。在与小额信贷相关的自杀事件影响不断上升之后,安德拉邦政府紧急颁布临时法令《小额金融机构(贷款监管)法令》,在这个法令中,政府明确要求小额信贷机构暂停催收贷款,有违反法令的行为发生时,警察有权将其逮捕。危机发生后,安德拉邦出台《小额信贷机构管理条例》。该条例具有以下特点:一是要求小额信贷机构不得对贷款设置任何形式的抵押和担保;二是增加贷款利息的透明度。安德拉邦内所有的小额信贷机构必须在其营业场所以显著的方式公开贷款的利率和计息方式。除非另有规定,小额信贷机构不得向借款人收取其他费用;三

---

①　武翔宇:《中国农村正规金融与民间金融关系研究》,中国农业出版社 2008 年版,第120 页。

②　Dowling, Lamar,"The Indian Microfinance Institutions(Development and Regulation)Bill of 2011:Microfinance Beginnings and Crisis and How the Indian Government is Trying to Protect Its People",*The International Lawyer*,Vol 45,(April 2011).

是设定利息收取限额和费用收取限额。小额信贷机构不得向借款人收取金额超过其贷款本金的利息。同时,当小额信贷机构向借款人收回的贷款(含利息)超过贷款本金的 2 倍时,不得再向借款人收取任何费用,并且有义务为借款人提供再融资;四是信贷发放的限制。当自助社在商业银行有贷款余额时,小额信贷机构不得再向自助社和社员发放贷款,除非得到监管部门的许可;五是对暴力收贷制定处罚条款。该管理条例对小额信贷机构的暴力收贷行为进行了详细的界定,并制定相应的处罚条款。

　　总体来说,印度农村金融组织相对比较完备,赋予商业银行一定的监管农村民间金融的权力。尤其是印度农业发展银行在某种意义上来说,属于农村金融领域的中央银行,享有印度储备银行赋予的一部分监管合作银行和地区农村银行的权力[1]。印度农业发展银行可以检查农村发展合作银行和非信贷合作组织,并执行业务检查、系统研究、管理审计、授权审计和年度财务状况评估等职能。

　　但无论如何,印度农村金融改革并未解决关键问题,如同大多数发展中国家一样,农业补贴信贷未能达到目标群体,贷款拖欠率越来越高,到 20 世纪 80 年代末,印度的农村金融体系实际已经崩溃。其缺陷主要体现在政府资金在各类农村金融机构中所占比例过大,过度扩张而忽视风险控制。恶性竞争导致市场规则扭曲。所带来的直接结果是,印度农村民间资本所占比例较为低下。因此,政府应给予农村民间金融更多的自由发展空间,逐步引导其走向法治化轨道。

二、孟加拉国

　　孟加拉国百分之八十五左右的人口生活在农村,国民经济主要依靠农业,是目前世界上最不发达的国家之一,也是"三农"问题比较突出的国家之一。孟加拉国尝试过许多项目来帮助穷人减轻贫困以促进农村地区的经济发展,然而这些努力和实验都是在政府主导下进行的,较为著名的项目包括农村整体发展计划、农村就业计划、合作信贷项目等。其中农村整体发展计划主要从事农业生产性信贷,发起人凯恩(Kane)教授领导一组专家进行长达十余年的

---

[1]　臧景范:《印度农村金融改革发展的经验与启示》,载《农村金融》2007 年第 2 期。

信贷实践和农村发展研究。1976 年,孟加拉国教授穆罕默德·尤努斯(Muhammad Yunus)①教授正式发起一项实验性研究项目,以小组信贷方式向 42 位贫困妇女发放大约二十七美元的贷款,这个项目就是格莱明乡村银行的前身。孟加拉格莱明乡村银行是穆罕默德·尤努斯(Muhammad Yunus)教授创建的专门为贫困人口尤其是农村妇女提供信贷服务的小额信贷机构。经过三十多年的发展,实现扶贫和财务可持续的双重目标,效果显著。

孟加拉格莱明乡村银行之所以获得成功,主要取决于下列因素:(1)信贷哲学。尤努斯教授颠覆传统商业银行的信贷哲学的观点,认为穷人没有信用难以偿还贷款,相反他认为任何人包括穷人都是诚实的,讲信用的。创造出一种调动培育穷人民主管理观念的金融文化和一种新的经济概念。在实践中,基于此种信贷哲学,孟加拉乡村银行即使是给穷人中的最穷人贷款也能获得成功,一直保持着很低的坏账率;(2)创新的信贷制度。建立起独特的"小组+中心+银行工作人员"信贷制度。要求贷款申请人必须加入一个社会经济背景相似的"小组",并要通过相应的激励机制,建立起良好的合作关系。同时要求小组组成联盟,村里八个小组组成一个"中心",中心的负责人由所有成员选出,负责处理小组无法独立解决的问题。同时和银行的工作人员保持密切合作关系。举行中心会议决定是否批准村民的贷款申请。整个贷款程序都是透明公开的,大大提升贷款效率,避免腐败的发生,预防金融风险;(3)独特的运作模式和机制安排。包括推行团体贷款模式、累进的贷款机制、整贷零还的还款制度和市场化的利率机制。由于格莱明银行提供给贫困人群的贷款存在较大风险,按市场规则需要高的利息以覆盖高风险。格莱明银行根据自身和市场情况,银行的贷款利率一般高于普通商业银行4%,实际利率高达10%。虽然格莱明乡村银行收取的利息较高,但是这些贫困人群由于没有担保抵押,很难获得正规商业信贷机构的一般信贷,相对于当地年利高达50%甚至100%的的高利贷而言,作为借款者的穷人自然会选择向格莱明乡村银

① 尤努斯教授打破传统商业银行的贷款模式,他认为传统信贷模式会更富人更富而穷人更穷,尽管格莱明银行并不是世界上第一个运用这种模式来帮助穷人发展的项目,但它却是至今唯一一仍保持活力并取得巨大成绩的项目。他创立的扶贫小额信贷模式影响到世界许多国家,在全球享有崇高的声誉。2006 年,尤努斯教授因其创建的格莱明银行获得的巨大成功被授予诺贝尔和平奖。

行借款。

格莱明乡村银行的成功经历艰苦而漫长的奋斗史,尤努斯教授和格莱明银行曾遇到过宗教习俗的阻碍和限制①,同时获取穷人的信任也是一个艰难的过程,格莱明银行遇到过许多制度和实践上的问题。为解决危机,不断进行自我完善,提高管理水平,开发相关新技术,于2001年进行改革,格莱明乡村银行形成"二代模式"。该模式主要特点包括:(1)小组成员之间不再承担连带担保责任;(2)也无须遵循先前"2+2+1"的贷款顺序,成员可以同时得到贷款;(3)还款方式也更加灵活,分期还款每期额度可以不等,期限也可以变化,不会失去客户资格,借款人也可以提前偿还所有贷款;(4)取消小组基金(提取贷款额的5%为小组的风险准备金),帮助客户建立个人账户、特别账户和养老账户,为借款人提供周到的理财服务,同时提高借款人的财务管理能力,降低借款人违约风险。

由于格莱明乡村银行建立小组的初衷就是为使会员通过相互帮助以克服和解决那些可能的偿还困难。因此在格莱明乡村银行的网站上,他们明确宣称:"不需要抵押,不需要连带责任。"不过值得注意的是,在面临不断变化的实际情况下,采用何种方法去预防农民和穷人的机会主义行为,正是格莱明乡村银行需要面对的重要问题。

第三节　典型国家农村民间金融法律制度的共性和差异性

一、典型国家农村民间金融法律制度的共性
(一) 农村民间金融发展呈现合法化趋势

从以上国家农村民间金融的历史沿革可以看出,农村民间金融的演变都经历了逐步合法化的过程,农村民间金融组织均从短期金融组织逐步演化成为永久性金融机构。许多国家的政府,如印度曾经试图通过建立正规金融部门和开展正规金融业务来取代农村民间金融,但均以失败告终。世界银行在

---

① 在孟加拉国,妇女的活动受到较大限制,宗教领袖们认为不应该向妇女提供贷款。许多牧师曾威胁格莱明银行的女客户,如果她们参加格莱明的活动,死后就不让她们享受"伊斯兰葬礼"。参见曹远征、陈军著:《农村金融深化与发展评析》,中国人民大学出版社2008年版,第123页。

其《1986 年世界发展报告》中指出,几乎所有发展中国家的政府都安排为农民提供低息贷款的特别方案,但并不成功。究其原因,一方面,政府通过正规金融制度安排来取代农村民间金融,这种强制性制度变迁策略致使制度供给难以完全反映市场需求。由于政府并不完全了解市场,以正规金融和适当的优惠措施去挤压农村民间金融,只能解决部分资金需求者的融资需求,而相当部分的融资需求仍然不能得到满足。从国际范围来看,农村中小企业融资需求是农村民间金融的滋生环境,中小企业的资金的需求与民间金融的供给是密不可分的。中小企业易受经营环境的影响,变数大、风险大,中小企业类型多,资金需求一次性量小、频率高,加大融资的复杂性,增加融资的成本和代价。各国都对金融业制定了较为严格的经营规则,保证其安全性、有效性及流动性,以有效避免金融危机给整个国民经济及社会带来的不利后果,"嫌贫爱富",喜欢"批发",不喜欢"零售"。而农村中小企业以多样化和小批量著称,资金需求具同样有批量小、频率高的特点。这使融资的单位成本大大增加,在不考虑其他因素的情况下,中小企业少量的资金需求量将使其融资利率比规模资金融资利率平均高出 2~4 个百分点,如此高的获利空间,成为农村民间金融滋生的温床。但是如果人为地对其进行限制,不仅会抑制农村中小企业的发展,而且将会迫使这些受市场需求而产生的农村民间金融转入地下活动,从而给农村金融秩序埋下隐患;另一方面,通过正规金融进入挤压农村民间金融,政府及正规金融机构难以负担高昂的投入成本。在大多数国家,农村民间金融形成的原因在于对正规金融体系的金融机构而言,为适合于农村民间金融服务的使用者提供正规的金融服务是不经济的。因为,如果仅从组织、规模、技术等方面看,把正规金融和农村民间金融放在同一个平台上,则由民间自发形成的农村民间金融在生存和竞争力上当然比不上由政府精心培育的正规金融,特别是在正规金融占绝对优势的情况下,农村民间金融几乎没有生存的空间。但问题在于,金融市场是多层次的,市场的参与者多种多样,资金的供求也存在很大差异,在某些地区,特别是低收入地区、偏远地区以及小规模经营的农业地区,对于数额较小且十分分散的借贷活动,正式金融制度的约束成本是十分昂贵的,非正式的制度安排将发挥作用①。这种现象在发展中国

---

① 　任森春:《非正规金融的研究与思考》,载《金融理论与实践》2004 年第 9 期。

家表现异常突出,发展中国家印度在 20 世纪 80 年代末期的失败为我们提供了形象的例证;发达国家日本尽管能够负担起政策性金融机构对农村地区经济发展的融资支持,但由于其压抑民间金融的生存空间反而带来了资金错位循环的弊端。

总而言之,农村民间金融内生于经济发展过程之中,它并不是某一特定阶段的产物和过渡性制度安排,也不会随经济的发展而自然消亡,其存在有其必然性和合理性,通过正规金融制度安排来挤压或取代农村民间金融不是一种最优选择,法律强制取缔可能对经济发展和社会稳定更为不利,农村民间金融的合法化是不可避免的历史趋势。因此,农村民间金融发展良好的国家,地方立法者都对农村民间金融采取积极的法律制度,为当地的经济发展增添活力。各国都对农村民间金融进行立法,确认其合法地位,并对其市场准入、退出及经营管理等作出相应规定,使之规范化、程序化,确保其安全稳健运营,维持金融安全,以有效地支持经济发展。

(二) 对农村民间金融采取有效的金融监管

农村民间金融的内生性和自发性带来的金融秩序风险是显而易见的,适当而有效率的法律监管有助于防范金融风险。农村民间金融作为一类金融制度安排,和其他金融制度安排一样需要金融监管,否则可能会因民间金融的负外部效应而引发市场失灵,进而给参与金融交易的双方带来损失,并威胁到整个金融体系的有效运作和安全稳定。各国均通过立法将其纳入监管当局的有效监管之下,对金融机构的市场准入、业务、资金价格以及分支机构设置等方面实施政府金融监管,依法维护金融交易各方的合法权益。农村民间金融的下述风险使得监管十分必要。

第一,扰乱金融秩序。民间金融本来是对正规金融起着一种拾缺补遗的作用,然而如果农村民间金融脱离金融法规的有效监管,其行为有可能产生与金融政策相违背的现象,这对于统一有序的金融秩序的形成是极其不利的。有些民间金融的强势地位所带来的金融乱象值得警惕。

第二,具有极强的社会隐患。民间金融活动大部分在法律规定之外进行,因而其权利义务主体的权利和义务关系很难得到法律的有效保障,并由此带来很多社会问题。如中小企业的民间借贷利率都较高,这无疑会加大它们的经营成本,为了获取较高的利润,这些企业往往就会把资金投入到风险较大的行业中去,这进一步增加民间借贷的风险。当这些企业投资失败的时候,借贷者往往会血本无归,暴力讨债事件也就经常发生,严重扰乱整个社会的治安秩序。再如,民间合会的债务人往往没有提供保证人或物品担保的习惯,完全靠会首的个人信誉来保证,这就经常发生会首携款而逃的倒会事件。此外,高利贷和地下金融公司更是问题众多,社会影响极为恶劣。

第三,风险高,投机性强。民间金融游离于政策法规之外,缺乏制度保障,存在很强的制度风险。民间金融大部分都是在乡村邻里、亲朋好友等社会小团体的基础上建立起来的,其信任域极其有限,资金规模往往较小,抵御市场风险的能力较差。同时,向民间金融寻求借贷的中小企业本身就是因为信誉较差、经营风险较大而难于在金融体系中融资的企业,加上其在民间借贷市场上的筹资成本又高,难免具有较强的投机倾向,而这无疑会进一步加大民间金融的风险水平。此外,民间金融还存在组织结构松散、管理方式落后等问题,因而总体上说民间金融具有很强的风险因素。

过去一些民间金融形式之所以出现的问题较多,不是因为这种经济形式本身有问题,而是政府或社会性的金融组织没有对其进行应有的监管。过去不断地把大银行纳入正规的监管系统,而对农村民间金融则任其自生自灭,或者一出问题,就对其进行清理、整顿或取缔。但是现在各个国家政府都在民间金融组织经营过程中,通过制度加强对民间金融的监管,严厉打击那些扰乱金融秩序、严重影响社会稳定的非法金融活动,切实保护投资者利益和金融秩序的稳定。另外,在加强监管和改善管理的同时鼓励其发展,使他们的金融服务价格和质量得到改进和调整,并为其建立良好的服务体系,提高非正规金融市场融资效率。

(三) 采用专门法律规制农村民间金融,注重其自由与秩序价值的平衡

各国的法律制度都不可能忽视农村民间金融的存在,均制定专门法律对农村民间金融进行规制已是当今各国必然的制度选择,为创造金融生态环境的需要,如美国的专门法律包括《联邦信用社法》、《联邦农业贷款法》等,日本的法律包括《农业协同组合法》等,德国的专门法律包括《农村信用合作社法》等,均通过立法确立农村民间金融的法律地位,这是确保农村民间金融自由和有序的基础所在。各国的法律规制对象仅限于具有较大影响的规模较大的农村民间金融组织形式或活动,在制度设计上,隐含着农村民间金融自由的法律取向,对暂时不需要法律规制的民间金融给予足够自由的空间。我国对民间借贷的过度压制与规制不足同时存在,信息不对称现象非常突出。而信息不对称是非正规金融广泛存在的根本原因。① 将放松规制作为优化我国民间借贷制度设计的单一取向,并不能从源头解决问题。在我国现有条件下,政府规制变迁应当是放松规制与加强规制并重,二者并行推进。② 农村民间金融立法应充分体现自由价值和秩序价值的平衡。

二、典型国家农村民间金融法律制度的差异性

(一) 不同法律传统下农村民间金融发展模式各异

历史决定的法系差异在一定程度上决定各国金融发展模式的差异。民法法系强调国家权力而非私人财产权,对法律具有强大控制权的政府更倾向于强调金融管制,从而忽视金融市场发展的竞争性。另外,政府能够按照自己的意愿修改法律,很难做到不干扰金融市场自由发展,这也阻碍金融市场发展的公平性。普通法系国家更强调维护私人财产权,一般采取金融自由态度。有学者认为,民法法系适应性较差,金融活动的契约需求与法律制度能力之间会出现较大的缺口,阻碍金融的发展,而普通法系的判例法和司法自由裁量权能够灵活的适应对经济环境的变化,民法法系更多的拘泥于法律条文,削弱金融体系的灵活性③。从上述各国对待农村民间金融的态度以及农村民间金融的发展模式可以较为清晰看出,在美国,农村民间金融的法律环境较为宽松,信用社的立法从州一级开始,最后由联邦进行法规的整合而使其趋于完善,其农村民间金融的法制化路径具有明显的"自下而上"特征,而日本作为大陆法系国家,采取政府主导型的金融发展模式,更为看重国家的政策性金融对于农村民间金融的强势渗透。

更为重要的是,各国农村民间金融发展并不是在某种外因的促使下产生的,而是具有历史继承性。正是由于农村民间金融存在的这种历史继承性,农村民间金融的存在形式虽历经变化,但仍未因正规金融几百年的快速发展而

---

① 林毅夫、孙希芳:《信息、非正规金融与中小企业融资》,载《经济研究》2005 年第 7 期。

② 陈富良:《规制政策分析:规制均衡的视角》,中国社会科学出版社 2007 年版,第 172—173。

③ 胡旭阳:《转型经济的法与金融研究及述评》,载《财政论丛》2007 年第 6 期。

逐渐萎缩甚至消失,反而在有些国家规模和范围都在不断扩大。农村民间金融在政府有意识地发展正规金融的挤压下,仍显示出强大的生命力和作用,正是农村民间金融历史继承性的体现。因此各国在制定相关的法律制度时必然会考虑到本国农村民间金融发展所固有的历史继承性,使法律的实施具有深厚的文化基础。印度几经改革也动摇不了土银行在其金融体系中的重要作用,其"自助小组—银行的联结"模式的成功即是对民间传统给予充分尊重所带来的结果。正因为如此,从事法与金融研究的学者对中国的法律制度、金融发展和经济增长关系进行研究时发现,中国的法律制度对投资者法律保护程度是不高的,并且执法质量也不尽人意,然而按照广泛采用的衡量金融发展的指标计算,中国的金融发展程度比许多国家都高,而经济增长速度则是世界最快的①。"中国现象悖论"表明在缺乏对投资者足够法律保护的情况下仍可以实现较快的金融发展和经济增长。这恰能证明制度的历史继承性和内在的"本土化因素"正是法律制度获得良好经济社会效果的关键。

(二) 发展程度差异致使各国农村民间金融形态有别

尽管从总体上看,农村民间金融不仅存在于发展中国家,在发达国家也广泛存在,并没有制度色彩。但是事实上,农村民间金融存在的根源及其特点在发达国家和发展中国家存在较大的差异。在发展中国家农村民间金融更多的是政府选择金融抑制的结果,具有较明显的体制因素,而且大多是以高利贷、合会等较为初级的形式表现出来②。发达国家与发展中国家非正规金融存在的根源并不完全相同,并呈现出不同的特点,其原因主要有以下几点:

第一,金融体系完善与否致使农村民间金融产生的根源迥异。在发达市场经济国家,金融体系完善。农村民间金融的存在主要是由于银行等正规金融机构在发放贷款时面临着信息不完全和不对称导致的借款人道德风险,使得其为了尽可能地降低风险不得不采取信贷配给,使借款者的资金需求得不到全部满足甚至根本得不到满足,迫使它们去依赖民间金融这一融资渠道。在多数发展中国家,金融体系不够健全,金融市场化程度较低,资金短缺现象普遍,正规金融部门不可能将其服务覆盖到所有的领域,政府对金融采取的是

① Allen,F.Qian,J.Qian,M,"Law,finance,and Economic Growth in China",*Journal of Journal of Financial Economics*",Vol 77(July 2005).

② 任森春:《非正规金融的研究与思考》,载《金融理论与实践》2004 年第 9 期。

一种压制政策,农村民间金融的存在很大程度上是对金融压制的反应,其存在正好填补了正规金融的空隙。

第二,农业生产方式与发展程度导致农村民间金融呈现出不同特点。在许多发展中国家,农业产业所占比重较大,且大多处在家庭农场生产阶段,生产方式较为落后。由于农业的弱质性,其本身的抗风险能力较弱,加之利率管制,以盈利为目的的商业金融机构一般难以进入农村信贷市场,农村金融服务需求很难得到正规金融的支持,转而寻求民间金融市场;而发达国家的农业主要实行规模化、机械化经营,农业生产经营服务体系完善,有较为充足的可供贷款抵押的财产,贷款风险相对较小,基本能得到正规金融的支持,民间金融在农村金融市场并不占据重要地位。

第三,经济发展的差异决定了法律控制风险方式的不同。由于各地发展水平不同,各国法律对农村民间金融存在风险程度控制不同。发达国家经济水平较高,社会中间层发展较充分。一般都将农村民间金融控制在政府当局的监督之下,有些国家设立各种各样的农村民间金融的服务体系,为非正规投资者和寻求资本的企业家之间提供交流渠道。一方面,可以为资金供求双方提供信息服务等,降低了信息搜寻成本;另一方面,促进非正规资本网络的形成能较为有效地控制风险。而发展中国家的农村民间金融通常受当地经济发展的影响,其表现形式比较低级,其风险难以通过外部监督来予以防范,因此农村民间金融的风险较大而通常采用内部控制的方式。可以说,农村民间金融的这种发展在某种程度上脱离其原来的性质和宗旨,它与非正式金融相互交织,在地下经济中得到融合①。

基于农村民间金融在发展中国家和发达国家的成因和表现特点的上述差别,决定了它们在应对农村民间金融问题上的策略有较大不同。发达国家的重点放在如何为农村民间金融的发展提供更好的服务、提高民间金融市场的效率上。而发展中国家目前的主要任务是放松管制,鼓励农村民间金融的发展,并将其纳入监管当局的有效监管之下,以降低风险。

---

① 高翔:《我国农村民间金融法律制度研究》,华中农业大学 2006 年硕士学位论文。

第四节　典型国家农村民间金融法律制度与
实践对中国的启示

一、赋予农村民间金融合法地位,营造宽松自由的法律环境

我国金融抑制问题比较严重,市场化金融明显滞后,要使我国农村经济在经济体制转轨中持续发展,就必须消除各种抑制政策,放开农村民间金融市场,通过发展农村民间融资来克服正规金融固有的缺陷,让多元化金融机构在市场上自由竞争,优化资源配置,从整体上提高我国农村金融业的发展水平,促进经济发展。同时放松管制也可以使政府从对风险偿付承担过多责任中摆脱出来,让农村民间金融按市场机制运作,政府应当转变职能,从农村金融市场的直接竞争中退出,通过立法实现对投资人的有限尝付,用取之于市场用之于市场的办法筹集偿付资金。中国农村小农经济的性质及其资金需求特点决定中国农村金融制度的基本安排必然是初级的和不成熟的,这种金融制度建立需要以中国农村的小农家庭经营方式及其金融需求为基础,非正规金融较好地适应农村经济的发展现状。而商业性质的正式借贷在中国小农经济基础上基本不存在发展的条件和空间,特别是随着国有银行改革的不断推进和战略性调整,国有金融组织开始大规模从农村金融市场撤退,在经济欠发达的农村地区,实际上只有农村信用社一家正式的金融机构在维持运营,正规金融机构留下的空白更多地需要依赖非正规金融机构来弥补①。因此,对于我国农村民间金融的存在和发展,应该对其准确定位,不能持忽视、歧视甚至敌视的态度,给予农村民间金融发展宽松的法律环境,根据我国农村经济发展的情况,适时推进农村民间金融合法化,落实农村民间金融合法的地立。为农村民间金融制定宽松的法律制度将有助于其良性发展,从而能够推动农村经济繁荣。

二、进行适当而有效的监管,促进农村民间金融的规范化运作

我国农村民间融资发展的时间短,大多规模较小,处于发展的初始阶段,

---

① 张杰:《经济变迁中的金融中介与国有银行》,中国人民大学出版社 2003 年版,第 28 页。

农村民间金融机构缺乏完善的会计信息和信息披露制度，不具备健全治理结构，容易出现内部人控制等现象，从而引发市场风险。借鉴其他国家的经验，进行必要的监管是共同的特点，所以必须在放松管制的同时加强对民间融资市场的监管，通过立法把农村民间融资从融资主体到市场运行都纳入金融监管体系中来，防范金融风险的发生。此外，监管者要对不同的主体分类进行监管，农村民间金融可以以各种信用合作形式出现，如社区性的信用合作组织，或是行业性的信用合作组织，也可以以其他中小型的金融机构形式出现。这些金融组织、机构有着特定的服务对象，具有较强的地缘、血缘、人缘或行业特征，服务对象的金融需求呈现一定的不同的特性。因此对农村民间金融机构进行分类监管将尽可能降低金融组织的多样性所带来的监管的漏洞，以保障资金的安全营运。

三、充分尊重民间传统习惯，重视农村民间金融非正式制度安排

农村民间借贷是较早的信用形式之一，随着经济的不断发展，金融需求强烈，而正规金融的的渠道难以满足，而民间借贷的交易和信息的低成本，使得其得以持续发展。我国农村民间金融是融合亲情、乡情的草根金融，具有很强的地域性。各地的风俗习惯、村规民约均起着非常重要的作用。美国学者诺斯认为，制度就是一系列权威机构制定的规则、程序和道德伦理的规范①。而且必须本土化，必须充分结合地方特色和传统。法律制度只有本土化才能得到良好的运行。基于我国的实际情况，涉及到农村民间金融的规制问题，应充分高度村规民约，这是一种非制式制度，就我国社会而言，非正式制度主要包括习惯法、民间观念、各种非正式的纠纷解决机制、宗教与民间信仰、家族制度、村规民约、自组织、权威、伦理道德与风俗禁忌、传统文化甚至潜规则等。它们形式多样、表现复杂，各村落、家族、少数民族、组织文化的社会单元和熟人群体都存在与众不同的非正式制度②。法律的形成、执行、监督、变迁等都不可能脱离社会实际生活，必然要受到道德伦理、风俗习惯等非正式制度的影响，也就是说，各种非正式制度在不同程度上影响着法律制度的形成成本、执

---

① ［美］道格拉斯·诺斯：《经济史中的结构与变迁》，陈郁、罗华平译，三联书店 1991 年版，第 18 页。

② 易军：《农村法治建设中的非正式制度研究》，中国政法大学出版社 2012 年版，第 53 页。

行成本、监督成本、变迁成本①。而法律是地方性知识②，考虑到地方性知识（非正式制度），应排除农村民间金融中落后的因素，把合理且满足村民正当需求的内容加以采信，形成合乎地域特征又不违背正式法律，与正式法律契合的双重合法性。双重合法性是衡量社会和谐的关键因素。双重合法性使二者相互对立的情况被打破，正式法律与非正式制度之间从竞争共生演变为共存共生成为可能。因此充分尊重不同地域的民间传统习惯，重视非正式制度安排，对农村民间金融要予以合理而有效的规制。

四、明确法律规制的边界和标准，构建农村民间金融法律制度

各国规制民间金融的法律与规制正规金融的法律有着本质意义上的差别，加之，我国是典型的城乡二元结构，城市和农村存在很大不同。基于农村民间金融的层次性特征，应确定明确的边界，依据相应的标准分层予以规制。各国法律均对民间金融提出组织形式的相应要求，如美国的信用社、日本的农林金库等，都体现出组织性、系统性和唯一性。因此可以看出，各国法律规制的对象基本都是对社会具有较大影响的全国性的组织形式的民间金融，而大量非组织的影响不大的民间金融形式或活动则无需以专门的法律规制，应给予小规模的民间金融较为自由的空间，充分发挥其应有的作用。总之，专门法律、自由、监管、与组织形式构成了各国规范民间金融的基本要求，并由此构设民间金融法制化的界限与标准③。

五、寻求与正规金融之间的有效联结，发挥共生互补作用

为促进农村民间金融和正规金融的合作与互补，缓解正规金融和农村民间金融的分割，需要二者之间进行资金和信息流动，金融联结是可供选择的一种方法，它可以充分利用正规金融的资金优势和农村民间金融的信息优势。上文所介绍的印度实施的"自助小组—银行联结"模式为我们提供很好的范例。我们应在积极借鉴国外农村金融联结经验的前提下，结合我国的实际制

---

① 陈丰：《论非正式制度对制度成本的影响》，载《当代经济研究》2009 年第 10 期。

② ［美］克利福德·吉尔兹：《地方性知识：法律事实与法律的比较透视》，邓正来译，载梁自平主编：《法律的文化解释》，三联出版社 1994 年版，第 145 页。

③ 胡启忠、高晋康著：《金融领域法律规制新视域》，法律出版社 2007 年版，第 17 页。

定出具体的操作方案,将农村民间金融组织纳入农村金融体系。首先,应当将农村民间金融纳入农村金融体系的设计。银监会应当明确允许银行自主创新贷款发放机制,允许银行将转贷作为一项业务;其次,应当培育适当的农村金融中介,充分发掘民间具有社会资本和信息资源的金融中介;再次,创建适合农村金融中介的风险管理制度。在金融联结模式下,银行不再直接贷款给借款人,而是贷款给农村金融中介组织,这要求银行对农村金融中介的筛选、监督借款人以及执行契约的能力和信誉等方面建立一套新的风险管理制度。

第六章　中国农村民间金融的
发展与法律规制现状

由于农村民间金融的交易活动通常处于隐蔽状态,其参加者出于维护信息优势或规避管制等目的,通常不会向官方透露其交易信息,使得获取农村民间金融的相关数据难度较大。因此,农村民间金融的相关数据和资料显得有些不足。目前,关于农村民间金融的大部分数据主要是课题组通过调查和借助已有的相关的调查资料所得。在此基础上,本研究通过课题组的调查分析资料和已有的相关研究成果对我国农村民间金融的发展现状和法律规制现状进行探究和分析,为后续研究提供实证支撑。

第一节　农村民间金融的发展现状分析

我国农村民间金融在历史上一直是与小农经济相依共存的。新中国成立后,由于集体经济体制和计划经济体制的确立,农村民间金融的发展受到抑制。伴随着 20 世纪 80 年代中国农村改革、农村乡镇企业的发展和市场化进程的不断推进,农村民间金融又活跃起来,并且在农村经济发展中扮演着举足轻重的角色。从 1986 年开始,农村非正规金融规模已经超过了正规金融规模,而且每年以 19% 的速度增长。目前,农村民间金融已经成为农村金融体系中不可忽视的重要组成部分,与正规金融存在着既竞争又互补的关系。农村民间金融的日益繁荣将是对我国金融体制的一次冲击,也是对我国以国有金融为主导的金融体系的突破。

一、农村民间金融的规模、分布和效应

（一）农村民间金融的规模情况

民间金融的交易十分活跃,交易规模逐渐扩大。鉴于民间金融规模的数据较难取得,我们只能依据现有掌握数据对其进行估算。依据中央财经大学李建军(2004)组织的调查结果显示,中国的地下信贷的规模高达 7400 亿—8300 亿元之间。2005 年我国的民间金融、地下金融和地下非法金融总量约两点九万亿元左右。2009 年全国 31 个省 1000 个自然村中,农户约百分之七十的借款来源于非正规渠道取得的。从人行有关资料显示,截至到 2009 年底,仅浙江一个省份,民间借贷的总规模已达到 6000 亿元。根据温州市人行中心支行在 2010 年 6 月的一次民间借贷问卷调查显示,温州市民间借贷规模约为 800 亿元。就全国的民间借贷的总规模上来看,从人行 2011 年年度报告显示,2010 年私人借贷资本市场的资金总量已超过 2.4 万亿元,贷款市场的比重已超过 5%。中金公司的报告称,到 2011 年中期,中国民间借贷总额较上一年增长 38%,达 3.8 万亿人民币,总规模约占 33%中国影子银行体系,相当于银行总贷款的 7%。根据农行和西南财经政法大学联合开展的"中国家庭金融调查"项目提供的数据显示,2013 年农村有 43.8%的家庭参与民间借贷,只有 14.1%的农村家庭获得过正规金融机构的贷款,72.4%的农村家庭受到信贷约束,其中 62.7%的农村家庭需要资金但没有到银行申请,9.7%的家庭申请贷款,但是被银行拒绝。从全国来看,有借贷家庭户均借贷规模为 4.15 万元,民间借贷占总负债比重为 23%。从地区结构看,东部地区农户资金来源中有 81%来自民间金融,中部地区和西部地区的这一比例则分别为 76%和 60%。一项由中国专家首次采用定量方法对地下金融现象进行的调查课题结果显示,中国农户只有不到 50%的借贷是来自银行、信用社等正规金融机构,从非正规金融机构途径获得的借贷占农户借贷规模的比重超过 55%。2015 年,从农行贷款服务看,只有约百分之二十六到百分之三十的农户能够从农村信用社等正规金融机构获得贷款。多年以来,农户借款中来自民间借款的部分,西部地区占到 40%,中西部地区高达 60%①。总之,上述诸多的统计数据充分说明,尽管农户有着较强的融资需求,但农户从正规金融机构所获得的贷

---

① 杜晓山:《发展农村普惠金融的思路和对策》,载《金融教学与研究》2015 年第 3 期。

款远远不能满足自身的需要,非正规金融融资已经取代正规金融成为农村的最主要融资方式。由于民间金融市场较多分布在广大的农村地区,因此可以通过这些数据看出我国农村民间金融信贷规模之大。现实情况和一些数据也无可辩驳的表明,在农村信贷市场上,民间金融占据绝对优势,民间金融已经成为我国农村经济主体融资的主要渠道。2011 年,中国人民银行针对六千三百多家民间融资的资金融入方(企业)和资金融出方(民间融资中介机构)进行专项调查,结果显示,截至 2011 年 5 月末,全国的民间融资总量约 3.38 万亿元,占当期贷款余额的 6.7%,占企业贷款余额比重为 10.2%。根据图 1 可以看出,社会融资规模和人民币贷款之间的差额逐年上升,资金缺口越来越大,截至 2014 年,社会融资规模达 164773 亿元,而人民币贷款社会融资规模仅有 97816 亿元。

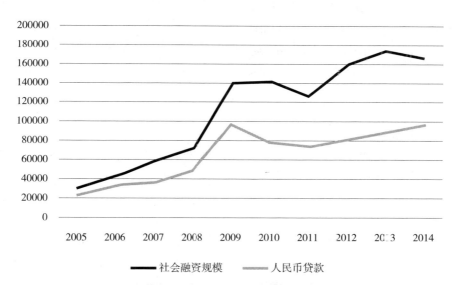

图 1　近十年我国社会融资规模和人民币贷款情况(单位:亿元)

数据来源:国家统计局统计数据

(二) 农村民间金融的分布情况

课题组组织调查分布在东、中、西 8 个省(直辖市)的 13 个市县。通过访谈等形式深入调查 14 个借贷案例,其中包括直接借贷、集资、合会等民间金融形式。对调查资料作统计处理后发现:被调查的绝大部分地区均有民间借贷现象存在。由于我国各地的经济发展程度差异较大,民营经济的繁荣程度不同,民间金融组织或活动在各地的形式也有差别。在江苏、浙江、福建、广东等地存在着各种合会,东北存在"对缝"业务。所谓"对缝"业务,是指利用银行借贷"转贷"出去谋取利差。山西、陕西等地存在着各种"基金",在经济欠发达地区则存着众多的典当行和寄卖行,这类机构通常采用高息放贷的形式来经营业务。通过对我国民间金融存在形式的分析可以看出,我国民间金融在传统形式的用途和业务范围上不断扩大,而且根据人们投资和中小企业融资的旺盛需求还产生出一些新的形式。这些变化反映出我国民间金融首要特性就是分布的广泛性。

表5 2003 年我国东、中、西部农村借贷情况　　单位:(人、元)/户

	全国	东部	中部	西部
样本数	20842	7087	7780	5975
家庭常住人口	4.094	3.982	3.981	4.375
年内累计借入款金额	1414.413	1756.517	1179.571	1314.425
(一)1.银行、信用社贷款	369.045	335.715	278.785	526.103
2.合作基金会借款	7.094	3.528	3.470	16.042
3.私人借款	1015.962	1373.118	889.899	756.483
其中:无息借款	541.383	605.144	625.508	356.217
4.其他	22.145	44.156	7.416	15.214
(二)1.生活性借款	675.388	818.681	642.673	548.025
2.生产性借款	538.567	688.608	405.767	533.518

数据来源:农业部农村经济研究中心 http://www.agri.gov.cn/sjzl/baipshu.htm

在农村地区特别是传统农业地区,互助式的民间借贷最为常见,额度少则几百,多则上千上万,融资主体多为自然人或农户。农业部农业经济研究中心固定观察点系统对全国 31 个省市区 20294 个农户的常规调查表明,2003 年农户来自银行、信用社的贷款仅占年末借入款的 19.27%,占年内累计借入款额的 36.09%,其余份额为民间借贷。如表 5 所示,民间金融不仅在农村地区普遍存在,已经渗透到城乡经济生活的各个角落,特别是在城镇、城乡结合区和区域性商集散市场等经济活动较为活跃的地区。

（三）农村民间金融的效应分析

1. 促进我国民营经济健康发展

20 世纪 90 年代,国有经济和集体经济的发展出现停滞,民营经济的迅

速崛起弥补经济增长的缺口。但民营经济的发展却受到多方面的体制约束，其中金融体制的约束最为显著。经济增长一般依赖劳动力投入、资本投入和技术投入等要素投入的增加，其中资本投入分为内源性融资和外源性融资，我国民营经济的发展在一开始便选择劳动力密集型投入结构，这就使得初创时期的民营经济能够依靠内源性融资满足企业的资本需求，而且民营中小企业大多数缺少贷款必需的抵押品和信用担保，而且资金需求的特点是规模小、时间急、频率高。由于民间金融所具备的这些特点，民间金融迎来发展的高峰。随着劳动密集型企业的利润降低，加大资本和技术投入成为民营企业发展的必然选择。由于我国金融业存在着国有垄断的格局，民营经济的进一步发展受到金融业的制约。这种格局阻碍民营经济的发展，从我国金融体系的结构角度来看，缺少专门为民营中小企业及个体工商户提供融资服务的金融制度安排，至今还没有一家以中小企业为主要服务对象的民营银行。民营经济发展中的一个最大问题就是从银行直接获得贷款十分困难，国有银行不能满足民营企业的资金需求，处于恪守贷款条件和减少信贷交易成本、实现贷款收益最大化的考虑，正规金融机构一般都把大企业作为主要的服务对象，信贷资金投向经济发达地区，向大企业和批发业务倾斜。在这种情况下，民营中小企业资金需求的满足只能依赖民间金融。可以看出，没有民间金融的发展，我国民营经济的发展将会遇到一定的障碍。从调查的情况来看，民间金融已成为民营中小企业融资的主要渠道。在民营经济比较发达的地区，其民间金融的规模也比较大。浙江省是我国民营经济比重较大和发展较快的地区，民营经济对全省的经济增长作出相当大的贡献，从 2003 年到 2006 年间，浙江省经济增量的 70% 来自民营经济，同时浙江省的民间金融规模也相当庞大，据估计，仅宁波市的民间金融规模就有四亿元以上。例如台州企业法人只有三万多家，几乎家家户户都是小商贩和家庭作坊。由于部分中小企业融资担保问题尚未得到有效解决，民间资金便以相对较高的价格顺势流向这些企业，主要用于解决流动性资金不足问题。在家庭民间借贷中，借入资金用于经商办企业的占 41%，用于农业生产的占 21%，用于建造房屋占 28%。从温州市的调查数据来看，民间借贷资金的 80% 以上用于生产和经营，较少用于家庭消费。

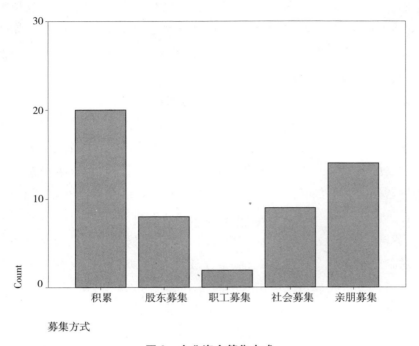

募集方式

图 2   企业资金筹集方式

数据来源:课题组调查

从图 2 可以看出,企业资金筹集方式中,依靠社会资本以及亲朋好友之间的借贷占了相当大的比例。相对于东部,我国中、西部地区民营经济起步较晚,如表 4 所示,东部地区农户资金来源中有 81% 来源于民间金融,中部地区和西部地区的这一比例则分别为 76% 和 60%。

从图 3 中,我们可以看出中小企业或个体工商户的资金来源最主要的是来自企业或个人之间的借贷,其次是向正规金融机构银行借贷,而通过民间组织或发行股票融资的方式不多。因此,尽管民营企业对民间金融的依赖程度很高,但民间金融的规模要逊色于东部。

2. 促进农村金融体系效率的提高

金融体系效率的提高,需要多种可交易的金融产权形式的存在,不同产权形式的竞争,让市场通过竞争性交易达到均衡,产生各种产权形式之间的重组,并由此推动产权形式创新和效率的改进。在某种产权形式具有垄断地位的背景下,只有发展其他产权形式并使之具有一定的谈判能力,才能达到市场

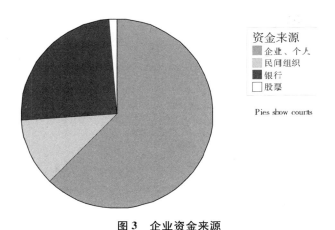

资金来源
■ 企业、个人
░ 民间组织
■ 银行
□ 股票

Pies show courts

图3　企业资金来源

数据来源:课题组调查

有效状态①。民间金融的存在和发展在一定程度上改变原有的金融机构格局,有助于构造多元化的金融体系产权结构,有助于促进原有金融机构的创新与发展,形成多层次、多种所有制、富于竞争性的金融体系,自然也就有助于整个金融体系效率的提高。民间金融完全以市场经济为依托,具有灵活的、更为市场化的经营方式,能随时提供多样化和不同期限的金融产品和热情、周到、灵活、方便的金融服务。

　　如图4所示,可以看出中部地区中小企业或个体工商户在进行资金借贷时其借贷期限一般为一年左右,表现为中、短期贷款或是不定期信贷。这种快速的资金周转速度不仅能充分动员储蓄、发掘资金来源,加快储蓄向投资转化速度,降低转化成本;也能满足金融资源供给与需求双方日益多样、复杂的金融交易需要,使金融资源供求双方或金融交易各方在交易风险一定的情况下获得最满意的交易头寸,以获得最大化的经济利益,提高金融资源分配状况的改善和金融效率。在正规金融系统力量薄弱的地域往往具有很强的竞争力,这就给原有正规金融机构施加了强大的外部竞争压力,促使正规金融体系不得不在经营理念、经营机制、服务方式、服务品种、内部运行机制等方面作出一系列的创新和改善,通过提高金融服务效率、增加金融服务品种、改善金融服务条件,推动金融业整体服务水平的提高,提升金融体系的整体效率,最终将

---

　　① 孙莉:《中国民间金融的发展及金融体系的变迁》,载《上海经济研究》2000年第5期。

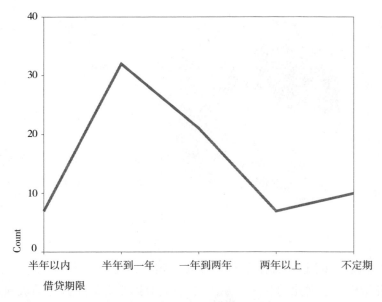

图4 企业进行民间借贷的期限

数据来源:课题组调查统计

推动金融经济的发展和社会福利水平的提高。

3. 弱化国家宏观调控和管理的有效性

民间金融给国家宏观调控带来困难。民间金融的活动可能造成实际经济状况与国家产业政策背道而驰,民间金融活动的膨胀意味着国家可以调动和使用的资金减少,使有利于增强经济实力的投资项目得不到资金保证。民间借贷自发性和不可控性的特点,削弱了国家宏观调控的效果,不利于信贷结构和产业结构的调整。由于缺乏对每笔贷款贷前、贷中、贷后严格的调查,在贷款者对借款者的信誉及贷款用途难以知晓或控制时,便会促使农村民间金融风险加剧。一些用途不好、效益不好、不符合国家产业政策的投资项目被银行卡住以后,民间金融便为其融通资金,使国家的调控手段大打折扣。而民间金融天生就偏好投资收益率高的项目,这使其更容易趋向于一些投机性较强的领域,尽管这些领域可能一直受国家的抑制,但民间金融活动却一直支撑着它的发展,结果造成国家调整产业结构的力度被削弱,经济中泡沫成分增加。例如,在2004年信贷不断紧缩的情况下,投资规模依然在不断扩大,一些行业高利润的诱惑极易吸引民间资金流入受限制行业①;其次,虽然国家近年加大对中西部地区的投入力度,但民间金融活动的存在使全国资金仍趋于集中在经济发展较快的地区,扩大区域间经济的差距。

4. 所存在的潜在风险可能会影响社会的稳定

民间金融运行机制不规范,存款往往没有法律保护,可能导致较高的风险,一旦发生问题可能造成金融秩序的混乱,影响社会安定。民间金融由于缺乏有效的外部监管和约束机制,组织者携款潜逃事件时有发生,如福建平潭标会事件、温州乐清平阳合会事件就是典型例子,而类似案例还有不少。2004年福建省福安的一起倒会事件涉及金额高达 10 亿元,当地几乎百分之八十以上的家庭卷入这场金融风暴,不少家庭因此破产。同时,由于缺乏法律保障,一旦客户与民间金融机构发生经济纠纷,合法权益难以受到保障。体外循环的民间借贷资金可能进入洗钱、赌博、走私、贩毒等非法领域,为非法交易和非法活动提供洗钱和结算渠道,客观上助长违法犯罪活动,直接破坏正常的社会秩序。部分民间借贷主体非法从事民间借贷业务,如吸收存款、地下钱庄、非法集资和发放高利贷等,直接造成国家金融税收的流失,破坏正常的金融市场秩序,不利于地方金融生态环境的改善和经济的可持续发展。这些不仅扰乱了正常的社会经济秩序,而且一旦控制不当,蔓延开来还会造成恶劣的社会影响,重则影响社会稳定。

二、农村民间金融的经营、监管和信用机制

（一）农村民间金融的经营情况

1. 我国农村民间金融的管理模式

民间金融机构的管理基本都是一种粗放型的模式,大部分民间金融机构没有建立规范的内部控制制度,没有严格的财务管理及审计稽核制度,其筹资、征信、信用审核、授信、风险承担等能力低下,人员素质不高,无专业的管理和金融人才。农村民间金融的支付方式包括现金支付、从银行或信用社取出现金支付以及银行、信用社直接转账支付三种。汇兑、票据、结算等方式难以推行。可以看出农村民间金融的支付方式比较简单,且以现金支付较多,据人

---

① 曹一萍:《规范和引导我国民间金融的发展》,载《会计之友》2009 年第 6 期。

民银行衢州市支行设在市内的民间融资监测站统计,现金支付和从银行或信用社取出现金支付的民间融资占 73%,银行、信用社直接转账支付的民间融资占 27%①。

表6 民间借贷协议形式

协议形式	东部地区		中部地区		西部地区	
	样本数	百分比	样本数	百分比	样本数	百分比
口头	5	6.4	29	13.1	12	10.0
书面	73	15.0	181	81.5	105	87.5
无所谓	0	0	12	5.4	3	2.5
总计	78	100.0	222	100.0	120	100.0

数据来源:课题组调查统计

与正规金融相比,虽然民间金融具有交易简便、效率高等优势,但不可否认民间金融运行的风险性也更高,当事人之间的借贷行为一般都没有规范的合同,如表6所示,甚至有许多民间借贷仅有口头的协议。由于缺乏对每笔贷款贷前、贷中、贷后严格的调查和审核及规范的内部控制制度,没有严格的财务管理及审计稽核制度,若贷款者对借款者的信誉及贷款用途控制不力时,民间金融风险就会加剧。而且,民间金融机构大多不提取存款准备金和呆账准备金以抵御风险,经营风险极大。

对于民间金融机构来说,其所有权与经营权往往没有分开,其内部的权、责、利关系不够明确。放贷人或放贷组织关心的是借款人能否按时还本付息,至于资金用途,则不是他们关心的重点。这使得许多无法从正规渠道获取融资的违法活动,转而求助于民间金融,不利于良好信贷文化的建设。

2.借贷者的融资目的

按照农村民间金融中的借贷主体划分,民间融资可分为三种:一种是个人之间的融资,个人之间的融资具有金额小、分布广等特点。由于农户既是生产者又是消费者,所以农户的借贷包括了消费性融资和生产性融资。消费性融

---

① 汪本学:《衢州民间金融状况及资金价格形成机制分析》,载《集团经济研究》2007年第3期。

资一般为满足生活需要,如建房、农业生产、婚丧嫁娶、子女上学和求医治病等,多发生在亲戚朋友之间,基本不考虑盈利或收取微小利息。由于农村生产活动的季节性以及农村经济抵抗风险的脆弱性,农户需要先支付生产成本,一些农户需要贷款购买种子化肥之类的先期生产资料,另外,在遭遇自然灾害或者遇上疾病、农户入不敷出的情况下,农户甚至可能需要应急贷款;生产性融资一般用于生产或商业活动需要资金周转或投资,资金供应者以盈利为目的,从课题组的调查情况来看,这部分融资占据了农村民间融资的大部分。如表7所示,从调查数据来看,生产性借贷都在东部、中部和西部地区的民间借贷中分别占47.8%、29.8%和42.6%;一种是企业之间的融资,企业之间的融资分为两种情况:一是由于企业资金不足,从有业务往来的企业调剂和拆借资金,以满足资金需求;一是企业之间相互欠款,由欠款转化为借贷关系,债权方要求债务方支付欠款利息;最后一种是企业与个人之间的融资,这部分融资在民间金融活动中所占比例较大,是有资金周转需求的企业向正规金融机构难以获得贷款,而转而向个人放贷者的一种营利性借贷。

表7　借贷用途　　　　　　　　　　　　　　　　单位:(%)

借贷用途	东部地区		中部地区		西部地区	
	样本数	百分比	样本数	百分比	样本数	百分比
生产所需	54	47.8	106	29.8	73	42.6
医疗费用	17	15.0	44	12.4	27	14.8
结婚生子	7	6.2	54	15.2	19	10.4
子女教育	18	15.9	53	14.9	29	15.8
建房	10	8.8	57	16.0	11	6.0
其它	7	6.2	42	11.8	19	10.4
总计	113	100.0	356	100.0	183	100.0

数据来源:课题组调查统计

3. 农村民间金融的利率

民间金融的利率是指游离于经国家有关机关依法批准设立的金融机构之外的,以资金融通为目的的个人与个、个人与企业、企业与企业之间的民间借贷行为而自发形成的资金交易价格①。是农村民间金融市场的资金价格和核心问题,关于农村民间金融利率问题的研究对于规范发展农村民间金融市场具有重要现实意义。

按照利率由低到高的原则,一般将民间利率分为零利率或低利率、中等利率、高利率三种情况。零利率或低利率主要体现以互助互济作为借贷的基本原则,即不以获利为直接目的,而是为了相互帮助以应付生产和生活中的紧急情况(如季节性的生产资金调剂、建房、婚丧嫁娶等);其形式主要包括友情借贷、互助会、农村合作基金会(已被取缔)等。高利率主要是指高利贷,其年利率一般高出银行贷款利率的四倍以上,东南沿海地区民间利率甚至有60%~70%。实行高利率的民间金融形式有:非法典当业、高利贷、非法集资等。中等利率则介于零利率和高利贷之间,一般要高于银行利率,但不会超过其四倍。中等利率是民间金融的主要利率形式②。

表8   1990—2005 年我国温州民间利率和金融机构一年期贷款利率水平表(%)

年份	90	95	98	01	03	04	05
民间利率	34.8	30.0	26.4	18.0	10.08	10.87	12.51
一年期贷款利率	10.08	12.06	7.92	5.85	5.31	5.58	6.85

数据来源:2005 年 10 月中国人民银行温州市中心支行课题《温州区域性资本市场研究》

表9   2006—2007 年浙江省民间借贷利率(%)

时间	2006Q1	2006Q2	2006Q3	2006Q4	2007Q1	2007Q2	2007Q3	2007Q4
民间利率	11.54	10.93	10.95	12.08	12.30	13.69	14.57	16.84

数据来源:2008 年中国金融统计年鉴

我国农村民间金融形式多样,由各种复杂的民间金融形成的利率也更加复杂。农村民间金融利率变化呈现出以下几个特点:(1)利率随时间变化而不断变化,以民间金融最为繁荣的温州为例,如表8所示,从1990年到2005

---

①   刘义圣:《关于我国民间利率及其"市场化"的深度思考》,载《东岳论丛》2007 年第11 期。

②   陈锋、董旭操:《中国民间金融利率——从信息经济学角度的再认识》,载《当代财经》2004 年第 9 期。

年间,民间借贷的平均利率由 34.8%到 12.51%不断变化,总体上呈下降趋势,从这种变化可以看出民间金融的利率水平不断朝着理性的方向发展,但是从表9的数据来看,利率在 2006—2007 年成快速上涨的趋势,利率的分布区间也整体上移,其中主要原因是民间借贷利率受金融机构贷款利率上调的影响,同时也受到国家宏观政策的影响,2007 年人行不断上调存款准备金率,市场资金供求关系趋紧,部分企业和个人转向民间融资,助推民间借贷利率上涨;(2)我国农村民间金融利率水平的地区差异显著,从农村民间借贷是否收取利息来看,2003 年农村固定观察点的农户数据显示,全国无息借款占私人借款的 53.89%,东部地区此比率为 44.07%,中部为 70.29%,西部为47.09%,即中部的无息借款比重较大,东部和西部民间借贷中有息借款所占比例更大。在当前农村借贷中,付息借贷主要表现在盈利性的生产借贷方面,而生活借贷多以亲情式的无息借贷为主。

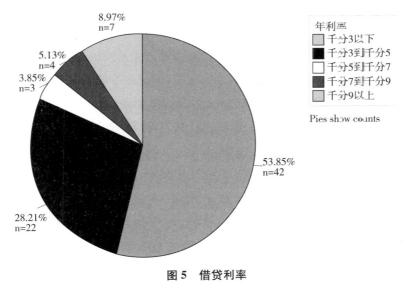

图5 借贷利率

数据来源:课题组调查统计

抛开民间借贷利率所依附的各种民间金融具体形式来看,我国民间金融利率仍然表现为三类:友情借贷或者互助性质的零利率、高利贷利率和介于二者之间的中等利率。低利率和零利率情况一般发生在亲友之间,如图5所示,这种情况在借贷中较为常见,占 53.85%。经营性的民间金融利率主要表现为高利率和中等利率,民间资本的贷款人在放贷时一般会考虑到借款人的还款能力、信誉、资金额度、期限、有无担保人等因素,同时民间金融的利率会参照同期的银行贷款利率,并根据资金的供需情况,制定民间金融的利率。所以民间金融的利率主要是由市场资金的供需决定的,同时受到风险因素和交易成本的影响,实行的是成本加成定价法,而民间借贷利率一般在金融机构贷款利率的2~6倍,正是由这一内生的定价机制所决定的。

(二) 农村民间金融的监管情况

由于农村民间金融游离于正规金融体系监管之外,容易增加金融风险,扰乱正常的经济金融秩序和削弱国家宏观调控的货币政策效力。从宏观的角度来看,我国对于民间金融的态度经历了从一味地打击取缔到尝试性地开放再到默许民间金融的存在。从微观的角度来看,对于农村民间金融的监管,不同层级不同政府部门表现出来不同的价值取向。

地方政府的价值取向在于支持地方经济的发展。地方的经济发展成果是地方政府政绩考核的主要标准,符合地方社会的利益,能够解决如教育、就业、社会保障等一系列问题。而农村民间金融在地方经济发展过程中可以发挥重要的作用。地方经济的发展需要资金的支持,然而在市场化改革过程中,四家大型商业银行的网点陆续从县域撤并,部分农村金融机构也将信贷业务转向城市,致使部分农村金融服务出现空白。2007年末,全国县域金融机构的网点数为12.4万个,比2004年减少9811个。2007年末,农村信用社县域网点数为5.2万个,分别别2004年、2005年和2006年减少9087个、4351个和487个①。正规金融在农村金融市场上服务出现的不足导致地方经济发展的资金需求很难满足,与之相对的民间金融则具有较大的灵活性,利用融资渠道广和市场化利率等优点,农村民间金融为地方经济的发展做出巨大的贡献。从浙江省平阳县水头"会案"的调查中发现,地方政府在民间金融没有出现较大问题之前对民间金融的发展基本上采取默许的态度,甚至在一定程度上支持民间金融的发展。从改革开放以来浙江省经济发展历程来看,浙江省政府按照"小政府,大市场"的理念,对民间金融没有采取"禁止式"的管理方式,而是采

---

① 中国人民银行农村金融服务研究小组:《中国农村金融服务报告(2008)》,中国金融出版社2008年版,第36页。

用积极疏导、市场选择和密切关注的管理模式,对民间借贷采取包容的态度。这种管理模式给地方经济发展提供了资金支持,但是也会加大社会不稳定的风险和隐患。

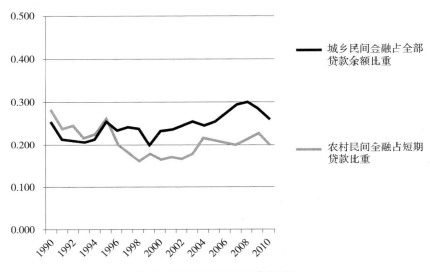

图6　是否经历过民间借贷纠纷

数据来源:题组调查统计

　　从图6数据表现来看,民间借贷纠纷不多,但是由于民间借贷操作隐蔽、运行不规范、参与者众多、涉及范围广,一旦出现借贷纠纷,容易出现金融风险,给社会稳定和发展造成负面影响。2004年发生的浙江省苍南县"矾山连环会案"涉及会头近百人,会员近千人,涉案金额一千多万元。因此,必须对民间金融进行有效监管,及时有效化解民间借贷的潜在风险。

　　人行作为国家的中央银行,其价值取向在于实现金融监管,控制金融风险,维护国家金融稳定。人行在1998年颁布《整顿乱集资乱批设金融机构和乱办金融业务实施方案》和《金融违法行为处罚办法》。政府为加强对民间金融的监管颁布一系列的规章和办法。如《关于严禁擅自批设金融机构、非法办理金融业务的紧急通知》、《非法金融机构和非法金融业务活动取缔办法》、《取缔非法金融机构和非法金融业务活动有关问题的通知》、《整理乱集资、乱批设金融机构和乱办金融业务实施方案》、《中国人民银行关于取缔地下钱庄及打击高利贷行为的通知》等。这些规章和办法曾起到过控制金融风险的作用,但由于民间金融没有合法的地位,很难获得合法权益和依法受到保护,不利于民间金融的生存和发展。民间金融的发展需要承受来自各方面的压力。近年来,金融监管部门逐渐认识到对民间金融堵而不疏的监管方法既不符合经济发展的需要,也不能对民间资本的运作产生根本的影响,这种价值取向的转变使得部分民间金融机构得以转型,比如在各地成立小额贷款公司。

(三) 农村民间金融的信用机制

信用最早是伦理方面的一个概念。广义地讲,信用是指在社会活动中能够履行约定而取得的信任,是一种"信守诺言"的品质,属于道德范畴。社会经济发展到一定程度后,仅靠道德约束的信用关系已显得非常脆弱,它需要一定的规则去约束,因此,法律的产生和日臻完善又赋予信用新的内涵。从法律的角度来定义,信用有两层含义:第一层含义是指当事人之间的一种关系,但凡"契约"规定双方的权利和义务不是当时交割而存在时间延续,就存在信用;第二层含义是指双方当事人按照"契约"规定享有权利和肩负的义务。作为法律层面的信用,是一种范围广泛的契约关系。它既可以被看成是狭义的经济合同,也可以被看成是广义的社会契约。对信用问题的探讨成为我国近几年来经济发展的一个重要话题,良好信用机制的建立是国民经济长期、稳定、健康发展的基本保证。结合研究的情况,我们发现农村民间金融的信用机制有如下的特点:

1. 信用机制运行的地域性

民间金融的存在大部分是带有地域性的,其融资范围不大,大都局限于亲戚、朋友、邻居之间,有一定的地域局限性,没有形成全国性的市场。所以,民间金融的信用在一个比较小的范围内是比较稳固的,乡村人由于居住和活动范围的影响,他们对失信要付出很高的代价,并且不守信用的信息传递很快,所以人们很少违约。改革开放以来,随着我国乡村家族关系及家族文化复归,社区信用逐渐复兴。同时,依附于计划经济体制和乡村集体经济的传统社会信用体系衰减,而适应市场经济要的新的社会信用体制尚未建立,从而使我国乡村信用环境呈现出社会信用缺失,社区信用强固的特征。社区信用成为现今乡村农民家庭开展生产协作和生活互助的主要依靠。

表10　担保方式

	频次	百分比	有效百分比
担保人	114	51.4	51.4
房产抵押	47	21.2	21.2
农作物抵押	21	9.5	9.5
其他	40	18.0	18.0
总计	222	100.0	100.0

数据来源:课题组调查

从表10对农村借贷的担保形式可以看出,51.4%的被调查者选择担保人这种方式进行担保,所以区域内个人的信用表现比较良好,这成为它发展的关键因素。由于借款者和贷款者之间因长期和多次交易而建立起来的相互信任和合作关系,不仅在抑制契约双方的道德风险方面有效率,而且违规者还会遭到社区排斥和舆论谴责而付出高昂代价。社区的约束力越强,成员之间合约的履行率就越高,而且借款者更重视偿还民间金融贷款,以便与其保持长期稳定的借贷关系,所以民间金融交易中的违约成本高于正规金融活动的违约成本。由于民间金融的最原始的形态非常注重道德约束,它发生的前提必须是融资双方之间相互了解和信任,从而克服信息不对称以及由此而带来的道德风险和逆向选择问题,所以,随着民间金融的高级组织形式的出现,其融资范围有所扩大,不再局限于亲朋好友之间,这样一来对客户信用的调查就显得尤为重要,如果忽视这一环节,信用风险极高。这种状况的形成与国有金融机构处于垄断地位,民间金融只能处于夹缝中生存和发展有密切关系,也造成了地区之间发展的不平衡。

2.借贷手续简便,交易方式灵活

经营货币是金融业的表象,而表象背后隐藏的是信用,信用交易才是金融业的经营本质。民间金融活动具有示范效应,即让所有存在不偿还贷款倾向的借款人望而却步,也限制根本还款能力的人进入信贷市场,从而促进社会信用关系的改善和和信用体系的建立。

表 11　借贷形式选择(%)

	频次	百分比	有效百分比
口头承诺	69	34.8	34.8
立字据	129	65.2	65.2
总计	198	100.0	100.0

数据来源:课题组调查

从表 11 中可以看出,在被调查农户中,仍然有 34.8%的被调查者选择口头承诺的方式进行借贷,正是由于民间金融的贷款方式和条件灵活,贷款的金额和期限、甚至利率都由借贷双方约定。加之没有规范的组织,当然也就没有专门的人员对借方的信用进行考察,只是在互相了解的双方之间进行借贷,所以其有一定的局限性。

民间金融的交易成本与正规金融中介相比较低,它减少许多如契约文书的处理成本、风险确认成本、监督实施成本、搜寻成本和时间成本。从信息不对称角度看,由于民间金融的亲缘、地缘性,民间金融机构利用与借款人之间频繁资金往来,资金贷出者平时就对借款人的家庭构成、财产、收入、经营等方面的状况比较了解,更清楚借款人的信用和收益状况,从而在一定程度上克服借贷双方的信息不对称,一般只要借贷人信誉好,就会得到借款机会。这样降低风险会减少搭便车的机会,提高资金配置效率。这样民间金融与正规金融机构很大的差别就在于其信用交易的特点很明显,存入如钱庄这类民间金融机构的资金除了因为高利息的诱惑外,资金的安全才是存入者最优先的考虑,在明知是非法钱庄的情况下依然存入资金,存入者必然有所恃,那就是通过民间信用形成的信任关系。民间金融的经营者也是在种种民间信用关系的制约下贷出款项,甚至根本不需要像正规金融机构那样复杂的质押、抵押手续,更多采用保证方式。理由很简单,民间金融的借贷者们如果真有东西抵押或质押,一般情况下也不会向非正规金融求贷。正是民间的这种信用交易将地下金融组织的效用发挥到最大程度,从这个角度来说,这些民间金融组织才是真正将信用作为生存之本的参与者。

3. 注重道德约束,借贷手续不规范

我国目前的民间金融无论是低级形态的民间私人借贷还是民间合会、民间集资、私人钱庄等大多以隐蔽的形式进行,官方无法对其进行调控和监管。在组织形式上,虽然有机构有一定的组织形式,但是非常松散,没有确定性和规范性的机构存在,有些虽有机构形式,在用人制度上局限于血缘、亲缘圈子,内部管理缺乏制度规范。

我国现阶段的民间金融在开展业务时,没有规范的契约合同,或者虽有合同,但由于其合同形式不规范,得不到法律的保护,所以大都采用信用融资方式,缺乏抵押品。有需求就会有供给,在阳光照不到的角落也是这样,民间金融体系的存在自有其道理,但是单纯的民间信用在缺乏有效评估的状态下,难免会隐存巨大的道德风险,出现非法集资行为,超出想象的高利贷和非法洗钱等问题。如此看来,民间金融中的约束因素就只剩下道德约束不要自发产生的民间金融就是建立在相互信任的基础上的,这种相互信任就是对交易双方的道德约束,如果这种约束力强,信用风险就小,发展就顺利;如果约束力弱,就容易出现失信行为,从而造成交易的混乱,甚至影响社会稳定。民间金融由于借贷手续不规范,缺乏正式的借贷合同,一旦出现贷款无法收回,极易引起债权债务纠纷。由于手续不合法,没有法律的保护,债权人的利益得不到保护,发生问题时,经常通过非法的途径来解决,例如通过暴力收回信款,造成极坏的社会影响。

三、个案分析——典型地区农村民间金融规制现状分析

由于我国区域差异性大,各地间的经济条件、社会环境等差异,农村民间金融的发展状况形式存在不同。因此本节依据经济发展程度及社会环境的宽松程度高低所做出的对比,以高低为向度对我国各地做一类型化划分,对三种类型区域的农村民间金融发展演变进行考察分析,[1]选取典型代表地区,从不同侧面,从微观角度深度了解农村民间金融的规制现状。

(一) 社会环境宽松且经济水平发达地区——以广州、温州为例

对于社会环境宽松,经济水平发达地区的农村民间金融发展迅速,功能

---

[1]　胡启忠、高晋康:《金融领域法律规制新视域》,法律出版社 2007 年版,第 37 页。

多样化,为当地的经济发展提供了很大的金融支持,但因为发展规模大,影响力大,极易形成金融风险,影响金融安全,许多案件的发生已充分证明。因此国家应予以规制。国家的干预分为消极干预和积极干预。历史证明,国家的消极干预的结果不尽人意,效果不佳。在国家积极干预下,针对不同的农村民间金融形态进行有针对性地摸索。如设立新型农村金融机构,表明国家已认可农村民间金融存在的合理性,并通过政策引导和制度变革完善农村金融体制。

依据《广东省农村民间金融发展现状》①测算结果上看,广东农村民间金融规模增长幅度较大,从 1990 年的 304.16 亿元增加到 2010 年的 2215.16 亿元,增长了七倍多,而短期农村民间金融规模从 218.8 亿元增加到 538.43 亿元。全省的民间金融规模较大,增长了近三十一倍,从 1990 年的 379.02 亿元增加到 2010 年的 11716.28 亿元,广东民间金融规模占全部贷款规模比重在 1990—2010 年间基本维持在 20%—30% 之间,2010 年该比重为 25.4%。农村民间金融规模占全部贷款比重从 1990 年的 20.2% 下降为 2010 年的 4.8%,同时广东农村民间金融占全部民间金融比重下降明显,从 1990 年的 80.2% 到 2010 年的 18.9%,农村民间金融规模在 2010 年为全省农业贷款的 3.72 倍,从农户和私营个体经济的正规贷款满足率看,从正规金融渠道能基本满足其贷款需要,农村正规金融供求缺口主要在于私营企业和个体工商户的资金需求无法得到满足,其满足率从 1990 年的 3% 上升到 2010 年的 26%,农户的短期正规贷款满足率从 1990 年的 38.2% 上升到 2010 年的 106.8%,部分原因是由于 20 世纪 90 年代以来,我国深化农村金融体制改革,培育多元化农村金融机构组织,农村信用合作社改制,村镇银行以及小额贷款公司的设立,村民联保制度的实行,以及广东省政府一直以来采取支持农户财政资金,完善农村社保制度,改革农村土地制度,加大农村教育投入,实施农民收入多元化等举措分不开。

从图 7 可看出,国家加大城市金融改革的同时,大力推进农村金融体制改革,多方面全方位满足农村日益增长的金融需求,通过相应的法律法规、完善配套社会保障措施、加强社会舆论引导,以促进农村民间金融法治化

---

① 易远宏:《我国农村民间金融规模测算 1990—2010》,载《统计与决策》2013 年第 11 期。

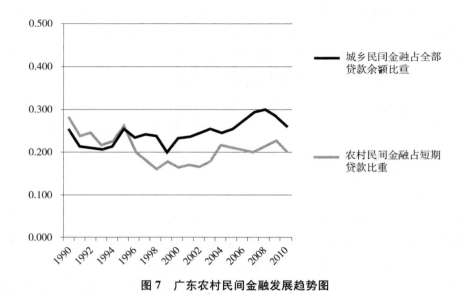

图7　广东农村民间金融发展趋势图

发展。

随着法制环境的逐步完善,国家对于民间金融的规制方法更加理性和科学。在积极探索中,不断总结经验和教训,以温州为例,依据《温州金融综合改革与风险防范取得阶段性成果》报告①,温州是我国民营经济最为发达的地区之一,改革开放三十多年来,温州民营经济从无到有、从弱到强,创立闻名全国的"温州模式",成为民营经济发展的典范。根据 2011 年的统计数据显示,温州民营经济增加值占温州市生产总值的比重达到 81.9%。中小民营企业融资难的现状,也为温州民间金融市场的发展提供了广阔空间,丰富的民间资金成为民营经济发展的重要金融资源。在 2011 年温州民间金融危机爆发前,人行温州支行调查显示,温州有 1100 亿民间资本活跃在借贷市场,因无法进入到主流的金融体系,最终酿成一场金融风波。其背后是金融与经济发展不协调、产业空心化、企业发展模式滞后等多重矛盾与问题交织的结果,是温州民营经济发展模式弊端的集中体现。温州金融风波之后,温州市紧急草拟一份《温州金融综合改革试验区总体方案》和"1+8"金

---

①　温州市金融综合改革试验区实施领导小组办公室:《温州金融综合改革与风险防范取得阶段性成果》,载《温州日报》2016 年 3 月 28 日。

融改革创新方案,并通过浙江省政府上报国务院,希望获得国家支持推动温州民间金融改革,逐步形成民间资本的集散中心。为更好解决 2011 年温州地区爆发的企业债务危机和民间借贷风波,国务院于 2012 年正式批准实施《浙江省温州市金融综合改革试验区总体方案》(以下简称《方案》),以期引导民间融资规范发展,提升金融服务实体经济能力,为全国的金融改革提供实践经验。温州市金融综合改革包含“创新发展面向小微企业和“三农”的金融产品与服务,探索建立多层次金融服务体系;鼓励温州辖区内各银行机构加大对小微企业的信贷支持;支持发展面向小微企业和“三农”的融资租赁企业;建立小微企业融资综合服务中心 12 项主要改革任务。该《方案》的出台从政策上承认民间金融的合法性。温州市政府在争取中央政府支持的同时,也在省市层面加紧推进金融改革方案中各项内容。浙江省相关部门在全国率先出台加强民间融资管理的指导意见,并选择在温州等民间融资活跃的市、县(市、区)开展规范民间融资试点,探索民间融资阳光化途径。温州市银监分局则计划分别在瑞安市、平阳县、文成县、泰顺县和鹿城区辖内乡镇各新设一家村镇银行,变民间资金“体外循环”资金“体内循环”。同时积极搭建公共服务平台,推动民间资本管理服务公司试点,首家民间资本管理公司温州瓯海信通民间资本管理股份有限公司主要开展资本投资、咨询、资本管理、项目投资等服务,公司不吸收存款也不发放贷款,通过自有资金开展业务。

至 2016 年,温州市金融综合改革启动已四年,按照国务院确定的 12 项改革任务,以金融服务实体经济为目标导向,构建金融组织、产品和服务、资本市场、地方金融监管“四大体系”为基本框架,有效地推动经济金融实现互动发展。2012—2015 年,全市新增银行贷款 1170 亿元,新增直接融资 700 亿元。2015 年,温州金融业融资规模 1224 亿元,实现金融业增加值 210.7 亿元,同比增长 12.9%,占第三产业的比重为 8.8%,比上年下降 0.4 个百分点,占全市 GDP 的比重为 4.6%,与上年基本持平,对经济增长的贡献率是 6.0%,比上年提高 13.1 个百分点,金融业税收 41.6 亿元,同比增长 5%,对地方财政收入的贡献率是 7.6%,整体运行良好。

温州地方民间金融监管改革成果主要体现在以下五个方面:一是信息逐步透明。民间借贷“阳光化”、“规范化”成为常态,“温州指数”的按日发布、民间金融组织非现场监管系统的研究开发,为民间借贷双方搭建起信息传递的桥梁;二是契约逐步完善。目前温州市已形成 16 类,一千五百多家民间融资市场主体,民间借贷向组织化发展,民间借贷逐步从"熟人社会"向契约化的经营性借贷发展。累计备案民间借贷超过 300 亿元,占全市民间借贷总规模的 30% 以上,民间融资"契约"撮合资金比重从金改前不到百分之五提升至百分之二十左右;三是利率逐步理性。民间借贷利率回落趋稳。在 2011—2015 年度,民间借贷年化利率水平分别为 25.44%,16.16%,20.29%,20.08%,18.65%,利率水平已经从 2011 年 25.44% 的阶段性高位逐步回落;四是服务逐步规范。全市设立 7 家民间借贷服务中心、5 家独立备案中心和 1 家民间财富管理中心。推动 19 家企业发行登记定向债五亿多元,3 家小额贷款公司备案发行优先股 2.65 亿元,4 家民间资本管理公司完成 14 期 11.25 亿元定向集合资金募集登记;五是风险逐步稳控。出险企业数、银行不良贷款额、不良贷款率、企业司法破产数等指标逐步下降,风险逐步得到控制。

　　以上充分证明,在法治环境逐渐完善的今天,国家积极干预模式下,对于像温州地区这样典型的民间金融发达地区,规模大、影响力深,国家对其此类地区积极干预规制极其重要,科学合理的规制方式更为重要。温州地区产生的良好效果,则是很好的印证。

　　（二）社会环境宽松但经济落后地区——以苏北地区为例

　　依据《苏北地区农村民间金融现状实证分析》①的调研数据,农村金融的需求主体一般包括农户和小企业。农户一方面需要生产性资金,另外一方面业需要生活性资金。考虑到农户在我国农村经济发展中的特殊性和重要性,把农户作为重点调研对象。调查方法为随机抽样法,分别从苏北五市选择若干样本村,对农户进行问卷调查。此次调查共发放问卷 381 份,获得有效问卷366 份本次调查农户的基本情况如表 12 所示:

---

① 李汉江:《苏北地区农村民间金融现状分析》,载《学术理论》2014 年第 4 期。

表12　农户基本情况

内容		指标	频数	所占比例
户主情况	性别	男	325	88.80%
		女	41	11.20%
	年龄	<40	122	33.33%
		40—50	195	53.28%
		50—60	42	11.48%
		>60	7	1.91%
家庭情况	家庭人口数	2	18	4.92%
		3	212	58.03%
		4	107	29.23%
		>4	29	7.92%
	年总收入(元)	<5000	31	8.47%
		5001—10000	98	26.78%
		10001—30000	174	47.54%
		30001—50000	50	13.66%
		>50000	13	3.55%

通过基本情况统计可以看出,被调查的农户户主年龄集中在四五十岁,年家庭收人将近一半集中在一到三万元。根据国家统局发布的相关数据,2012年江苏省城镇居民家庭人均收人为519元,而同期的江苏省农村居民家庭人均收人为12202元,可以看出苏北农村地区收入水平不仅明显低于城镇,而且相对于江苏省农村整体而言也是偏低的。但同时,很多必要大额开支又是不可避免的,例如经营投资、建房、子女教育等,这样就形成一个具有很大潜力的农村金融市场。

1. 农户借款原因

在接受访谈的366个农家中274个农家有过借款经历。从借款金额与聘书上看,农家借款主要有两大类用途,一个是生产性借款,占到39.78%;另一个是子女教育借款,占36.5%。农业生产借人仅仅占农户借人资金总量的

24.82%,说明农村大量借贷资金并没与用到农业生产上。在非生产性借人项目里,子女教育借款的数量远远高于其他项目,这主要由于现在农村逐渐摒弃重男轻女的思想,大部分家庭愿意让女孩也接受高等教育,而这会形成一大笔开支,带动农村借贷市场的发展。如表 13 所示:

表 13　农户借人资金的原因

借款资金用途		按金额计算		按频数计算	
		金额(元)	比重	频数(人)	比重
生产性借入	农业生产介入	502000	23.75%	68	24.82%
	非农业生产介入	345000	16.75%	41	14.96%
非生产性介入	建房	254000	12.02%	37	13.50%
	教育	738000	34.91%	100	36.50%
	治病	150000	7.10%	17	6.20%
	婚丧嫁娶	72000	3.41%	8	2.92%
	其他项目	44000	2.06%	3	1.10%
合计		2114000	100%	274	100%

2.农户借款的来源及规模

大部分农户以务农和到城市打工作为收人来源,约占样本总量的四分之三,还有一部分农户以做生意为生。同时应当看到有一小部分人常年依靠政府救济维持生活。在填写借款的来源一项时,有 55.16% 的农户选择亲戚朋友,18.26% 的农户选择商业银行和信用社等正规金融机构,有 19.48% 的农户选择民间金融机构。通过计算可以发现农村非正规金融借款量约为正规金融借款量的 4 倍,如表 14 所示:

表 14 农户借款的来源及规模

借款金额			2150000
借款资金来源及所占比例	正规金融机构	金额(元)	386000
		比重	18.26%
	民间金融机构	金额(元)	562000
		比重	26.58%
	亲戚朋友借款	金额(元)	1166000
		比重	55.16%
有借贷家庭户均借款额(元)			7715
有借贷家庭户均民间借贷额(元)			6306

3. 农户选择借款渠道的原因

针对农户选择借款渠道的原因调查可以看出,接近四分之三的农户认为在商业银行和信用社等正规金融机构申请贷款太难。这一点不难理解,农户往往缺少流动性较强的资产作抵押,而正规金融机构的商业性决定其要把资金贷给效益好、风险低的部门。超过一半的农户认为民间金融机构的贷款利率太高,认为亲友之间借贷方便快捷和无需付息的农户比重接近百分之九十。如表 4 所示:

表 15 农户选择借款渠道的原因

借款渠道	原因	频数	比重
正规金融机构借款	申请贷款太难	203	74.09%
	对借款流程、条件不明白	52	18.98%
	其他	19	6.93%
	合计	274	100%
民间金融机构借款	利率太高	139	50.73%
	不受法律保护	88	32.12%
	担心违约时出现人身安全	42	15.33%
	其他	5	1.82%
	合计	274	100%

借款渠道	原因	频数	比重
亲戚朋友借款	方便快捷	152	55.47%
	无需付息	90	32.85%
	其他	32	11.68%
合计		274	100%

从以上调查可看出,在经济不发达地区,金融需求也十分强烈,主要用来满足非生产性需要,主要是生活性需要。如建房、教育、婚嫁等,需求多样化,风险不大。应鼓励创新金融产品以满足不同层面的金融需求。由于正规金融供给不足,应给予这类地区农村民间金融的自由发展空间。以便更好地促进此类地区的农村经济发展。

（三）政府管制严格且经济发达地区——以上海为例

此类地区大都是按照政府严格规划建立,有着明确的经济功能分区,政府的管理较为完善,政府提供财力保障,同时能十分便捷的得到全国性乃至世界性的优秀金融机构提供的全方位金融支持,但是农业贷款难情况依然存在。本章节从上海市农村从事农业生产的农民专业合作社、涉农企业和农户来分析上海农业信贷市场供需现状。

1. 农业贷款需求的金额特征

虽然上海市农业总体规模不大,而且农业的地域广度和深度也在逐渐缩小,但是,由于上海市特殊的经济地位和上海郊区二三产业比较发达,集体经济实力雄厚,农业发展也表现出需求资金越来越多的趋势,小额的农业贷款就不能完全满足上海市农业发展投融资的需要。从实地调查的情况来看,农业贷款的需求呈现出需求金额高的特征。依据课题组在实地调研时对银行工作人员所做的访谈我们了解到:上海农业贷款的种类主要有涉农企业、农民专业合作社和农户,一般涉农企业和农民专业合作社的贷款额度大约在 50 万～100 万之间。银行工作人员认为,在上海从事农业行业,几万元钱起不了太大作用。若借贷需求在 10 万元以内,通常会通过亲戚朋友融资。一般贷款额度在 50 万～100 万之间的会选择到上海农村商业银行和中国农业银行去贷款。同时我们课题组对几个重点的农业区(县)(奉贤、金山、崇明、南汇、松江)选取典型村子对农户的小额信贷需求进行问卷调查。

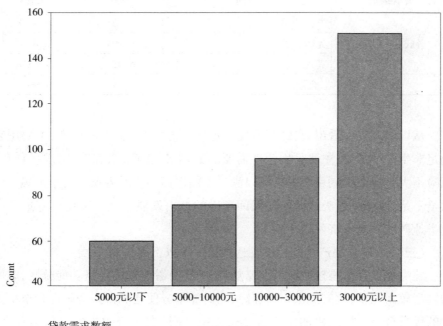

图8 农户小额贷款金额需求

资料来源:本课题抽样调查

从以上调查结果我们看出农户与农业合作经济组织和涉农企业的贷款额度需求不相同,很显然农业合作社和涉农企业的贷款需求额要远远大于农户的需求,由于商业银行发放一笔贷款付出的成本是相同的,为了追求规模效益,商业化信贷的运营往往要求单笔借贷的金额不能过小。在我们的访谈中这位银行负责人认为:如果农业贷款的额度太低,银行会考虑到风险问题,是不会进行贷款的。从实际来看,提供农业贷款的银行为了自己的成本和收益的考虑更倾向于贷款给涉农企业和农业合作社。

2.农业贷款需求的期限特征

农业贷款需求在时间上与工商业贷款有很大的不同。工商业贷款的回收期一般都比较短,但是农户贷款期限则普遍期限比较长,比如农户从事养殖业一般需要一到三年,农产品加工和储运一般需要一到四年,林果业需要三到五年才能产生效益。而在农户借贷中,还有相当一部分是不定期限的,即农户在计划一笔借贷时,根本没有考虑偿还期限长短。此种贷款明显地不断向后延期,当然,这取决于借贷者的偿付能力。

上海市各个区政府农业委员会均出台相关的政策来扶持农户进行农业贷款,从我们对松江、金山、青浦三个区的农业贷款担保政策考察来看,担保期限基本上都为一年期的贷款。

3. 农业贷款市场信息不对称

在上海市对农业贷款进行实地调研中,我们对农业贷款市场的信息状况做了调查和分析,因为农业贷款市场信息不对称(包括其中一方的信息确实、失真等)通常会对农业信贷市场的正常交易产生影响,严重的信息缺失、失真等信息不对称会导致农业信贷市场失败。而信息不对称会导致信贷配给的状况。信贷配给是这样一种现象:在所有的贷款申请人中,只有一部分能得到贷款,而另一部分则不能获得贷款,即使他愿意支付更高的利息;申请到贷款的人不能获得全部申请资金规模,而只能获得其中的一部分。

表16 农户有无向银行申请农业贷款

	频次	百分比	有效百分比
有	78	20.4	20.4
没有	305	79.6	79.6
总计	383	100.0	100.0

资料来源:本课题组抽样调查

根据表16,在383个农户中,向银行申请过农业贷款的有78户,我们对这78个申请农业贷款的农户申请结果进行了统计:

表17 农户有无获得过银行农业贷款

	频次	百分比
获得过银行农业贷款	29	37.2%
未获得银行农业贷款	47	62.8%
总计	78	100.0

资料来源:本课题组抽样调查

从表 17 可以看出,在 78 个申请农业贷款的农户中,有 29 个农户成功的获得了银行的农业贷款,在全部申请农业贷款的农户中比例为 37.2%,未能获得银行贷款的农户有 47 户,比例达 62.8%。在调查中同时我们也了解到,曾经获得过银行贷款的农户更容易获得贷款,而从未获得过贷款的农户认为自己和银行没有关系,不能提供银行认可的抵押物等原因导致不能获得贷款。所以,上海市农业贷款同样存在信贷配给的现象,而较为繁琐的申请程序也使得许多农户借款时转向亲朋之间的借贷等途径来获取资金,结果如图(3)所示,大约一半的农户认为目前上海市的金融机构不能满足农业贷款需求。

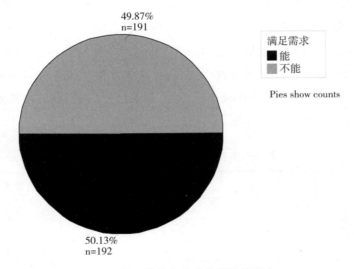

图 9　能否满足农户农业贷款的需求

资料来源:本课题组抽样调查

虽然上海市财政对农业贷款进行大力扶持,但是任何商业银行都是以安全性,流动性,效益性为原则,银行不敢随便发放贷款,这也决定上海农商行和农业银行在农业贷款市场上避免不了信息不对称的情况。

由此可见,农户信贷市场供需不均衡现象严重,正规金融无法满足农户贷款需求,农户所需求资金就只能求助于民间金融。

虽然上海市的政府财政支持力度大,但依然存在农业贷款难问题,农村信贷市场供需不平衡。可见,对农村金融市场的"输血式"供给方式必须由"造血式"供给方式取代,否则不能做到可持续发展。同时,有些贷款,享受贷款优惠政策,却没有用到"三农"范围内,而是投向别的行业,违背财政支持的初衷,应加强监管。可见农村金融市场空间极大,潜力无穷,应加快步伐,完善相关制度和制度保障措施,激发农村民间金融的功能效用,挖掘农村金融市场的潜力。

第二节　农村民间金融法律规制现状分析

本节主要从正式规范和非正式规范两方面研究农村民间金融法制发展现状。

一、现行法律对农村民间金融的调整与规制

现行法律对农村民间融资的法律规制散见于包括《中华人民共和国刑法》、《中华人民共和国商业银行法》、《非法金融机构和非法金融业务取缔办法》、《民法通则》、《中华人民共和国合同法》以及公安部、最高人民检察院《关于经济犯罪案件追诉标准的规定》、最高人民法院《关于人民法院审理借贷案件的若干意见》和《最高人民法院关于审理民间借贷案件适用法律若干问题的规定》等法律法规。

（一）刑事法律制度对农村民间金融的调整与规制

我国在 1995 年之前由于金融市场刚刚开始发育,金融活动主要为国家金融力量所垄断,民间参与甚少,"非法集资"活动并没有显现出来。随着经济发展,金融市场的建立,非法集资活动逐渐增多。1995 年全国人大常委会通过《关于惩治破坏金融秩序犯罪的决定》,并首次对非法吸收公众存款罪进行界定,与此同时,还确立"集资诈骗罪"的罪名,其中第 7 条规定,"非法吸收公众存款或者变相吸收公众存款,扰乱金融秩序的,应给予相应的处罚。"1996 年颁布的《商业银行法》第 79 条首次提出"非法吸收公众存款"的概念,对非法吸收公众存款或变相吸收公众存款的行为,应依法追究刑事责任,并由人行予以取缔,确立行政取缔与刑事惩罚双重规制的基本模式。1997 年颁布的《刑法》增设"破坏金融管理秩序罪"一节,对涉及民间金融违法活动的擅自设立金融机构罪、高利转贷罪、非法吸收公众存款罪、擅自发行股票、企业债券罪、集资诈骗罪与非法经营罪等,处以罚金、拘役、有期徒刑、无期徒刑等刑事

责任,以加强对民间金融行为的打击。1998 年人行颁布整顿金融"三乱"方案,即《整顿乱集资、乱批设金融机构和乱办金融业务实施方案》和《金融违法行为处罚办法》。具体来看,依照人行《金融机构管理规定》第 51 条"违反本规定,未经中国人民银行批准,擅自设立金融机构的、无《金融机构法人许可证》或《金融机构营业许可证》,擅自经营金融业务的、伪造《金融机构法人许可证》或《金融机构营业许可证》的,情节严重,构成犯罪的依照相应法律处理。"1999 年为保障非法金融机构和非法金融业务取缔活动的顺利进行,人行下发《关于取缔非法金融机构和非法金融业务活动中有关问题的通知》、《关于进一步打击非法集资等活动的通知》,对非法集资和乱集资行为的含义和特点、界定标准、常见类型予以进一步明确。2001 年 1 月为加强对"两非"案件审理的指导,最高人民法院印发《全国法院审理金融犯罪工作座谈会议纪要》,同年 4 月,最高人民检察院、公安部联合下发《关于经济犯罪案件追诉标准的规定》,对欺诈发行股票债券、高利转贷、非法吸收公众存款、集资诈骗等案件的追诉标准,非法吸收公众存款罪、集资诈骗罪的罪行认定、量刑等进行细化,这意味着非法民间借贷的刑法规制框架基本建立。2002 年人行发布《中国人民银行关于取缔地下钱庄及打击高利贷行为的通知》,再次强调禁止任何人开办私人钱庄,一经发现,立即予以取缔并依法追究刑事责任。上述相关法规的颁布,将原本民法、合同法和刑法允许的许多民间金融组织和行为宣布为非法,极大地限制民间金融的生存和发展空间。由此可以看出,基于保障金融业务的许可制度,民间金融的规制的主要行为包括未经允许擅自设立金融机构、擅自从事金融业务等行为,明确相关法律责任制度。法律所确立的以上这些罪名对打击金融犯罪,保障我国正常的金融秩序起到重要的作用。但不完备法律理论认为,法律会因为各种原因而不完备。例如,法律没有对特定行为进行界定或仅列举了少数行为,使得对行为结果的限定很宽泛,如非法吸收公众存款或者变相吸收公众存款,扰乱金融秩序的罪名,对于如何界定"非法吸收公众存款或者变相吸收公众存款"行为和通过吸收民间资金而进行的"企业的合理的融资行为",刑法并未作出明确规定。因此在实际的经济生活中,当一些农村民营企业为得到进一步的发展,在无法得到正规金融的支持的情况下转向农村民间融资时,却被冠以扰乱金融秩序的罪名。最典型的例证就是民间集资的案件,如"红高粱"案、"孙大午"案、"吴英"案等。尽管我国刑法和相关的行政法规都对农村民间融资的法律行为作出禁止性的规定,但在现实中,由于经济发展的客观需要,以各种变相形式的民间融资行为却屡禁不止,如通过发行有价证券、会员卡或债务凭证等形式吸收资金、对物业、地产等资产进行等份化,以及通过出售其份额的处置权进行高息集资、利用民间"会"、"社"形式进行集资等等。因此这种单纯通过刑事法律的阻吓的方式,对农村民间金融的抑制显得苍白而又无力。

（二）民事法律制度对农村民间金融的调整与规制

民法的私法特征表现为,以市民社会为其存在之经济人文基础;以权利为本位,且主张权利的同等保护;以市民社会的意思自治为其主要实现手段;并以市民社会人的价值实现为其直接目的。因此民事法律制度中对经济活动中强制性的规定较少,除非是危害国家、社会和其他人的利益。我国的《民法通则》《合同法》等作为民事法律规范的基本准则,是审理农村民间金融纠纷的法律依据[1]。借贷合同是各国合同法上都有规定的一种典型合同。我国在传统意义上讲,将借贷合同分为使用借贷和消费借贷,然而,使用借贷合同在习惯上已经被称为借用合同,而消费借贷则惯称借贷合同。我国现行《合同法》基于现实生活的需要,将以金钱为标的物的货币借款合同取名为借款合同而加以规定,没有银行借贷与民间借贷合同,对借用合同与以物为标的物的实物借贷合同并未作具体的规定。民间借贷主要有两大类型:一类是自然人之间的借贷;另一类是自然人与企业之间的借贷。自然人之间的借贷即民间个人借贷活动,是自然人之间遵循自愿互助、诚实信用原则通过自愿协商,由贷款人向借款人提供资金,借款人在约定或者法定的期限内归还借款的法律行为。双方当事人都应严格遵守国家法律、行政法规的有关规定,出借人的资金必须是属于其合法收入的自有资金,禁止吸收他人资金转手放贷。且借贷利率由借贷双方协商确定,但双方协商的利率不得超过国家规定,超过部分法律不予支持。自然人之间的借贷合同禁止复利,即"驴打滚"。自然人之间的借贷产生的社会基础关系复杂多样,有的基于亲情关系,有的基于合作关系等,自然人之间的借贷是一种互通有无的互助行为,是符合民法要求的,是城乡居民解

---

[1]　张燕、邹维:《典型国家农村民间金融监管的比较分析及启示》,载《农村经济》2009 年第5 期。

决生产、生活资金需求的一种行之有效的行为。1986 年的《民法通则》第 90 条规定"合法的借贷关系受法律保护",但没有制定出明确的区分界定标准。面对民间借贷案件数量不断增长,而相关立法规制又缺乏的情况下,目前我国对民间借贷的公共治理的法律依据主要来源于最高人民法院的司法政策。当前最高人民法院有关民间借贷的司法解释基本上也可作为对农村民间金融规制的具体规定,但对民间借贷问题只做出简单的规定。1988 年《最高人民法院关于贯彻执行中国人民共和国民法通则若干问题的意见(试行)以下简称〈民通意见〉)具体明确公民之间借贷的返还、利率及争议解决、利息、违反合同应承担的民事责任。其中第 121 条规定:民间借贷仅限于公民之间、企业和其他组织不能成为借贷主体。规定双方对返还期有约定的,一般按约定处理,没有约定的,出借人随时可以请求返还,借方应根据出借人的请求即时返还;暂时无力返还的,可以根据实际情况责令其分期返还。第 122 条规定:公民之间的生产经营性借贷的利率,可以适当高于生活性借贷利率。如因利率发生纠纷,应本着保护合法借贷关系,考虑当地实际情况,有利于生产和稳定经济秩序的原则处理。第 123 条规定:公民之间的无息借款,有约定偿还期限而借款人不按期偿还,或者未约定偿还期限但经出借人催告后,借款人仍不偿还的,出借人要求借款人偿付逾期利息,应当予以准许。第 124 条规定:借款双方因利率发生争议,如果约定不明,又不能证明的,可以比照银行同类贷款利率计息。第 125 条规定:公民之间的借贷,出借人将利息计入本金计算复利的,不予保护;在借款时将利息扣除的,应当按实际出借款数计息。第 111 条规定:被担保的经济合同确认无效后,如果被保证人应当返还财产或者赔偿损失的,除有特殊约定外,保证人仍应承担连带责任。《民通意见》的出台意味着民间借贷民事法律规制的总体框架已形成。1991 年最高人民法院发布《关于人民法院审理借贷案件的若干意见》,包括 22 条,内容涵盖民间借贷的含义、程序、实体、制裁四个方面,确立借贷关系的效力认定、起诉要件、管辖、利率、复利、担保、还贷、民事责任等民间借贷纠纷案件审理中常见问题的处理准则。其中第 6 条规定"民间借贷的利率可以适当高于银行的法定利率,但不得超过银行同类贷款利率的 4 倍(包括利率本数),超过此限度的利息不受保护。"这是民间借贷领域最系统、最重要的司法解释文件。而这种强制性的规定加上《合同法》第 58 条和《民法通则》第 106 条关于无效或效力待定合同的规定,迫使在我国农村民间借贷中,本应反应货币市场价格的较高利率却得不到法律的保障。1999 年根据最高人民法院发布的《最高人民法院关于如何确认公民与企业之间借贷行为效力问题的批复》规定,公民与非金融企业之间的借贷属于民间借贷,只要双方当事人意思表示真实即可认定为有效。但是,具有下列情形之一的,应当认定无效:(1)企业以借贷名义向职工非法集资;(2)企业以借贷名义非法向社会集资;(3)企业以借贷名义向社会公众发放贷款;(4)其他违反法律、行政法规的行为。自然人与企业之间的借贷往往涉及面较广,处置不当会使法律问题演变成社会问题。如现阶段房地产开发企业与自然人之间借贷案件涉及国家利益、银行债权、购房者、股东、其他债权人利益,若处理不当将引发一系列问题。又如在有限公司特别是股份有限公司中,大多数股东并不直接参加经营并及时知晓经营信息和状况,控制公司的只是少数大股东,如果公司虚构债务,一旦执行后就会减少公司利润或者增加公司亏损,从而直接损害其他股东利益。与此相关,国家税务机关针对公司、企业利润所征收的企业所得税必然减少,这将直接损害国家利益。由此可以看出,以企业的名义与自然人之间达成借款协议,虽然在一定程度上解决企业资金周转等问题,但是也引发逃避债务、抽逃资金等一系列问题。从民法意思自治的基本原则出发,一个企业向一个公民或者多个公民借贷都属于合法民间借贷,但这样的合法民事行为在《非法金融机构和非法金融业务活动取缔办法》)中就可能变成非法①。2015 年人行发布的《非存款类放贷组织条例》将商事性民间借贷纳入法律规制的范畴。2015 年 9 月 1 日起实施的《最高人民法院关于审理民间借贷案件适用法律若干问题的规定》从民间借贷的界定、民间借贷案件的受理与管辖、民间借贷合同的效力、互联网金融借贷平台的责任、借贷合同无效的情形、民间借贷的利率与利息等 10 个方面,对民间借贷涉及的主要问题进行系统规制,这是最新的民间借贷的司法解释文件。其中第 26 条规定:借贷双方约定的利率未超过年利率 24%,出借人请求借款人按照约定的利率支付利息的,人民法院应予以支持。借贷双方约定的利率超过年利率 36%,超过部分的利息约定无效。借款人请求出借人返还已支付的超过

---

① 冯兴元:《中国农村民间金融发展报告》,资料来源:http://www.aordo.org/html/investor_attitute/2007-2/2/02145534_2.html.

年利率36%部分的利息的,人民法院应予支持。该条规定明确民间借贷的分层规制模式,改变民间借贷以往的利率单一控制的规制模式,旨在追求实质正义、防范金融风险,转变规制理念。但由于缺乏高利贷追责机制、民间借贷立法系统性等,均会影响和制约民间借贷利率分层规制效果。我国现行《合同法》基于契约自由与意思自治的理念未对民间借贷利率设定基准线,而是最高人民法院的司法权在民间借贷规制中起最为主要的作用。

我国正处于转型时期,对于民间借贷进行适度干预是有必要的,但由司法机关实施金融规制权,将会导致司法规制政策与民间借贷市场运行规律相悖而行,直接带来干预或规制的失灵。如沈阳、鄂尔多斯、温州等地的民间借贷纠纷案件的发生则充分证明此种规制方式的失灵与失效。

从以上规定可以看出我国从根本上是不允许民间融资活动的存在,而这种严厉打击民间金融的政策抑制市场中的合理的民间金融行为的存在。这种严厉打击民间金融的政策阻碍市场中的合理的民间金融行为的发展。

(三) 经济法律制度对农村民间金融的调整与规制

经济法是国家从宏观经济发展的视角,调整在国家协调本国经济运行过程中发生的经济关系的法律规范的总称①。1986年我国温州等地的民间金融体系陷入混乱,讨债、跑路风潮频繁出现。部分地区金融秩序和社会稳定受到威胁②。1986年1月7日,国务院发布《银行管理暂行条例》提出"禁止非金融机构经营金融业务","个人不得设立银行或其他金融机构,不得经营金融业务"。其中第2条规定:金融业务范围包括存款、贷款、个人储蓄、票据贴现、外汇结算、信托、投资、金融租赁、代募证券等。第3条规定:金融机构包括专业银行、信托投资公司、农村信用合作社、城市信用合作社,以及经任何批准设立的其他金融组织。该条例的颁布对国内区域金融风险有所控制,但也抑制了民间借贷的发展。

20世纪90年代以来,金融全球化的趋势不断加快,金融风险的传播范围和破坏力度随之加剧。亚洲金融危机的爆发使得我国金融监管更加注重保障金融安全和防范金融风险。由于大量的民间资金游离于政府的监管之外,同

---

① 杨紫烜:《经济法》,北京大学出版社2006年版,第19页。
② 吴晓波:《温州抬会风潮郑氏之死》,资料来源:经济观察网 http://wwweeo.com.cn/eeo/jjgcb/2006/05/27/3926shtml,2016-5-28

时也确实出现一些农村民间金融机构信用危机和倒闭的情况。政府为了加强对民间金融的监管颁布一系列行政规章和办法。鉴于20世纪90年代国内金融秩序较为混乱,特别是非法吸存、非法集资的严峻形势,1996年人行发布《贷款通则》。其中第61条规定:各级行政部门和企事业单位、供销合作社等合作经济组织、农村合作基金会,不得经营存贷款业务。企业之间不得违反国家规定办理贷款或者变相借款融资业务。第73条规定:如果违反相关规定,由中国人民银行对出借方按违规收入处一倍以上、五倍以上罚款,并由中国人民银行予以取缔。国务院于1998年专门制定《非法金融机构和非法金融业务活动取缔办法》赋予金融监管部门行政执法的权利,其中第3条规定:非法金融机构是指未经中国人民银行批准,擅自设立从事或者主要从事吸收存款、发放贷款、办理结算、票据贴现、资金拆借、信托投资、金融租赁、融资担保、外汇买卖等金融业务活动的机构。非法金融机构的筹备组织,视为非法金融机构;其中第4条还对"非法吸收公众存款"和"变相吸收公众存款"进行行业性解释:"前款所称非法吸收公众存款,是指未经人行批准,向社会不特定对象吸收资金,出具凭证,承诺在一定期限内还本付息的活动;所称变相吸收公众存款,是指未经人行批准,不以吸收公众存款的名义,向社会不特定对象吸收资金,但承诺履行的义务与吸收公众存款性质相同的活动'。2005年商务部与公安部联合下发《典当管理办法》。2006年银监会印发《关于非法金融业务活动认定和取缔有关事宜的批复》,明确非法集资的含义和特点,以及取缔非法金融机构和非法金融业务的分工,为打击非法金融活动提供具体提引。2007年银监会陆续发布一系列经济和行政法规,包括,银监会公布《农村资金互助社管理暂行规定》、《村镇银行管理暂行规定》和《贷款公司管理暂行规定》。同年,最高人民法院发布《加强民事审判切实保障民生的通知》提出:妥善审理民间借贷案件,维护合法有序的民间借贷关系。2008年受金融危机的影响,由人行起草的《放贷人条例》草案提交国务院法制办。《放贷人条例》重在保障有资金者的放贷权利,是对其私有财产使用权的尊重。规范的民间借贷可以堵住地下钱庄等非法资金渠道,使民间金融在促进中小企业融资方面发挥作用,以期通过国家立法形式规范民间借贷或拟将所谓的"地下钱庄"阳光化,打破目前信贷市场所有资源都被银行垄断的局面。根据《放贷人条例(草案)》,民间借贷主要面向中小企业和农民,用动产和不动产做抵押。其首要障碍是《贷款通则》,《贷款通则》规定贷款人系指经国务院银行业监督管理机构批准在中华人民共和国境内依法设立并具有经营贷款业务资格的金融机构。显然,《贷款通则》对贷款人身份的界定与《放贷人条例》所倡导的"符合条件的企业和个人都可开办借贷业务"的规定存在差异。由于《贷款通则》要求的贷款条件高,多数小微企业、难以满足贷款条件,对小微企业面向"三农"的信贷投放受到制约。国家发展改革委员会《关于2010年深化经济体制改革重点工作的意见》中提到要修订出台《贷款通则》,积极引导民间融资健康发展,加快发展多层次的信贷市场。2012年发布《最高人民法院关于人民法院为防范化解金融风险和推进金融改革发展提供司法保障的指导意见》提出,为维护金融安全,要严厉制裁地下钱庄违法行为,依法制裁高利贷、非法集资、非法典当等金融违法行为;同时也要切实保障民间金融对正规金融的有益补充作用,应依法认定民间借贷合同的效力,保护合法的民间借贷法律关系,促进民间金融健康发展。2013年银监会正式实施《农户贷款管理办法》,将农村金融中最难解决却又最受百姓关注的业务品种单独进行研究。2015年国务院发布《关于开展农村承包土地的经营权和农民住房财产权抵押贷款试点的指导意见》等一系列政策法律、监管指引陆续出台。

综合本书第三章节关于农村民间金融的相关政策变迁轨迹论述,可看出,一方面,我国从立法上对农村民间金融所持的态度来看,我国农村民间金融发展的政策导向已经由"堵"变为"疏",农村民间金融正在由政策导向逐渐变为法律规范;另一方面,从现行的农村民间金融的法律规制体系中可看出,在严格的金融管制下,采取多重规制模式,承担着民法、刑法、行政法、经济法等过重的法律责任。涉及民间借贷的法律法规的条文散乱,相互协调性较差,借贷主体资格不明确,监管制度缺乏,违法违规定罪量刑也不规范。

金融与社会须臾不曾分离,金融与社会发展息息相关,二者交错与融合的现状趋势,迎来一个全新的命题。即社会金融化与金融社会化①。金融社会化是金融发展理论在现代社会中的形态展现。在社会金融化和金融社会化的进程中,传统金融将面临结构性的变革。

---

① 冯果、袁康:《社会变迁视野下的金融法理论与实践》,北京大学出版社2013年版,第4页。

依照金融发展理论的要求,金融市场在新的时代环境面临三大挑战,应适时调整刑法、民法与经济法的匹配关系,以适应这一社会背景下的金融发展新阶段。

从刑法层面来看,只有当参与农村民间金融的主体实施的行为严重侵犯法益,扰乱金融市场的行为,严重损害社会秩序,如非法吸收公众存款、非法集资等。刑法才应介入,而且应秉持谦抑性理念,才能更好促进金融发展。在适用过程中,还需要权衡民间金融所带来的利益与法益之间的重要程度,对农村民间金融进行适当调整。

从民法理念层面来看,在民间金融活动中,要重点关注金融公平。金融公平是包含金融消费者权益保护、金融活动的社会责任、确保市场公平透明和有效等多方面的内容,致力于保障金融公平,实现普惠金融之目标,才能更好适应大金融时代的到来①。

从经济法理念层面来看,具体表现为:(1)以人为本;(2)平衡协调;(3)社会责任本位;(4)经济自由与经济秩序的统一。此为经济法理念的结果性要素。自由和秩序二者之间的矛盾是与生俱来的,却要实现将经济自由与经济秩序的统一、和谐作为公与私为一体的价值目标。由此,经济法并不是忽视个体利益,而是试图调整、斡旋整体利益与个体利益间的冲突,鼓励、支持与整体利益相一致的个体利益。把经济自由与经济秩序的统一作为理念,追求个体利益与整体利益的协调。市场经济的发展最终要求法律予以保障,单纯依靠现有民法,无力解决市场经济中存在的交易成本过高、市场失效和外部不经济等问题。须由能够反映现代市场经济要求的经济法来弥补民法调整的不足之处②。

总之,在金融社会化背景下,应形成以强调金融安全和金融秩序的金融刑法、以强调平等主体间权利义务为核心的民法、以强调经济效率、经济秩序、社会实质公平的经济法三者匹配适用的规制体系,它们在各自不同的阶层、不同情况下发挥作用,充分发挥三者协调互动所带来的效用,促进民间金融良好有序发展。

---

① 王奕刚:《金融发展理论视角下的民间金融的规制研究》,江西财经大学 2015 年博士学位论文。

② 张守义:《经济法理论的重构》,人民出版社 2004 年版,第 36 页。

与此同时,民间金融相关地方立法也取得较大进展。发挥地方立法的先导性,完善金融立法。比如,2012 年鄂尔多斯市人民政府发布《鄂尔多斯市规范民间借贷暂行办法》,明确民间借贷的监管主体和借贷主体的权利和义务,提出成立民间借贷登记服务中心,为民间借贷提供登记备案等服务工作,并对民间借贷担保、公证等中介服务进行规制。这是我国第一部专门规范民间借贷的地方政府规章。另一个比较典型的代表是浙江省温州地区。为了引导和规范民间融资活动健康发展,防范和化解民间融资风险,促进民间融资为经济社会发展服务,通过温州地区多年的民间金融实践与探索,浙江省人大常委会制定《温州民间融资管理条例》,用以规制民间金融,并于 2013 年予以颁布实施,以推动民间融资管理立法进程。这是中国第一部民间借贷的地方性法规,是民间借贷规范化、阳光化、法制化的重大突破。温州市人民政府于 2014 年发布的《温州市民间融资条例实施细则(征求意见稿)》中,明确将"合会"作为民间借贷的形式之一,并且将"合会"的概念予以明确。

金融业务本身具有非常强的创新性,其发展程度取决于当地经济发展的整体水平,亦对人才、政策甚至当地风俗习惯等因素十分敏感,造成不同地域间的金融行业发展极不平衡,地域间差异明显,农村民间金融的发展更是如此。在不均衡的发展背景下,以统一的法律法规或政策对不同地区发展程度不同的民间金融进行规制,不符合客观情况,不利于各地民间金融的发展和规制中拥有的更大的自主权,发挥各自优势,自主探索符合地方特色的立法模式。

二、非正式规范对我国农村民间金融的调整

美国学者罗伯特·C·埃里克森(Robert C.Eriksson)在其著作《无需法律的秩序》中表达这样一个基本观点:法律仅指由政府发布的组织规则;相对于法律,其它规则如个人伦理、合约、社会规范和非政府组织规范等都称为非正式规范。以上述概念为参照来研究我国农村民间金融,发现在我国农村民间金融发展过程中,非正式规范广泛存在,形成不同层次的"无需法律的秩序"。非正式规范是法律的发生基础,是我国法律的本土资源,法律则是非正式规范的高级形态。农村民间金融发展和改革离不开法律,但也不能否定非正式规范,因为非正式规范可以深刻检验法律的社会功能。从我国农村民间金融的法制现状来看,法律和非正式规范都是农村民间金融参与者充分博弈的结果,

二者的共同点在于：它们都是理性的产物，都是主动选择的结果，都饱含着参与者的意志，客观目的都是为实现福利最大化。

单靠司法的力量是不能很好解决民间金融中存在的所有问题，还应该发挥司法以外的非诉讼金融纠纷解决机制的补充作用，如发挥 ADR 的纠纷解决作用以及金融行业协会的自律作用。没有非正式制度的配合，国家往往"由于建立在国家强制力的基础上，与社会缺乏内在的亲和性，难以形成合理的、得到普遍和长期认可的正当性。①"非正式制度是内生与社会的规则，主要包括社会习惯、道德、惯例、风俗等社会规范。在我国的民间金融规制体系中，非正式制度与法律相辅相成，非正式制度是法律的补充，在条件环境成熟的基础上，非正式制度中的某些规则还可以转化为法律。

农村民间金融的法制化不能仅靠法律，也不能仅靠非正式规范。民间金融的非正式规范是本土规则资源，自然生长而成，与其赖以产生的社会有很高的契合度，体现博弈各方的意志，能够促进良好社会秩序的建立，但民间金融法律制度框架的不完善和相关制度缺失也是民间金融发展的困境之一。民间金融的"正式制度安排"意味着对民间金融进行立法或者将民间金融纳入现有法律体系中来。然而，许多研究忽略这一事实，即农村金融市场发育不完全，市场制度的建立需要时间，法律体系、产权制度、信贷交易和合司实施的市场关系，乃至合理的民间金融组织治理结构都不可能在短时间内建立起来。承认法律与非正式规范在农村民间金融问题中的共同作用，才能促进二者各自社会功能的实现。因此，在新制度没有完全建立起来，适度地保留一部分旧世界或许是一个不得已的"好"办法②。民间金融内生于农村经济的发展，是农村经济自身发展催生的产物。"正式制度安排"对于民间金融来说并不一定完全适用。在经济活动中，惯例通常优先于"正式制度安排"，这种惯例是个体在民间金融活动中达成交易或履行协议所普遍遵守的行动习惯或行为模式，以民间借贷为例，高利率的民间借贷行为存在有其自身的合理性，根据经济学研究表明，高利率的民间借贷行为反映信息投资的资源成本，是对城乡金融市场上借贷风险信息不对称状态的一种理性反应。如前文所述，只要高利

---

① 苏立：《二十世纪中国的现代化和法治》，载《法学研究》1998 年第 1 期。

② 杨开忠、陶然等：《解除管制、分权与中国经济转轨》，载《中国社会科学》2003 年第 3 期。

率没有包含垄断利润的成份,那么这就是合理的,相应的政策含义就是应加以疏导而不是简单的打击和取缔。一味寻求"正式制度安排"则可能降低其活动的市场效率,而且对于民间惯例这种非正式规范的尊重应该是一个开放的法律体系所具有的特点。

产权的初始界定也可以由社会生活规范来实现,而并不必须是制定法或在普通法国家由法官来界定。同样,在民间借贷这种民间金融形式里面,"欠债还钱,天经地义"这样一句民间俗话,作为一种民间交易的私人协议原则一直发挥着它拥有的规范作用,与这句话相对应的法律规范是民法中的合同之债。在不计其数的民间借贷活动中,只有少数行为打破这种私人协议从而触犯法律规范。在普遍的情况下,借贷双方并不懂法,而更多的是一种对于"欠债还钱,天经地义"这样私人协议的原则的维护,或者说是对民间信用的一种遵从。这种私人协议注重协商,强调协调机制,充分尊重双方当事人的自由意志,其主要解决方式是协商或调解,不到万不得已一般不会通过诉讼的途径解决。

从图 10 中的调查结果来看,在农村民间借贷活动中农户愿意成为债权人进行放贷更多看重的是借款人信誉的好坏或者是熟人社会中传统情谊的连接,很多人愿意借钱源于都是乡里乡亲,不借不好意思,看重的是面子。而"有担保就答应"这一选项只占到将近百分之二十的比例,说明农民的法律风险意识不强,有需要存在担保的情形一般发生在陌生人或不太熟悉之人之间,因此非正式规范在农村有发展空间,非正式规范的作用在规范农村民间金融市场行为方面可略见一斑。协议的实施方式或责任性质同道德、伦理等其他非正式规范一样,违反非正式规范的人必须承担相应的责任后果,主要体现在精神层面。若违反这些非正式规范就很难和谐融入到原来的圈子里。导致人们就会有动机遵守这些甚至已经没有法律保障的私人协议①。

除了以上的这种民间交易习惯属于非正式规范之外,农村民间金融领域的非正式规范还包括一些民间金融机构与组织的内部规章。这一层次的非正式规范包括交易习惯的原有规范和村规民约、金融组织内部规章等部分"民

---

① 张燕、吴正刚:《我国农村民间金融发展的困境与制度选择》,载《大连理工大学学报》2010 年第 2 期。

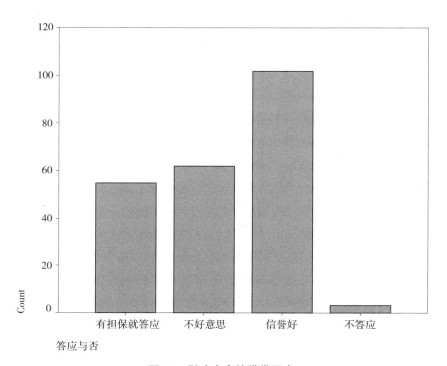

图10　影响农户的借贷因素

数据来源：课题组调查

间规则"的治理。由于交易习惯、企业或金融组织内部规章和章程、村规民约等非正式规范在农村民间金融的交易与资金往来等方面实际发挥着其拥有的规范作用，因此我们认为这一层次的治理主要应为实然的规范。其中，交易习惯，是指在商品交易中当事人普遍知悉并且愿意遵守的一种非正式制度。比如，私人借贷之间的口头承诺行为是完全不符合现代法治精神的，对借贷双方特别是债权人一方是非常不利的。我们的调查结果显示：现在越来越多的农民都倾向于订立书面协议（借条）。企业或金融组织内部规章和章程一般表现为中小企业内部章程和金融组织内部规章。比如，民间的小额信贷机构的内部规章等。章程是表明一个企业作为整体存在的法律形式，公司章程对公司、股东、董事、监事、高级管理人员具有约束力。对于一个民间金融机构或组织其内部规章直接规定金融资金的流动方向与流动数量，规章制定的好与坏在一定程度上影响着民间信贷资金流动、使用、收益、管理的效果，并且也关系到民间金融组织的可持续发展。因此,完善与改进民间金融组织的内部规章制度,使其更加向良善"非正式规范"靠拢,在个人或组织充分遵守自律性规则的前提下,可以发挥出内部规章的规范性作用。

所以,在我国农村民间金融法制化的路径选择上,不仅有法律问题,也有非正式规范问题,"寻求预测非正式规范的内容、揭示规范产生的过程以及标画出落进法律阴影的人类活动领域的边界"①,在民间金融法律体系没有完全建立起来之际,优先保护和尊重民间金融非正式规范。

三、农村民间金融纠纷及其司法救济现状

自纠纷产生以来,人类社会经历从自力救济到社会救济、公力救济三个发展阶段。农村民间金融纠纷的解决方式涉及诉讼、调解、仲裁等。

农村民间金融纠纷一般表现为两个部分:一是个人之间的民间借贷纠纷;二是与民间金融组织相关的纠纷。个人之间的借贷纠纷表现形式多样,除了自然人之间的借贷纠纷,还包括非金融企业之间的借款纠纷、自然人和非金融企业之间的借款纠纷。尽管法律和司法实践不保护这种借款关系,但这种借款关系及其纠纷却大量存在,最高人民法院在《关于人民法院审理借贷案件的若干意见》的第1条指出:"公民之间的借贷纠纷,公民与法人之间的借贷纠纷以及公民与其他组织之间的借贷纠纷,应作为借贷案件受理。"据此规定,民间借贷既包括自然人之间的借款关系,也包括非金融企业与自然之间的借款关系,但不包含不属于法院管辖的非法集资关系。民间借贷纠纷产生的原因主要是当事人忽视借款协议,或者借款内容不明确导致纠纷。与民间金融组织产生的纠纷相比,这种纠纷的影响范围较小,纠纷解决也较为简单。

表 18 农村民间借贷纠纷解决方式   单位(%)

	频次	百分比	有效百分比
诉讼	7	11.4	11.4
私人协商	48	78.6	78.6

---

① [美]罗伯特·C.埃里克森:《无需法律的秩序》,苏力译,中国政法大学出版社 2003 年版,第 52 页。

	频次	百分比	有效百分比
调解	6	10.0	10.0
总计	61	100.0	100.0

数据来源:课题组调查

（一）诉讼

从上图中可以看出,当发生纠纷时,只有 7% 纠纷主体选择诉讼方式,可见由于我国农村地区的"厌讼思想",只有极少部分的纠纷主体选择诉讼形式。

（二）调解

调解可以分为行政机关的调解、民间调解、法院附设的诉讼前调解等。调解的本质属性为契约性,调解协议的达成取决于当事人之间的合意。虽然调解充分体现了当事人意思自治,但契约性特质也具有调解效力较弱的弊端。农村民间金融纠纷可以采取调解的方式解决,但由于调解协议不具有强制执行力,应当保留当事人对诉讼或仲裁的二次选择权,保障当事人合法权益的充分实现。从上图中可以看出,当发生纠纷时,只有 6% 的纠纷主体选择调解。

（三）私人协商

如表 18 所显示的调查结果可以看出,大多数纠纷解决往往依靠私力救济,并不会诉诸法律。私人协商是被选择最多的纠纷解决方式,高达 48%。诉讼方式和调解虽然是正式的纠纷解决方式,但也有其不足之处。由于私人解决经济债务纠纷时可以直接进行协商谈判,减少中间环节,并可以在双方自愿的基础上,减少或免除对方的某些义务。相比于严肃的法律手段,更加适用于中国农村的人情社会。

民间金融组织产生的纠纷往往会造成严重的社会影响。一般情况下,民间金融组织产生的纠纷影响面广,涉及人数众多。如前所述,大部分民间金融机构没有建立规范的内部控制制度,没有严格的财务管理及审计稽核制度,其筹资、征信、信用审核、授信、风险承担等能力低下,人员素质不高。与正规金融相比,虽然民间金融具有交易简便、效率高等优势,但不可否认民间金融运行的风险性也更高,课题组对发生在浙江温州市平阳县水头镇的"会案"做了调查分析,调查中发现传统的农村民间金融机构由于其管理方式粗放和原始,无内部监督机构和行业自律机制,在运行过程中容易引发违法犯罪活动。该"会案"涉及千家万户,直接牵涉到水头镇居民的切身利益,严重影响当地的经济发展和社会稳定。据统计,在水头镇共有大小会数六千多个,总发生额在10亿元以上,参会家庭所占比例达90%以上。已登记会首数1350个。水头镇的"会案"由来已久,最早是由八十年代初期民间的互助会发展到九十年代的"排会"、"标会",特别是发展到"标会"阶段,一些"标会"成员以"低额中标"和"招会补缺"的手段,进行非法集资诈骗活动,导致一些不明真相的居民大量参会,形成水头"会案"时间长、涉及面广、会款发生额大,情况复杂的特点。"会案"发生后,由平阳县法院、检察院、公安局以及当地政府成立清会工作组,负责"会案"的善后工作。

从上述可以看出,由于民间金融组织并无明确的法律地位,加之其严重的社会影响,纠纷之后的救济一般由当地政府部门组织进行,对受害家庭进行安抚并补偿损失。随着近年来农村民间金融发展的理性化趋势,一些用于生产性投资的民间金融活动,其表现形态越来越接近自发状态下的金融创新,其存在已成为地方私营经济发展的重要金融支持,这部分游离于正规金融之外的民间金融,虽然存在种种问题,但并未爆发过大规模的挤兑或者破产事件。

第七章 中国农村民间金融发展中的法律问题及影响因素

第一节 农村民间金融发展中的法律问题

从本课题组实地调研情况并结合前面的分析总结来看,本书聚焦于我国农村民间金融在发展过程中存在的法律问题,主要包括:

一、农村民间金融缺乏公正的法律地位

(一) 缺乏法律保障,处于半地下状态

虽然民间金融在我国古代就已经存在,但新中国成立以来政府对民间金融所持态度经历了由禁止、打击、到默认而不提倡的过程。即使在改革开放以来,其一直作为地下经济的一种,以灰色状态生存。目前,虽已引起重视,但由于缺乏法律保障,民间借贷市场还基本处于半地下状态。我国民间金融至今仍然没有合法的地位,难以受到法律的保护。这不仅不利于农村民间金融的发展,而且还会产生金融风险。农村地下金融没有合法地位,只能在体制外畸形生长,很难满足农村资金的需要,而且地下信用没有法律保障,仍然是采用口头约定的简单形式,粗陋的形式与较高的利率既制约资金需求,也成为众多法律纠纷的根源。而且地下金融没有被纳入人行的监管范围,国家无法掌握其发展的规模和存在的问题,潜伏着较大的金融风险。由于民间借贷游离于国家政策法规之外,缺乏制度保障,存在很强的制度风险。而且民间金融大部分都是乡村邻里、亲朋好友等社会小团体的基础上建立起来的,其信用区域极其有限,资金规模往往较小,抵御市场风险的能力较差。此外,民间金融还存在组织结构松散、管理方式落后等问题,总体上说民间金融具有很强的风险因素。在我国日益活跃的农村民间金融领域已经积累一定程度的风险隐患。

（二）未能享受到公平的法律待遇

农村民间金融组织和融资活动没有享受到公平的法律待遇。由于农村民间金融规模小、隐匿分散的特点,其运行依赖于一些被社会认可的非正式规范和非正式的制度。所具备的这些特点使得政府难以对其进行低成本的规范和监督,导致其缺乏政府的保护,影响其发展。农村民间金融市场不受现行法律保护和规范,容易产生欺诈、违约、暴力等违法行为,大量民事纠纷无法得到有效调节。我国农村民间金融机构复杂多样,既有互助性质的"会",也有规模比较大的农村基金会、互助储金会和一些较为规范的典当行和钱庄等。这些金融机构对我国的农村发展起到了一定促进作用,但由于缺乏法律保障,法律地位不明确,容易被取缔。同时,由于在法律上没有保障,这些金融机构往往会有一些不规范的经营行为,这就累积了大量风险,甚至有可能影响到社区稳定。如果让农村民间金融长期处于法律真空,不仅不利于农村民间金融机构的成长,也不利于监管部门进行风险控制和监管。农村民间金融现象和法律有着紧密的联系,虽然农村民间金融在目前并没有得到法律的确认,但作为一种经济活动,尤其是一种货币流动,离开法律的保护是不可想象的。因此,农村民间金融法律法规体系的不完善是弱势金融发展的瓶颈问题。由于长期缺乏正规的法律引导,农村民间金融的发展存在很大的安全隐患。

（三）游离于体制内金融之外,缺乏合法性

由于民间金融游离于体制内金融之外,没有合法性基础,很难获得合法权益并依法受到保护,因而具有一定的政策性风险。部分民间金融冒着触犯法律和政策的风险,一旦被发现并查处,轻则可能被冻结账户,没收非法所得并处以数额不小的罚款;重则构成犯罪,要受到刑法处罚。由于面临着如此大的风险,人们一般可能不敢从事民间金融活动,而从事的人减少,利率自然就会提高。农村民间金融活动大都没有统一的合同公正,这也加大了民间金融所面临的风险,随时间的推移,借贷数额、期限、利率、还款方法往往无法达成一致,甚至发生故意违约现象,由此引发经济纠纷,而这些纠纷也很难通过法律途径解决①。

---

① 胡国峰:《试论农村民间金融的正规化》,复旦大学 2009 年硕士学位论文。

二、农村民间金融相关制度不明晰

（一）农村民间金融产权制度不明晰

第一，参与农村民间金融入股又不能成为真正意义上的股东，难以真正行使所有权、控制权和监督权。农村民间金融中的合作基金会、经济服务部、金融服务部和专业协会等组织在性质界定上一般都归入合作制集体经济，产权模糊，归属不明确。一个产权模糊的经营实体，在理论上容易形成所有者的缺位和严重的内部人控制。若没有明晰的产权，形成内部人控制，即便是正规金融组织也是不可能建立规范的内部控制制度、风险防范与抵御机制和规范的业务操作体系。更何况农村民间金融组织。

第二，由于农村民间金融缺乏明晰的产权，容易使其受到地方政府的行政干预或强制利用。许多农村民间金融形式至今还被视为非法，在许多情形下，政府会选择牺牲农村民间金融产权保护来扩张国家金融产权。在一定时期，当全社会的存贷款规模一定，政府为满足自身的效用函数通常需要占有更多的金融资源，无限的扩张国家金融产权。带来的直接后果就是民间金融产权的被迫收缩。因为没有稳定的产权，农村民间金融参与者一般无法形成良好的经济预期，易引发逆选择和道德风险。而且没有国家的法律保护，也必然造成产权界定的交易费用巨大，导致机会主义盛行，人们只好倾向于用暴力来解决纠纷，所有这些都会严重扰乱金融秩序，致使整个民间金融市场动荡不安。

第三，拥有独立财产权的个人或非国有企业之间的资金融通行为得不到政府的认可及法律的保障。由于尚未有专门针对农村民间金融所有权界定的专门法律，已拥有独立财产权的个人和组织间的信贷活动很难得到政府正式明确的认可，农村民间金融活动难以得到真正意义上的保护。农村民间金融资产所有权无法保证，民间金融组织制度不规范，因而农村民间金融的经营和管理中存在不规范问题也就是必然的结果。

（二）农村民间金融市场准入制度缺位

金融市场准入制度的健全程度直接关系到金融秩序的稳定和金融机构的安全稳健运作，是防范和规避金融风险的基础之一，还能控制金融业的市场竞争程度，或配合政府产业发展的需要。然而，我国现行的市场准入制度不仅存在种种弊端，而且市场准入制度明显歧视民间金融。关于政府在制度安排上对民间金融的歧视问题，很多的专家和学者都进行了分析和解释，其中在市场准入制度的规定上体现得尤其明显。如禁止任何机构和个人私设银行,办理银行业务或者变相银行业务等。而且,我国金融机构的设立采用审批制,凡是未经中国人民银行批准,擅自设立的从事金融活动的机构均被视为非法机构,这本身就是对民间金融特别是农村民间金融的限制,甚至可以界定为"禁止"。

事实证明,由于缺乏健全完善的民间金融准入制度,大量的民间资金无法通过正常的渠道进入金融市场,只好以"高利贷"、"私人钱庄"、"集资"以及各类合会组织的形式进入地下金融市场,其中一些金融机构运作不规范,加大金融市场风险,扰乱市场秩序。我国农村金融长期以来是由国家控制和垄断的政策,严重阻碍农村民间金融机构的发展。2005 年人行在山西、陕西、四川、贵州进行"只贷不存的小额信贷"试点。2007 年金融监管机构又开展调整放宽农村地区银行业金融机构准入政策的试点工作,鼓励设立新型农村金融机构,并相继出台了建立农村资金互助社、农村贷款公司、村镇银行的法规,为农村民间资本合法有组织的进入农村金融市场提供一个渠道。但这种只贷不存的金融组织形式限制了其自身的良性发展,并不能有效的解决农村富余资金的有效流动服务于农业生产,也不能打破国家行政垄断金融的体制格局,相反还为其它资本控制农业、农村的发展提供极大的可能性。虽然农村地区银行业金融机构的准入门槛有所降低,但目前也仅有农村资金互助社、村镇银行、小额贷款公司等一些特定的金融机构让民间资本得以合法进入,更多的合会、私人钱庄及其他非银行业金融机构等仍不能合法进入农村金融市场。

三、农村民间金融市场退出及其保障制度缺位

(一) 农村民间金融市场退出制度尚属空白

良好的市场退出机制是市场经济"优胜劣汰"原则的制度化和法律化。但目前我国对民间金融机构的市场退出制度的研究尚属空白,民间金融市场退出制度存在严重缺失。从已有的相关制度可以看出对民间金融所谓的"市场退出制度"就是非市场化的人为取缔,如先后出台《非法金融机构和非法金融业务活动取缔办法》、《国务院办公厅转发(中国人民银行关于整顿乱集资乱批设金融机构和乱办金融业务实施方案)》、《关于严禁私自批设金融机构、非法办理金融业务的紧急通知》、《关于取缔非法金融机构和非法金融业务活

动中有关问题的通知》等都有类似规定。由于没有得到法律的认可,民间金融机构只能在夹缝中生存,随时面临被取缔的命运,存款人或投资者的利益无法得到保障,信用风险极高,阻碍了民间金融的发展。我国缺乏相应的退出机制规定,没有一个事前的、完备的援助、退出、清算程序,这将不利于金融市场的稳定。如果没有严格的规范的市场退出机制,一旦有组织的民间金融活动发生风险,有可能引发整个地区的金融信誉风险和金融危机。如 2006 年、2011 年在浙江、福建等地出现的大面积的"倒会"事件,导致很多债权人无法追回自己的损失,这给当地的金融信誉产生很坏的影响。

(二) 农村民间金融市场退出保障制度缺位

在我国显性存款保险制度尚未建立,又缺乏国家信用隐性保险的背景下,农村民间金融经营过程面临的风险要比正规金融大得多。没有存款保险制度保障,农村民间金融机构一旦发生风险或倒闭,就会直接损害存款人的利益。而这些存款人,主要是一些农户、个体工商业者及一些民营中小企业,经济来源并不是十分稳定,一旦损失发生,这种打击可能是致命的,使得后续的生活、生产难于进行,将会危害社会的安全及稳定。这种信用制度的缺陷使得民间金融发展的难度加大,发展空间受限。但遗憾的是我国并没有建立起金融机构退出市场保障机制,如果正规金融机构出现危机,政府往往扮演"救火队员"的角色,由政府承担隐性担保,而对于民间金融出现的危机,政府也通常加以行政干预,但对于公众所受到的损失却由其自身承担。因而会积累潜在风险。

四、农村民间金融运行与管理不规范

(一) 农村民间金融日常经营管理不规范

第一,机构组织方式不规范。农村民间金融的组织方式与正式金融存在明显的差异,多数没有办公场所、没有专门的机构和人员,且未在工商部门注册,这种组织上的特点则是农村民间金融草根性的一个体现。农村民间金融组织上的不规范一定程度上是为节约成本,与规模大、人员杂、机构多的官方金融相比,这正是农村民间金融针对农村金融业务成本高的一种灵活选择。然而,农村民间金融组织的注册、办公场所、机构成员等不规范问题也需要引起我们的注意。一旦经营行为出现问题,导致资不抵债,当事人常常选择逃跑的方式规避法律的制裁,不利于保护存款人的利益和剩余资产的处理。

第二,日常经营运行不规范。农村民间金融在日常的经营中也存在明显的不规范问题,集中表现为业务操作中不规范的信贷投向,如高息揽存、盲目贷款等。从大量案例中我们发现,随着经营规模的扩大,由于没有科学的经营方法,多数农村民间金融会出现信贷经营的问题,最终导致资金链断裂而破产。特别是由于缺乏对每笔贷款贷前、贷中、贷后的严格审查,因而农村民间金融机构往往难以知晓借款者的信誉,更难以控制贷款用途。加之其信贷结构的不合理,使得发生风险的机率越来越高,破坏性也越来越大。

第三,防范风险手段不规范。金融风险是客观存在的,是不以人们的意志为转移的。法律不能从根本上消灭金融风险,但可以预防金融风险的发生。目前实施的监管策略仍主要是事后监管,对于金融机构的风险预警能力还很差,防患于未然的目标无法真正实现。农村民间金融游离于正规金融监管之外,不受政府监管者的控制,更加应防范其金融风险的发生。农村民间金融基于其特殊性,对农村金融市场造成的风险更具有隐蔽性。现代金融市场资金流动越来越快,潜在的金融风险必然要加大,并且容易在不同金融市场之间传播扩散。面对我国法律风险防范体系严重缺失的现实,很多学者虽然强调风险管理,但仅仅注重农村金融组织经营风险和市场风险的管理,而不是进行法律风险的防范和管理,较少提出从法律的角度化解金融风险。农村民间金融组织在规避信贷风险时,一般采用的方法是通过提高利率水平,以高利率来约束风险发生,几乎没有采用提取存款准备金和呆帐准备金的风险管理方法。而当借款者出现还款危机时,贷款者和所有者常常会选择采用暴力等非正常的方式私下解决纠纷,却很少会求助政府的力量和法律。事实证明,由于缺少科学的风险管理手段,通过量的积累发生了质的蜕变,农村民间经营风险也由隐性转变为显性,进一步引发一系列的经济矛盾和社会问题。

(二) 农村民间金融的业务管理不规范

农村民间金融常常仅凭借借款人和担保人的信用,没有科学的管理手段保证贷出资金的安全性和可靠的还款来源。主要体现在:一方面,管理方式简单化。业务管理中常常采用口头约定的方式,特别是在亲属、朋友和乡邻间的友情借贷和低息借贷,只凭感情和表现,几乎没有任何手续。随着农民文化素质逐步提高,风险防范意识逐渐增强,加之,倒会、基金会和地下钱庄被迫清算的惨重代价,农村民间金融业务往来越来越多地开始采用书面形式,担保和抵押形式也开始出现,这种趋势是农村民间金融规范化的表现,但所占比例较少,多数业务处理仍然是延续原有的简单化模式;另一方面,管理手段经验化。农村民间金融组织业务管理长期沿袭凭经验对贷款人进行管理,没有采用现代科学的管理方法,如通过计算贷款人的收益率,鉴定其是否具有偿还能力,再决定是否贷放资金。农村民间金融组织通常是以借款人的信用记录为判断依据,这种手段在借款人遭遇突发性事件和重大政策变更时难以发挥作用。当然,如果借款数额较低,则问题不大,但贷款放出去的同类型、同用途的同质资金额度越大,出现问题的概率也越大。农村民间金融的人员管理和业务管理也表现出相同的特征,外在表现可以界定为人员管理的松散化,这种特征在合会的人员管理中最为明显。在合会中,缺乏对会首和部分会脚的监督和管理,对会首组织多头会、会脚跟会数量大都没有严格的限定,或者,即使有类似规定,由于没有实质性监督规定,形同虚设一般,这些都为合会的崩盘留下隐患。

(三) 农村民间金融利率偏高,政府适度管制缺位

农村民间借贷利率偏高,特别是在发展落后的中西部地区。农村高利贷具有以下特点:一是高利率绝对值高。2000 年在全国范围为普遍存在月利率百分之二十以上的高利借贷,高出银行同期利率的十几倍。人行银川中心支行的统计表明,2005 年宁夏农村民间借贷高利率达到 18%,高利率在过去的 5 年时间里没有下降的趋势;二是放贷形式多样化。民间信用中的超高利率借贷的形式五花八门,可以从拆借时间、还款方式、放贷人身份和放款组织来说明。通常超高利率借贷的时间普遍短于低利率和中利率借贷形式,最短的借贷是日拆。农村高利贷款者既有当地的普通农民,也有乡村干部,还有县城里和城市中的职工和退休人员,甚至还有部分正规金融机构的员工和与政府金融机构关系密切的组织和个人;三是借贷项目多样化。已有的研究证明农村居民早期求助高利贷主要是迫于婚丧嫁娶和天灾人祸等生活性的资金需要,经调查表明,目前农村高利贷资金的一部分越来越多地被用于生产,包括农业和非农业,而另外一部分则用来参与赌博,在没有创造任何增加价值的过程中被挥霍掉。民间借贷利率是市场的产物,但从历史和现实分析来看,民间利率若无管制地上扬,常常会导致市场混乱和引发社会问题①。

---

① 王贵彬:《农村民间金融规范化发展的制度研究》,西南大学 2006 年硕士学位论文。

五、农村民间金融缺乏有效监管

金融业特别是银行业,作为现代经济的神经中枢,是一个高风险的敏感行业。开放民间金融的前提条件需要有一整套有效的金融监管制度,并建立相应的风险救助体系,才能保障债权人的合法权益,维护整个金融体系的安全和稳定,确保经济的健康发展。我国尚未建立起完善的、包括针对农村民间金融在内的金融监管制度和体系。农村民间金融由于缺乏有效监管,仅仅依靠自律和信用维持。集中表现为:

(一) 监管法律滞后

一直以来,我国农村民间金融缺乏具体可操作的监管措施,且没有专门的法律法规,在监管过程中常常面对无法可依。等到风险暴露并且问题已严重化后,就开始进行整顿,整顿的依据行政文件。现行我国农村民间金融监管规范主要有两种形式:一是散见于各部门法之中;二是行政法规、部门规章规范。这些相关法律法规虽然数目众多,却过于零散,缺少系统性,无法对农村民间金融形成有效的监管。加之相关规定过于笼统,原则性条款多,可具体操作的实际规程少,受法律解释的不确定性的影响很大,容易使农村民间金融处于不稳定的状态。法律的被动与滞后,在客观上会助长公民的法律虚无意识,

(二) 监管主体不明确

监管主体是一个广义的概念,既包括监管主体,又包括被监管主体,即监管对象。我国正规金融由银监会和人行行使监管责任,银监会自 2003 年起已经正式履行职责。我国农村民间金融由于一直游离于正规金融之外,其监管主体不明确,这种主体上的缺位,导致农村民间金融的监管主要依赖于被监管者的自律。农村民间金融被监管主体不明确也是农村民间金融监管存在的问题之一。农村民间金融存在形式多种多样,从最初的民间自由借贷、合会、私人钱庄、民间集资,到最近的小额贷款公司、资金互助组织、农村合作基金会、村镇银行等等,各种形式的农村民间金融鱼龙混杂,并未区分其合法与非法的界限。未列明具体的农村民间金融被监管主体,增加监管主体的执法难度。

(三) 监管措施单一化

由于民间金融长期以来游离于政府监管之外,监管主体很难确定其规模到底有多大,范围到底有多广,它的向度、深度、频度、有序度等均难以测定和控制,只能采取简单的禁止策略。对其监管仍处在检查的低级阶段,常常是用

罚款、降级和降职等行政性手段解决监管中发现的问题,监管方式跟不上金融业务发展的变化。从政府出台的一系列有关民间金融管制的行政规章、司法解释和政策文件来看,民间金融的监管措施较为单一,即一经发现,就进行清理整顿(经国家有权机关批准成立,但超范围经营)和行政取缔(未经国家有权机关批准),并提请公安机关进行立案侦查,这实际上是一种行政取缔与刑事规制双重追责的基本模式,但由于缺乏对民间金融组织的治理结构、交易活动、信用披露和信用制度等方面的监管规制措施,使得民间金融实际上处于无人监管的处境。

(四) 农村民间金融组织内部经营管理机制不健全

由于农村民间金融长期处于政府监管视野以外,在经营上没有科学的管理手段保证可靠的还款来源和贷出资金的安全性,因此,面临着较大的经营风险。一些组织没有建立规范的内部控制制度,没有严格的财务管理及审查稽核制度,其筹资、征信、信息处理、信用审核、授信、期限转换、风险承担等能力低下。由于管理混乱,农村民间金融机构账目一般都不健全。例如临海市75家基金会中,近半数会计账目不全,没有会计总账,大多数只有存贷流水账,少数连流水账也不健全。加之,经营管理上风险意识淡薄,资金高风险发放。而且从业人员素质不高,金融知识、管理知识缺乏。

农村民间金融业务管理中常采用口头约定或者简单履约的方式,特别是在亲属、朋友和乡邻间的友情借贷和低息借贷,完全依靠个人的感情及信用行事,几乎没有任何手续,或者只是简单履行一下手续,仅凭一张借条、一个中间证明人即认可借贷行为,这种形式显然缺乏对借款对象的审查和借款用途的有效监督。虽然农村民间金融业务越来越多地开始采用书面形式,担保和抵押也逐步增加,但所占比例并不多,多数业务处理仍然是延续原有的简单化模式。而且,大部分民间金融机构缺乏现代科学的管理方法,通常是凭经验对贷款人进行管理。由于没有建立规范的内部控制制度,没有严格的财务管理及审计稽核制度,而且民间金融机构大多不提取存款准备金和呆帐准备金以抵御风险,其经营风险极大。另外,农村民间金融组织的管理模式具有典型的家长制特征,其经营运作必然过分依赖于家长的经验和权威,不利于民主化、科学化管理的导入,在没有规范监督机制的情况下,可能会导致整个组织经营不畅,甚至遭受破产。

六、农村民间金融市场信用制度环境不完备

（一）信用范围狭窄

农村民间金融源于特定的信用背景,信用组织的成员间的血缘、地缘关系决定农村民间金融组织有较为固定的目的、功能、组织结构和业务对象。这种狭小的信用圈是农村民间金融在一定社会历史条件下的规避道德风险和降低成本的内在要求和必然选择,但随着农村经济的发展和农村资金缺口的持续增大,在市场机制的作用下,农村民间金融组织必然会逐步向外部拓展信用圈,但在当前外在法律、制度条件不可获得的情况下,常以失败告终,并产生严重的负面效应。由于"圈中人"都彼此熟悉,贷款者对借款者的家庭构成、经济来源、投资去向一清二楚,在借贷款关系存续期间,还可以进行跟踪调查,可以降低更多的道德风险。此外由于降低成本的需要,金融资源的稀缺性决定配置金融资源的风险性,农村民间金融的风险无法通过规模的扩张实现化解,又要承担违约成本、交易成本,还要承担政策成本,更要最大化地降低各种成本因素,选择在"圈中人"中进行业务操作是一种既无奈又有效的选择。

（二）信用扩张带来的风险

资本天然是生息的,随着民间金融总量的增大,必然要求市场的拓展,加之金融业务也日趋规范化,必然要求跳出原有的信用圈,变迁为正规的金融形式。由于农民缺乏有效的可抵押资产,如土地不是个人财产或房屋的变现能力过低。农村民间金融的这一步的跨越不仅没有实现,反而以具有破坏性的迅速释放能量的方式出现。由于民间金融活动大多缺乏正规的组织形式、良好的运作机制、有效的约束机制和风险控制机制,具有非正式、不规范、高风险等特征,随着其金融规模和范围的不断扩大,参与人数不断增加,它所依赖的血缘、地缘关系会不断被突破。缺乏良好的市场组织使投资者在更广泛的范围内搜寻投资项目的信息方面困难重重,参与者之间的信息不对称日益严重,资金的转移只能在小范围内实现,不利于资金在更广阔的空间进行有效配置。由于范围和规模小,也使得小范围内的经济主体面临的风险无法通过多样化进行有效分散,民间金融活动的风险因此而不断累积。由于缺乏对每笔贷款贷前、贷中、贷后严格的调查,在贷款者对借款者的信誉及贷款用途难以知晓及控制时,农村民间金融风险便会加剧。加之,农村民间金融机构没有经过正规引导、培训,基本处于自发、随意运做状态,无规矩难以成方圆,尤其在金融

这种特殊行业,需要从业者具备金融业专业的知识、技能等要求。因而,它们也不会按照金融业正规要求(准备金比例、资产负债比例、风险防范管理措施等)运作金融业务,人行也无法对其实施有效指导、监管。此外,民间金融机构纯粹以获利为目的,为增加流动资金,不提取存款准备金和呆账准备金以抵御风险,使得其经营风险进一步加大。

（三）信用欺诈现象频发

信用欺诈与信用圈狭窄的负面效果不一样,信用圈狭窄是在资金趋利本性的作用下,而又向外扩张无门的情况下,走向极端。而信用欺诈是从一开始就以欺骗为目的的,民间金融中信用欺诈最具代表性的是非法集资,在当前中国资本市场中投资品短缺的前提下,信用欺诈者抓住人们投资需求旺盛的机会,通过形式多样的诈骗手段,骗取巨额资金。完全发生在农村内部的非法集资案相对较少,通常是与城市相关联的,而最容易上当的是以开展种植、养殖和农民较熟悉的农产品开发为幌子的非法集资行为。辽宁省营口东华集团案就是其中一个典型案例。从 2002 年起,营口东华集团董事长汪振东以"东华生态"、"东华酒业"等企业的名义,以 35% 至 80% 的高额利息为诱耳,以租养、代养蚂蚁的方式,进行非法集资。前后有数万名投资者与营口东华集团签订十多万份合同,非法集资近三十亿元。在 2007 年,主犯汪振东终审被判处死刑,并没收个人全部财产,其他 15 名被告人分别被判处 5 年至 10 年不等的有期徒刑,并处罚金。事实上,非法集资案虽然处罚很严,但由于集资者资金需要的紧迫,投资者受到高额回报的诱惑,非法集资事件仍然此起彼伏,持续不断,从而严重影响社会安定。

第二节　农村民间金融发展的障碍性因素归结

由于农村民间金融是存在于农村领域、处于正规金融体系之外的未纳入官方金融当局监管且产权为非国有的各种金融形式。因此其发展也受到诸如经济、制度以及文化等方面的障碍性因素的影响。

一、历史根源与正规金融文化体系排斥

一方面,我国农村民间金融中存在的体制和机制上的问题有着深厚历史

根基。直到今天,农村经济依然是小农经济,这一根本性质在过去几千年的农业发展过程中,始终没有发生根本性转变。从公元前 11 世纪到公元 20 世纪约三千年时间里,农村民间金融长期围于血缘、地缘和业缘的圈子,实行家长式管理模式,未能实现其蜕变和跃迁。虽然,随着现代经济技术的飞速发展,今天农村的生产、生活较之从前发生本质变化。然而,人们总是倾向于沿袭固有的传统和范式,结果导致这种传统与范式常常成为外部条件变化和内部改革不相协调的原因。

在农村民间金融的产生与发展中,始终深受中国社会特殊的历史发展所造成的体制性歧视与城乡二元结构影响。从国家体制的构成方面来分析,我国从新中国成立以来始终将国有金融作为整个国家政权和经济发展的根本,在新中国成立之初,对农村民间金融的种种形式进行一系列的改造和打击措施,在实行对外改革开放之后,农村民间金融再度复兴,而对农村民间金融具体形式的限制依旧延续以往的思维和管理模式。从整个社会的构架来看,城乡二元的管理体制及其维护这种体制的种种土地、户口等制度将农村民间金融的参与主体农民与他们的生存发展领域限制在一定的地域和社会制度的范围之内,于是农村民间金融具体形式仅在一定的范围内存在和发展,形成零星发展、广泛存在,整个农村民间金融市场长期处于一种被人为的制度分割和限制的状态下,限制农村民间金融与其形式的进一步发展的可能,也限制参与主体对农村民间金融进行创新和扩大市场的可能。

这种体制性的排斥与歧视的结果必然导致农村民间金融具体形式长期得不到发展的空间和可能,农村民间金融的形态始终处于低水平的状态,无法形成与现代金融相似的金融机构和组织,而这反过来又为国家对农村民间金融进行强制管理提供了有利的依据。城乡二元的社会结构使得农村民间金融市场长期处于大范围的低水平发展状态,使得农村民间金融交易主体和交易活动不得不按照民间自己的潜在规则进行,大量的交易活动处于地下状态而无法通过合法的途径和方式展开,也使得农村民间金融市场的实际融资规模处于难以精确量化统计和规范的状态,从而间接地影响到国家对金融宏观调控政策的制定和执行。

另一方面,正规金融文化的符号体系难以对农村民间金融文化的符号体系产生认同和接受。我国正规金融经过几十年的发展和积累已经形成了一套完整的金融服务体系和金融监管模式,而且发展和完善与之相配套的金融法律、制度和规范,形成正规金融自身的一套符号体系,由这些符号体系所构建的正规金融的文化体系是完整而具有规模的。通过国家的各种制度和意识形态的认证,在社会生活中扮演着不可或缺的角色。与正规金融文化的符号体系相对应的农村民间金融的文化体系也存在自身的一套符号体系,不同的是农村民间金融的文化符号体系是内敛的、隐讳的、分散的、非整体的,对交易的约束有明显的地域性和因交易对象的不同而导致的区分。在与政治、意识形态、社会制度的关系的密切程度方面,农村民间金融的文化符号体系不能与正规金融文化的符号体系相比较。因此,在功能方面,农村民间金融文化体系不像正规金融文化的符号体系那样具有明显的可操作性和工具性的特色,而是存在一定的差异。应注意的是,农村社会文化赋予农村民间金融的文化符号体系的影响是客观存在的,因此农村民间金融的文化符号体系的内在差异是在具有的一定的文化共性背景下的差异与不同。

在现有的正规金融文化符号体系看来,农村民间金融文化和正规金融文化体系不是处于同一个发展层次,产生农村民间金融的社会因素与完全不同于城市金融发展的动力因素,农村民间金融文化的符号体系很容易被认定为金融文化的初级形态或不成熟状态。现有的金融体制对农村社会的统驭在客观上使得正规的金融文化符号体系产生了对农村民间金融文化符号体系的统辖和排斥,加之,农村民间金融及其形式的非国民待遇的现状加剧对农村民间金融文化符号体系的否定。尽管现实中农村民间金融文化的因子普遍存在,但受到排挤的事实状态并没有得到太大的改善,因而从对农村民间金融文化符号体系的排斥到对农村民间金融及其形式的排斥存在内在的因果关系,这种内在的因果关系在历史发展中呈现出强化和延续的状态,因而必然导致对农村民间金融发展的限制和制约。从发展的角度看,两种文化符号体系的冲突是城乡二元结构矛盾的一种表现或呈现方式,是主要矛盾下的矛盾的非主要方面的冲突,但它却为金融体制改革和农村金融发展提出了新的问题,对于在发展农村民间金融及其形式的前提下,努力协调两种符号体系的冲突,建立和完善新的农村民间金融的文化符号体系。而在这个背景下却也包含着农村和农村的生产、生活、文化习俗等方面与现代城市及其人群与个体的内在的多方面冲突,因此文化符号的冲突仅仅是一个表象,隐藏在表象下的潜在的社会矛盾与冲突是不可能在短期内彻底解决的。所以,反过来这也必然成为限制农村民间金融及其形式发展的障碍性因素。

二、政府过度管制与定位不当

在学术界,有一种公认的观点,那就是农村民间金融绝大多数的不规范问题来自政府的非正当管理和长期以来所实行的高压政策。特别是改革开放后,民间金融复苏,政府对民营企业和民间金融的政策反差很大,对前者是鼓励和推进,而对后者则是限制和抑制。农村正式金融远远不能与农村金融服务需求的多层次性和多样性相匹配,农村金融需求与格局日益边缘化。因政府功能的错位与不当干预,单一化和垄断化的无效率市场,所有权主体缺位与产权缺失下的金融交易行为扭曲,农村非正式金融受到严重压制[①]。这种长达近三十年的高压抑制政策,导致民间金融只能在一个狭小的空间艰难地成长,无法实现从不规范到规范的跃迁。

(一) 政府过度管制严重阻碍农村民间金融的发展

对民间金融采取压抑政策、强化管制,是政府的一贯选择,从先后颁布的金融法律法规都可以看到这一思路的延伸。其突出表现为在制度上"封杀"农村民间金融合法存在的空间。特别是 1997 年亚洲金融危机后到 2004 年间,政府对民间金融活动的打击力度加大,堵上民间金融进入金融市场的道路。政府的刻意压抑,并不能限制民间金融的发展,只能导致其在地下畸形发展,或隐形发展,导致其隐蔽性更强。监管难度在加大的同时,也会增加风险。此外由于我国对私有银行、企业间拆借市场明令禁止,形成了我国金融抑制的基础以及国有商业银行的信用垄断。针对这种严重的受政府管制的二元金融结构分割的农村金融下,我国相应的法律制度必然也体现出对农村民间金融严厉抑制的特征。从历代的关于民间金融信用的强制性管理来看,中国民间金融的产生和发展从一开始就受到官方的抑制和打压,存在角色定位的问题。这种中国文化传统中长期形成的官主流思想也为现代和当代的政府所继承,在现代农村民间金融的管理中表现出明显的政府管制特征。政府对民间金融

---

① 冯兴元、何广文等:《试论中国农村金融的多元化——一种局部知识范式视角》,载《中国农村观察》2004 年第 10 期。

的过度管制会产生两个结果:一方面扭曲市场供求关系,加剧供给短缺;另一方面,偏离均衡价格,导致供给高价。结果实际出现的现象是:管制越严,地下金融就越活跃,农村金融市场的秩序就越混乱。在当前建设新农村的条件下,对民间金融的过度管制明显制约了"三农"问题的根本解决。行政性管制力的过于强大逼迫民间金融只能龟缩于地域范围的狭小空间里生存,农村金融市场也丧失其原本具有的向外的生长性。

(二) 基层政府角色与功能的双重性不利于规范农村民间金融

　　基层政府作为国家政权在基层的代理机构,在履行职能的过程中其角色和功能是双重的。一方面,基层政府被国家授权处理一些农村民间金融的事务,比如禁止非法集资等,但由于我国农村民间金融缺乏完善的立法和制度,所以各地基层政府在执行这些政策精神时在反应的速度和执行的方式与力度上存在很大差异,而对于这种差异各地的基层政府又都能给出充分的解释理由;另一方面,基层政府和其工作人员又大量的参与到农村民间金融及其形式的活动中去,这种参与有来自官方政策层面的要求,比如农村合作基金会的发展,也有来自基层政府和它的公务人员的自觉的介入。因此基层政府和公务人员对农村民间金融的介入有官方的行为也有作为官方身份的公民个人的行为,当这两者发生重叠时,都有可能使得农村民间金融及其形式的发展复杂化,也不利于基层政府在民众当中树立自己的良好形象。而基层政府及其公务人员的管理行为和被异化的趋利性管理行为与管理过程中的个人、小集团的牟利行为之间往往是纠合在一起的,因此基层政府在社会功能方面是双重的,有非盈利的公共管理的一面,也有盈利性的一面。基层政府及其公务人员在对农村民间金融的理解和认识问题上,很容易从各自的地方情况出发考虑问题,对具体的局部的体会和理解要多于对宏观政策的感性认识,因而在执行国家政策时容易从局部的发展和利益出发处理具体问题,从而变相地加剧角色和功能的双重性。由于对基层政府权利及其公务人员缺乏监督,使得基层政府不可能独立的有限制性的行使公共管理职能,对其行为约束手段的匮乏,基层政府及其公务人员具有很大的执行弹性和自由度,而这对于农村民间金融在农村社会的发展和实践是不利的。

三、法律制度不完善的限制

（一）在立法上未对农村民间金融给予公平对待

从对农村民间金融的立法重视程度来说，农村民间金融在整个国家和社会的实际地位和状况决定我国对农村民间金融立法的重视程度不可能达到发达国家那样的程度，在立法精神上首先是以国家的整体利益为基准和根本出发点，这也决定对农村民间金融的立法在完备性方面也达不到其他法律那样的成熟程度，从而间接决定了农村民间金融的相关法律和规定的不完整。同时使得农村民间金融法律与规范制定的进度往往滞后于农村民间金融具体形式的实际发展。由于针对农村民间金融具体形式的立法是从国家的利益出发的，并没有将农村民间金融作为一个整体的金融现象来对待，导致针对农村民间金融具体形式的各种法律法规之间缺少内在的联系，呈现分割和独立的情形，这也使得针对农村民间金融的法律法规缺乏与其他法律法规之间的有机联系和沟通，从而影响农村民间金融相关法律法规的发展与完善，导致对农村民间金融发展进行人为的间接限制。

（二）不同的农村民间金融形式存在执法主体的差异

针对不同的农村民间金融形式的执法主体的规定存在很大的差异。不同的农村民间金融形式的执法主体包括基层的县乡政府、基层的公检法机构以及金融监管部门等。而且在现有的规定中，对各个执法主体之间如何进行协调与配合缺乏明确的权利划分和职能分工，往往导致多头管理，各自为政。而在执法中经常是通过行政手段、行政公文或者某一个行政体系的规定来代替法律对农村民间金融的发展进行约束，比如农村合作基金会、农村小额贷款公司的管理均是通过行政的手段和金融监管的联合手段来进行的。此外，行政部门的权力和法律规定的权利之间的互相冲突情况在现实中屡见不鲜，比如由于合会法律规定的缺失，导致不得不由政府部门通过自己行使职权来补充法律缺失的尴尬，但也使得政府部门在具体执法时遭遇到无法可依的困窘，行政部门超越自己的职权范围越权行政，而在现实中却因为可以填补法律的不健全而被默认，这样的结果必然是执法者和被执法对象都陷入到无法使对方互相信服的境地。在此背景下，对行政执法的法律限制和监督机制在现实中却往往流于空疏，加剧针对农村民间金融具体形式进行法律的约束的人为的随意程度。

（三）金融法规的出台很少惠及农村民间金融

在农村民间金融具体形式普遍出现的情况下,金融法规的出台却很少惠及农村的民间金融形态,即金融制度与立法仍然没有走出意识形态层面强化约束的阴影,停滞不前,更多的相关立法则是从反面对各种农村民间金融具体形式进行排他性的规定,使得国有金融部门尽可能远离农村民间金融的影响,并尽可能地压制农村民间金融的发展,强化国家的金融垄断地位和对金融资源占有和分配。与此相应的金融立法和相关法律的法理是以国家为出发点,而不是以实际发生的经济现象背后的理性诉求出发,对民间金融的具体形式从各个方面进行实际性的约束。在民间借贷中,无合法契约的借贷和有息借贷极其普遍,现实中,基层政权的机构与农村居民的借贷并不鲜见,鉴于此种情况,国家却是从民法的角度出发,专门为解决民事纠纷和诉讼,对民间借贷做出简单的规定。对合会、地下钱庄则直接以非法金融而被列入取缔之列,而对于大量发生在农村内部的社会集资现象、集资的分类划分以及在集资过程中如何保护出资人的合法权益和未来收益的问题,已有的关于集资的金融法规中却很少提及。

（四）在制度设计方面缺乏长远规划

由于缺乏长远的制度设计的法理基础,金融法规和相应的法律规范的形成往往是在一定的社会背景之下出台的,而具体的法律法规的约束力往往落后于社会和经济发展的步伐,因而表现出临时应急性。所谓临时应急性是指很多的相应的规章制度通常是以《通知》、《办法》等形式出现,以公文的形式形成法律,而不是由立法部门以立法的形式通过,而且通常是为解决特定的问题而形成的。所以必然缺乏长远的规划和设计,在实际的执行中也缺乏其他相应部门的切实配合,导致从出台到执行整体的权威性较低。因为是为解决一些特别的经济现象和现实问题,所以采取"头痛医头,脚痛医脚"的方法,反而造成很多难以解决的历史遗留问题。同时,很多的法律法规对民间金融形式的定性和对执法者之间的确定大都是错位和矛盾的,如合会被规定为被取缔的对象,但具体的执法的主体却往往是地方政府,而地方政府由于履行多个方面的公共事务管理的职能,它的主要功能是服务而不是执法,所以导致地方政府在具体实施管理行为时往往难有作为。而在大量的民间借贷的司法诉讼中地方法院却担当民事调解人、发挥化解民间矛盾和纠纷的职能,作为执法者的法院却扮演了政府的角色,易导致所涉及的相关法律法规未能服务于实践。

四、农村民间金融组织自身的缺陷

除了民营银行,作为农村民间金融发展的高级阶段,其内在制度建设相对规范,缺陷相对较少,其他民间金融组织都或多或少地存在固有的矛盾,当规模扩大后,农村民间金融固有的内在缺陷便彰显出来,产生一系列问题。

(一) 农村民间金融缺乏正规的组织形式和有效的风险防控机制

作为诱致性制度变迁的产物,民间金融大多缺乏正规的组织形式、良好的运作机制、有效的约束机制和风险控制机制,具有不规范、高风险等特点。农村民间金融形式进行交易依靠的组织规则、交易规则以及运用社会资本达到影响交易价格的程度往往是不确定的,组织规模和交易规模的动态性使得对农村民间金融的统计局限于一个大概的统计,因而对于农村民间金融的发展来讲很难确定其具体的规模。农村民间金融中存在一些非法的交易行为和不合乎法律规范的组织形态,个体的交易行为相对于国家的法律规范来讲存在消极性和故意违法的倾向,农村民间金融的广泛存在使得这些现象的存在和发展。随着交易规模的扩大、参与人数的增加,农村民间金融原有的血缘、业缘和地缘关系逐渐被突破,相应风险不断积累,从而难以避免关联贷款等道德风险的发生。同时,农村民间金融机构的资产规模小、经营范围窄、基础薄弱、对外部冲击的抵御能力差,容易遭受金融危机、挤兑等突发事件的影响。农村民间金融缺少国家信用作为保障,它的风险是非系统性的,最终由个人承担。一旦发生风险积聚则会发生经营风险甚至破产倒闭,引发局部金融风险,影响社会稳定。

(二) 农村民间金融组织经营范围狭窄,资金规模小

农村民间金融组织由于资金都来自于内部成员,资金来源仅限于集体经济的原有积累,间接资金、少量的个人股金抑制集体的新增积累,其中,无补充的固定来源居于主要地位,所以资本规模小,存在规模不经济,所以农村民间金融组织开发新业务的成本相对较高。并且由于资金来源渠道过于单一,资金总量非常有限,农村民间金融组织远远不及农业银行营业所或农村信用社,同时,其资产业务也非常狭窄,仅限于会员之间的资金调剂。加之,农村民间金融多数没有办公场所、没有专门的机构和人员,多数未在工商部门注册。农

村民间金融组织上的不规范一定程度上是节约成本的反应,与规模庞大、人员庞杂、机构林立的官方金融相比,这正是农村民间金融针对农村金融业务成本高的一种灵活选择,存在于我国农村中的一个人的商业银行和商人银行的优点是值得肯定的。然而,当经营行为出现问题,如资不抵债等,局内人常常选择逃跑的方式规避法律的制裁,不利于保护存款人的利益和剩余资产的处理。

(三) 农村民间金融实行家长制管理模式,缺乏权力制约与有效监督

一般而言,家长制管理方式在企业创业初期和进行资本原始积累的特殊阶段是较为有效的,这种管理模式有着独特的优势:战略性较强、决策效率较高、管理成本低等。但是从事金融活动的风险远大于实体经济,尤其是当农村民间金融发展规模逐渐扩大,相应的制度管理也必须随之加以完善之时,家长制管理模式的不足之处就彰显出来,主要体现在两方面:一方面是缺乏权力制约。家长制管理也被称作独裁集权制,是以人治为核心,讲究绝对服从,也就是说家长处于至高无上的地位,下属的职权是由家长赋予的。很显然,农村民间金融组织中的其他成员只是部分权力的代理人,而不是分权制下的权力所有者。组织的战略发展方针均由"家长"决定,组织的经营运作过度依赖"家长"的经验和权威,对组织实行科学化、民主化的管理难度大、障碍多。随着经营业务量的增多,以及资本积累量的加大,家长式管理模式难以适应不断变化的外部环境,难以驾驭,决策的独断性的缺陷在组织的成长期凸显,造成决策失误的机率加大;另一方面是难以实行有效监管。由于"家长"权力处于组织中顶层位置,无法对其实行有效的监督,加之,人力资源管理模式受到极大限制,难以吸引优秀精英人才的加盟。"家长"的决策能力和决策程序均存在很多问题。"家长"的权力缺乏制约,易于滥用,同时又缺乏监督,个人长官意识强烈,以个人意志为转移,随意性强,原则性弱,农村民间金融组织的监督机制若不能发挥功能作用,那么,在竞争极为激烈的当下,投资风险更是危险重重,必然会存在很大的潜在风险,最终导致组织破产。

五、农民综合素质不高

农民的综合素质偏低是农村民间金融发展不规范的重要原因。农村民间金融发展中出现的信用欺诈、管理不规范等问题,与农民的低素质有直接的关系。由于受教育相对较少,认知力相对较弱,农民容易成为金融诈骗的对象和

受害者。而由农民经营的乡镇企业和农村民间金融组织因为经营者的低文化程度,也具有低文化组织的特点,如企业信誉差、经营能力弱、经营风险高和管理水平低等。农民在改革开放后,生产积极性得到充分发挥,不仅推动农村的变革,也为社会经济发展提供动力,出现一些具有现代意识的新型农民,但农民的个体差异和地区差异很大,多数农民素质依然低下。农民整体素质低下产生农村金融发展中的不规范问题和不利于农村民间金融的规范化发展。

(一) 农民普遍受教育程度低

衡量农民素质的常用指标为教育素质指标和科技素质指标,而科技素质又是和教育素质分不开的。辛贤等计算出 2003 年中国农民教育素质指数为 0.09,科技素质指数为 0.25,并且在全国抽样的 15 个省存在明显的地区差异①。农民受教育的质和量都低于城市同年龄水平的指标,2004 年,全国农村人口文化构成中,文盲率为 9.56%,小学文化人数占比 34.49%,初中文化人数占比 44.99%,高中及中专文化人数占比 10.61%,大专以上占比 0.37%,而全国同时期各个指标分别为:9.16%,32.38%,39.29%,13.40%和 0.57%。2004 年,城镇人均受教育年限为 9.43 年,乡村人均受教育年限为 7 年。农民中参加过绿色证书、青年培训和其他职业资格证书培训的人数为 2000 万人,仅占 4.8 亿农村劳动力的 4.17%②。足以说明说明,我国农民的文化素质较差,这也是农民整体素质较低的根本原因。农民受教育的时间短、层次低制约农民正确的判断力和认知力的形成,一旦农民手头有资金富余,在谋求资金增值的过程中常常容易受到利益诱惑,导致金融诈骗的频繁发生。

(二) 农民的法律意识淡漠

农民法律意识不强,不知法、不懂法是农村普遍存在的现象。史清华等对山西省的调查显示:在 24 种常见法律法规中,被调查者"知道"面超过 50%的仅 8 种,占全部 24 种法律法规的 1/3,其中,"知道"面超过 60%的仅 5 种,绝大多数法律法规的"知道面"不足 50%,其中低于 30%的高达 7 种。与农户经济增长及发展直接相关的法律法规,诸如《农业法》、《合同法》、《农民股份合

---

① 辛贤、毛学峰等:《中国农民素质评价及区域差异》,载《中国农村经济》2005 年第 9 期。
② 王贵彬:《民间金融规范化发展的制度研究》,西南大学 2006 年硕士学位论文。

作规定》、《基本农田保护条例》等,"知道"的比例均在50%以下①。由于农民对法规条文的陌生,对触犯法律的严重性认识不清,在农村中,经常出现采用违法手段解决纠纷的现象。通过上门威胁、恐吓,雇佣打手等极端手段解决正常经济和金融往来中的资金周转不灵,即使在短期内保证了贷放资金的安全,但从一个相对的长期来看,这对于农村民间金融的顺畅和健康发展是非常有害的。

（三）农民从众性心理明显

农民的从众心理是中国小规模农户生产在农民意识形态中留下的烙印,害怕犯错误,行事小心,喜欢随大流。2001年,中国公众科学素养调查显示:81.3%的农民群众对新技术、新产品的处理方式为观察别人用的结果再作决定,这使得农民的行为和活动常表现为群起群动的羊群效应。一旦有人非法集资获得高额收益、一旦有人超高利放贷、一旦有人加入"抬会",马上就会有越来越多的人加入和效仿。因此,农村民间金融的不规范问题的解决难度增大,若经营中形成风险,风险的蔓延趋势远高于城市金融。

（四）农民金融专业知识匮乏

农村金融服务不充分,除了金融机构服务缺失,另一个重要原因是广大农民金融知识匮乏、金融意识淡薄。据了解,目前农民金融知识的缺乏主要表现在两个方面:一方面,不少农民缺乏对金融方针政策、金融知识以及相关法律法规的了解,法制观念和自我保护能力相对薄弱,极易上当受骗;另一方面,农村投资渠道狭窄,农民缺乏投资理财知识,由此造成农村地区"高利贷"、非法集资现象严重,也扰乱农村正常金融秩序建立。

---

① 史清华、陈凯:《现阶段农民法律素质与法律意识分析》,载《中国农村观察》2002年第2期。

第八章 中国农村民间金融法律规制路径选择—"软硬并举,协同规制"

现代国家已经进入"规制国家"。政府对于经济与社会的干预无处不在,包含经济性规制和社会性规制。从法政策学的角度,从法与金融的关系角度,需要对惯有的立法思路和规制模式进行深刻反思。

在经济法的视域下,"经济民主"的内涵是给予经济主体更多的自由和尽可能多的经济平等①。我国正处于经济转轨、社会转型时期,以硬法为主、强调国家干预的传统经济管理方式需要在"经济民主"的理念下逐渐改变。软法的制定多采用经济共同体的成员全体参与、共同协商的方式,这有利于实现在代议制立法模式下被忽略的那些市场主体在一定范围和限度内的公平、正义理想,降低社会成本,提升制度的整体正当性②。从法律制度上改变对农村民间金融"一刀切"的管制模式,体现国家对经济干预的适度性与民间金融自主性的经济法治思维。对民间借贷在金融市场的合理定位及正确评估其对市场经济发展的影响,是决定法律对民间借贷应采取何种规制模式的关键③。本书认为农村民间金融的发展是农村经济发展的内生需求,也是对僵化的国有金融机制及其低效经营的积极回应,是在经济发展过程中为降低金融交易费用所进行的一次制度创新过程,民间金融有效地改善金融资源的配置效率。对待农村民间金融,如果一味地打压、取缔,显然只会加重农村经济资金短缺的困境,并迫使民间金融活动变得更加隐蔽和难以监控;同样,如果对其放任

---

① 顾功耘主编:《经济法教程》,上海人民出版社 2006 年版,第 76 页。

② Orly Lobel, "The Renew Deal:The Fall of Regulation and the Rise of Governance in Contemporary Legal Thought", *Minnesota Law Review*, Vol 89(Decemember 2004)

③ 何小勇:《民间借贷的衍变与法律规制得失探讨》,载《甘肃政法学院学报》2016 年第 1 期。

自流,也会使一些"黑色金融"活动有机可乘,从而引发区域性的经济和金融振荡。因而,必须遵循经济决定金融的内在规律,在加强金融风险防范的前提下,正确引导和监控农村民间金融的发展。对于农村民间金融,既不能进行全面的松绑,也不能实行高压政策。科学合理的做法是从法律制度层面对农村民间金融进行规制。规制是指政府基于公共利益或其他目的,依据相应依据相应的规则对规制对象经济活动采取的一种干预,是公共政策的一种形式①。

金融与法律的正式制度供给往往不能适应农村金融交易的内在需求,出现正式金融和非正式金融的功能错位,加剧金融规制权与民间自治权的内在紧张②。同时,农村民间金融合理的发展得不到相应的正式制度的支持,民间融资、社会集资、非法集资的法律界限模糊,出现农村金融规制权与民间自治权的对抗与博弈。因此,在受到浓厚儒家文化传统的影响和融合新兴加转型约束条件的中国农村地区,厘清法律规制农村民间金融的界限,确定农村民间金融法律规制的标准,如何平衡协调农村金融规制权与农村民间自治权,帮助农民金融权得到有效实现,则显得尤为必要。

加之,更好的规制(Better regulation)或智慧的规制(Smart regulation)的关键是在规制的百宝箱里,选取最能实现规制目标的恰切工具③。因此,本书通过软法和硬法双重规制模式,结合法律、政策、乡规民约等规制工具,建构一个有机协调的规制系统。硬法对农村民间金融领域里的秩序的影响具有局限性的,而那些促成合作并自觉遵守的非正式规则才是构成社会秩序的真正基础。软法机制配合硬法机制,以各种实施方式,分别和共同发挥调整社会经济关系的功能。对支撑经济领域公共治理及私人治理的硬法、软法机制 需要进行系统分析,并据此提出应对之策④,达到软硬并举,刚柔相济,重视正规金融法律制度与非正式规则的对抗、博弈、共生等互动关系,从而共同推进农村民间金融法治化进程。

---

① 王怡:《环境规制有关问题研究——基于 PDCA 循环和反馈控制模式》,西南财经大学博士学位论文。

② 李志刚:《经济法上的两权对抗及其消解——以国家对民间融资的法律管制为视角》,载《法学》2006 年第 1 期。

③ Ciara Brown, Colin Scott, "Regulation, Public Law, and Better Regulation", *European Public law* ", Vol 17(March 2011).

④ 程信和:《软法、硬法和经济法》,载《甘肃社会科学》2007 年第 4 期。

第一节　农村民间金融法律规制的理念、价值和原则

法律理念、法律价值和法律原则虽然在多数情况下未必于具体的法律关系中直接得以适用,却作为立法、司法、执法和守法所遵循的指导思想和客观标准。法律理念体现立法宗旨和基本精神。法律价值是以法与人的关系作为基础的,法对于人所具有的意义,是法对人的满足,也是关于法的绝对超越指向①。法律原则是贯穿于法制全过程的灵魂指引和根本准则。厘定农村民间法律规制的理念、价值和原则,对科学制定相关法律规制的具体规则起着不容忽视的重要作用。

一、农村民间金融法律规制的理念厘定

各国实践表明,包容性金融在促进金融改革与发展、维护金融体系稳定、消除贫困、保护金融消费者等方面具有积极的作用。包容性金融核心理念包括:和谐、共享、公平。

(一) 金融和谐理念②

和谐思想是人类共同的原始思维,和谐理念深刻影响了法律思想和法律制度。和谐理念是社会主义核心价值观中的和核心要素。

1. 金融和谐理念的内涵

法律理念诉求与社会需要是相一致的,社会需要决定着法律价值观念的更新。在全球化与现代化不断发展的今天,我们面临着社会冲突加剧、社会结构内在冲突、法律制度全球化等诸多问题,因此,构建和谐社会成为时代的主题,与此相应,和谐成为法的理念追求。一般认为,和谐作为法的理念,具有以下基本特征:第一,和谐是一种配合适当、协调有序的理想状态;第二,和谐是一种功能多样的动态平衡。和谐是众多个体不断融合的状态组成,是一种动态的平衡;第三,和谐是一种涵盖周延的目标系统,包括人的和谐、社会的和谐、自然的和谐,以及人与社会、自然的和谐;第四,和谐是一种亦真亦善的审

---

① 卓泽渊著:《法的价值论》,法律出版社 1999 年版,第 10 页。
② 张燕:《论农村民间金融监管和谐价值理念——基于当前金融生态失衡的视角》,载《法学论坛》2009 年第 9 期。

美旨趣。如果说自由、正义、效率代表着真与善，秩序代表着美，那么和谐则代表真善美的统一。因此，和谐作为法的终极理想，是法的秩序、自由、正义、效率等价值的有机统一体。

金融和谐是指在国家整个金融体系中各种金融要素全面发展、协调发展和可持续发展，金融资源配置合理，金融运行良好，金融发展态势处于和谐之中。金融和谐广义上指整个金融体系的和谐，包括国内金融和谐和国际金融和谐，狭义的金融和谐仅指国内金融和谐，包括正规金融为部的和谐，正规金融与民间金融之间的和谐以及民间金融内部的和谐和由二者构成的整个金融体系的和谐。本书采用狭义之说，认为金融和谐作为一种社会运行与发展的先进的理念，其作用体现在多个侧面。

（1）金融和谐的静态侧面

金融和谐是一种相对的静态的和谐。如果金融生态与其所处的特定社会历史环境相吻合，则称之为金融和谐的静态平衡。率先将生态概念引申到金融领域的是周小川行长，金融生态主要是指各种金融组织为了生存和发展，与其生存环境之间及内部相互之间在长期密切联系和相互作用过程中，通过分工、合作所形成的具有一定结构特征，执行一定功能作用的平衡的系统①。从金融生态的角度看，维护金融安全的基本要求就是保持金融生态的平衡状态。

（2）金融和谐的动态侧面

金融和谐又是一种动态的可持续发展的和谐。任何事物都是一个变化发展的过程，金融也不例外。在这个瞬息万变的经济世界，金融受到各种因素的影响，其表现就是或轻或重的金融危机。要达到金融和谐，即要化解金融危机，将各种不利影响降低到最小程度。"可持续发展"强调资源对于人类经济和社会发展的制约和制衡作用，其基本思想是保持人口、资源和生态环境与社会经济的长期协调发展。金融可持续发展是指，金融活动自身的可持续发展和对实体经济可持续发展的支持，即实现一国或一地区货币金融体系的效率、安全、公正的价值目标，从而推动国民经济的可持续发展。国内金融发展的和谐强调的是国内金融发展的可持续性，作为规范国内金融的法律制度应当为金融的发展起到促进、保障和规范的作用，而这些作用体现在实现国内金融发

---

① 徐诺金：《论我国金融生态若干问题》，载《金融时报》2005 年 1 月 11 日。

展的和谐这个最终目标。

2. 金融和谐理念与法价值的内在关联

一方面,和谐理念能够促成效率价值的实现。和谐作为一种关系良好的状态,不仅有利于将各社会主体的资源充分运用到社会生产和生活当中,同时也有利于减少社会摩擦和纠纷,避免了暴力或诉讼方式所需耗费的资源;和谐作为一种涵盖周延的目标系统,强调社会的全面发展、协调发展和可持续发展,从而实现效率的良性提高;和谐作为众多个体不断融合的动态平衡,强调"以人为本、促进人的全面发展",从而使人的潜在价值得以实现,直接的结果即为生产力的发展和生产效率的提高。和谐社会蕴涵着人们的共同富裕与社会资源的富足,而效率的提高则有助于夯实经济基础,为和谐提供物质保障。

另一方面,和谐理念规范引导着法的安全价值,安全构成和谐的前提和基础。从和谐与安全的内涵上来看,安全更多强调一致性与稳定性,和谐则更多关注协调性。和谐作为人类的共同理想,根源于人的精神需要,安全则根源于人的基本心理需要,因而和谐成为人的终极价值追求,安全仅仅构成法的基本价值。因此,和谐作为法的价值,不能够被其他的价值因子所包容,必须与其他价值因子相并列,其间相互补充、相互印证,共同成为法律规则和法治社会的目标。

（二）金融公平理念

包容性金融理念提出建立更为公平的金融环境,强调的是金融资源获得的公平。公平是指人与人的利益关系及其调整利益关系的原则、制度、做法、行为等是否合乎社会发展的需要。"效率优先、兼顾公平",是在改革开放以后,针对传统计划经济体制下的弊端提出来的,包容性金融的理念旨在修正这种"效率先于公平"的偏差。

我国的城乡二元结构导致农村金融资金不断外流。一直以来对农村民间金融的规制在某种程度上形成金融压抑,对农村民间金融的规制问题上存在歧视性政策,同时由于我国农村正规金融机构贷款手续复杂且审核严格等原因,并由此带来资源配置的效率损失,而农民的金融需求远远高于金融供给。因此农民的基本生存或生产均依赖于农村民间金融,但由于其利弊共存,在给农民带来便利和帮助的同时,也隐藏着较大的风险。没有规范的农村民间金融会损害金融安全价值。农民的金融权因此难以得到相应保障。因此确立金融公平意识,贯彻公平原则首先从金融资源分配开始。国家在进行金融资源配置的过程中要以公平为价值理念,在贫富差距过大的情况下,更要坚持"公平优先,兼顾效率"的原则,充分彰显包容性金融理念中的核心要素"公平",对农村民间金融解除不合理约束。引导更多的金融资源投向广大的农村地区,让农民的金融权利得以实现,享受本应享受的由此产生的金融利益。

(三)金融共享理念

在当代金融法治形态下,普惠金融成为金融社会化后的必然要素。在金融社会化背景下,金融服务已成为一种公共产品,金融已不是普通大众的被迫需要,而是普通大众的主动需要。金融也不再是少数富人的游戏,而是社会生活的基本需要。金融活动的意义和目标不再局限于交易活动,应上升到社会全面协调发展、为普通大众创造福利的高度①。普惠金融是一种与包容性发展理念相契合的金融形态,其具体表现为:给予普通投资者广泛的金融参与机会,使更多的投资者获益;使金融成为穷人脱贫的助力和收入分配的调节器;金融应当基本的社会公平,破除金融发展成果少数人享有的局面;金融发展成果应惠及整个社会,由所有社会成员共享金融发展福利。② 普惠金融则充分体现出金融共享理念。其可化解城乡金融发展不均衡加剧的矛盾。农村地区存贷比持续下降的趋势,使本就资金短缺的农村地区,不但难以获得来自城市的资金支持,而且自有资金外流的规模仍在不断扩大,这一现象严重加剧了农村资金供求和城乡金融发展失衡的状况。阻碍农村经济发展。

我们要秉持"共享"的理念,通过制度建设,完善金融资源投入,健全激励和保障措施,构建风险补偿和分散机制,使金融发展的成果能真正惠及农村地区,运用到"三农"领域,有效解决"三农"问题,实现城市支持农村、工业反哺农业的政策目标,切实改变城乡金融发展不均衡的状况,促进城乡金融和区域金融的平衡协调发展,践行普惠金融理念。

---

① 冯果、袁康:《社会变迁的视野下的金融法理论与实践》,北京大学出版社 2013 年版,第4—5 页。

② 焦瑾璞、陈瑾:《建设中国普惠金融体系:提供全民享受现代化金融服务的机会和路径》,中国金融出版社 2009 年版,第 34—36 页。

二、农村民间金融法律规制的价值取向[①]

美国法学家罗斯科·庞德(Roscoe Pound)认为:"价值问题虽然是一个困难的问题,它是法律科学所不能回避的。"[②]法律价值是法律制度的一个基本要素,它的内涵远远超过具体法律制度的构建,反映出人们对美好社会秩序的追求和向往[③]。"价值"一词被广泛应用于哲学、经济学等各个学术领域,学者们对价值的概念有多种认识,事物的价值是事物固有的特性,是一种客观存在。价值虽然具有客观性,但它又与人们受一定社会历史条件所制约的需要、利益、兴趣、愿望密切相关,因此我国农村民间金融法律制度价值既应该反映农村民间金融活动的根本属性,也应该符合当代农村民间金融活动主体的需要、利益、兴趣、愿望等主观要求。因此本研究认为我国农村民间金融法律规制价值取向应当体现在以下方面:

(一) 效率与公平和谐统一的价值

效率是成本与效果的比较,是指时间、精力和资源花费的多少与结果好坏之间的关系。经济秩序的效率表现为经济体制是否法律化;能否根据现实社会发展提供的条件,通过法律制度合理分配经济权利,保障公民经济利益。通过不同经济体制的比较,分析其对于社会的影响,可以衡量不同经济秩序的效率。如果某种经济秩序在道义上有优势,在效率方面却落后于其他秩序,就可能会削弱这一经济秩序。目前,我国农村金融秩序正转向现代金融秩序,传统的金融秩序松动,现代金融秩序还没有完全建立起来,与此同时,作为农村金融重要组成部分,尽管农村民间金融秩序还没有完全建立起来,但从已运行农村民间金融的运转效率来看是非常高的,这主要还得益于农村民间金融的自身内生性、灵活性、低成本性等特点。但是盲目追求民间金融的效率会威胁农村经济安全,从而威胁整个农村金融的公平发展。

但效率与公平和谐统一的价值告诉我们,效率与公平的互补性表现在:首先,公平有利于效率的提高,可以给效率提供充足的动力源泉和保证。因为效率的提高只有在结果相对平等的条件下才能持久。公平要求在实现机会平

---

① 高翔:《我国农村民间金融法律制度研究》,华中农业大学 2006 年硕士学位论文。

② 庞德:《通过法律的控制、法律的任务》,沈宗灵、董世忠译,商务印书馆 1984 年版,第 55 页。

③ 胡启忠、高晋康:《金融领域法律规制新视域》,法律出版社 2007 年版,第 71 页。

等、过程平等的同时,实现一定程度的结果平等,这就必须依靠国家政治制度的规定和保护,同时使法律所规定的各项平等权利得到落实,这些必然能促进效率的提高。虽然社会基本结构中的不平等是不可避免的,但是追求公平不是追求绝对的平等,公平是导向社会和谐的恰当比例关系,因此对个体自由进行一定程度的限制,节制或禁止某些行为可以促进整体效率的提高;其次,从一定意义上说,效率是获得有意义的公平的最佳途径,只有在一定效率基础上的公平才是实在的人人可以享受到的公平。因此坚持农村民间金融法律制度中效率和公平的和谐统一,就是要求首先,通过法律制度建立公平的竞争环境,使每个人都有公平享有民间金融资源的机会;再次,保障有效的民间金融竞争环境,促使农村民间金融有效率的运行;最后,当发生金融市场危机,建立保障机制,确保民间金融迅速恢复的能力。

(二) 自由与秩序和谐统一的价值

法律的自由价值至少有字面、哲学、法学三个层次上的含义。从字面上看,无论英语中的"freedom"和"liberty",还是汉语中的"自由",它的意义都是"不受拘束";从哲学层面讲,自由意味着对必然性的把握和对客观规律的认同;就法学意义而言,自由指的是在国家权力允许的范围内活动。这三方面的含义是相互联系着的,要想获得自由,就必须向客观规律认同,而社会生活的客观规律就是,人必须过有组织的社会生活,必须受社会秩序的制约,所以,人不可能彻底摆脱拘束,只能以忍受一些拘束为代价而获取相对不受拘束的生活,因而自由永远是相对的。现实中人们总是通过制订规范、建立秩序来确定自由,所谓"法不禁止即是自由"就是这个意思。当人们一提到自由,不应该只想到"任意"而不想到"限制"。一般认为,对自由的限制包括以下几个原则:(1)基于社会生活条件的限制而限制自由;(2)为了社会及他人的利益而限制自由;(3)为了行为人自身利益而限制自由;(4)为了各项自由的协调而限制自由①,可见自由从来就不意味着无拘无束。如果说它是一种"任意"的话,也只是一定条件下、一定范围内的任意,是被秩序肯定和保护的任意,而不是为秩序所否定的任意。自由这一价值在当代越来越受重视。农村民间金融

---

① 张燕、潘胜莲:《论农民金融权益的保护及其发展——以农业保险为视角》,载《广西政法管理干部学院学报》2009 年第 4 期。

是随着商品经济的产生而产生,并伴随着商品经济的发展而发展,具有乡土信用和"草根金融"的特点,因此对自由具有固有的偏向,是建立在遵守传统文化中诚信的基础之上。

对于法律的秩序价值。冲突论者对秩序的界定有两个:一个认为秩序是"人与人之间和谐的有条理的状态",一个认为秩序是"人和事物存在和运转中具有一定一致性、连续性和确定性的结构、过程和模式等"①。这两个定义对我们都是富于借鉴意义的,它们都很好地揭示了秩序的特征。此处我们也不妨给秩序一个解释,尽管不像定义那样严格,却可以帮助我们理解秩序的含义。我们认为,所谓秩序,就是事物组织化的状态。具体到农村民间金融的秩序,就是农村民间金融活动存在方式。而法律意义上的农村民间金融的秩序是人用来防止无序的主要手段。那么,秩序就成为农村民间金融法律最基本的价值之一。法律之所以可以带来秩序,是因为秩序本质上是让人们的行为和谐与合乎规律,并以此达到社会关系的有序状态。法律的特征正好符合有序化的内在规定性,法律自产生之日就是无序的克星。法律可以防止无政府状态和专制政府的暴政,可以将有序关系引入人们的交往之中,并给人们如何正确行为提供一种标准、规则和尺度。

实际生活中,自由与秩序价值常常存在冲突,这种冲突是人们理想的自由与现实可能获得的自由之间的冲突,而自由对秩序的反叛实际上是对秩序中不合理因素的反叛。当这种冲突发生时,法律要么应该致力于把这些冲突限制在一定的范围内,避免冲突过于激烈而对秩序造成破坏,要么改变目前的秩序,使形成的秩序有助于其它价值的实现。目前我国农村民间金融法律制度对其活动中建立抑制的秩序,而这种抑制的法律秩序对农村民间金融的合理发展起到了阻碍作用,因此在构建我国农村民间金融法律制度时,应当改变目前的法律秩序,使农村民间金融实现自由价值与秩序价值和谐统一。

三、农村民间金融法律规制的原则要求

法律原则作为法律的精神和价值,是整个法律制度的基础。农村民间金

① 刑会强:《金融危机治乱循环与金融法的改进路径——金融法中"三足定理"的提出》,载《法学评论》2010 年第 5 期。

融进行法律规制应体现现代金融法的价值追求，建立倾斜性保护农民金融利益，促进农民金融权有效实现，其根本保证在于实行差异化和激励相容性规制。

（一）农民金融权益倾斜性保护原则

亨利·梅因（Henry Maine）在总结西方法律与社会变迁的轨迹时曾断言，"所有进步社会的运动，到此处为止，是一个"从身份到契约"的运动①，然而，就当下情势而言，现代法律的发展却经历这"由契约到身份"的某种复归，其典型的标志是一系列"实质正义"的价值取向的所谓"身份性"法律的出现，对弱势群体权益进行倾斜保护则是其中一种体现。

在现代社会，金融发展需遵从金融"三角定理"，即在金融安全、投资者利益和金融效率之间寻求平衡②。如果说传统的金融法以效益性、安全性、流动性为其价值旨归，那么当代的金融法就不仅限于这一目标，金融消费者的保护已成为当代金融法的一个重要价值追求以及金融体制改革的一个重要指导思想。保护金融消费者权益，特别是针对农民这一特殊金融消费群体的金融权利的保护显得尤为重要。农村民间金融属于典型的弱势金融范畴，它服务的对象大部分是正规金融无法覆盖的人群，对这些人群中的主要代表农民理应进行倾斜性保护。正如《正义论》作者当代美国著名伦理学家约翰·罗尔斯（John Rauls）提出：坚持平等原则与差别原则是正义的必然要求。平等原则是正义的第一原则。即应将机会向所有人开放；差别原则是正义的第二原则，为了实现真正的公平，该原则又吸收了补偿原则的内涵，即为了对先天弱势群体实施公正，有必要对其实施倾斜性的补偿①。又如罗尔斯所指出："某些法律和制度，不管它们如何有效率和安排有序，只要它们不正义，就必须加以改造和废除。"农民没有金融服务的支撑，在市场经济中一直处在弱势群体，从农业生产到生活，再到医疗、教育、社会保障等方面都受到了一定程度的限制。这种不均衡导致的结局是进一步加大城乡贫富差距，影响社会公平。

穆罕默德·尤努斯（Muhammad Yunus）教授认为金融权利是人权的一种，我国的理论研究中从法哲学理论的角度把人权分为应有人权、法律人权、

---

① ［英］亨利·梅因著：《古代法》，沈景一译，商务印书馆1959年版，第89页。

② 刑会强：《金融危机治乱循环与金融法的改进路径——金融法中"三足定理"的提出》，载《法学评论》2010年第5期。

现实人权三种,农民的金融权利属于应有人权的范畴①。农民金融权利若被不合理剥夺,则意味着农民作为市场主体的生存权和发展权无法得以实现,这和包容性金融理念相违背,更是和构建以人为本的和谐社会的目标不吻合。理应在此理念指导下制定和完善相应的农村民间金融的法律规制规则,如建立涵盖财政、税收、货币等各项政策在内的优惠政策体系等,坚持扶持性和普惠性,充分保护农民金融权益的实现,促进农村民间金融可持续发展。

(二) 差异化规制原则

农村民间金融的无序发展,要求政府对其进行法律规制。可借鉴巴塞尔银行监管委员会关于《小额信贷和有效银行监管的核心原则》的差异化监管原则,针对农村民间金融的特殊性,应对其进行差异化规制:一方面,应采取差异性分类规制。主要体现在对弱势金融的规制应区别于对其他商业金融的规制,如在规制原则、规制目标、规制指标以及规制标准等方面两者应有差异。如针对农村民间金融就应在财务持续性上予以适当放宽;规划多维度的规制指标体系,取消针对对农村民间金融的不合理政策,采取不同的指标进行考量;另一方面,应采取差异性分层规制。由于农村民间金融形式较为多样,性质有所不同,风险水平也不一样,而且发展程度不同,存在地区性差异,对规制的需求也有所不同,因此应适度规制弱势金融,应对其持包容性态度给予其更大的生存发展空间。在放松、鼓励发展的前提下,根据处于不同层次的农村民间金融进行相匹配的差异性分层规制。

许多国家和地区的农村民间金融制度安排均隐藏着法律规制民间金融的界限。"民间"和"非正规"都意味着法律在此领域应保持最小的干预,这是社会对民间金融的期望和对法律的要求,不仅受法律规制的农村民间金融以自由为基础,于农村民间金融的特性,针对而大量非组织的影响较小的民间金融形式或活动则无需以专门法律规,基于农村民间金融的特性,仅需加强借贷合同中注册登记环节的法律规制;注册登记给政府及时准确掌握民间金融交易的规模以及发展的动向提供了便利,也可以为国家宏观经济决策提供可靠数据。对那些已经形成了较为成熟的运营机制且运营良好的民间金融主体政府

① 张燕、潘胜莲:《论农民金融权益的保护及其发展——以农业保险为视角》,载《广西政法管理干部学院学报》2009年第4期。

应减少行政干预,适时加以引导和监控即可。对有组织形式的一些货币服务机构或民间金融机构的金融活动,地方政府和金融监管部门要依法加强监督和引导。而针对对社会影响具有较大影响的全国性的组织形式的民间金融,法律应予以调整。应明确农村民间金融监管对象,在具体做法上,应实行登记备案制度,监管部门对达到标准的农村民间金融机构颁发执照并详细登记备案。由于农村民间金融在我国不同的区域具有不同的发展形式和程度,其主要原因在于其社会习惯、经济状况和信用发展水平等因素存在区别。应尽力满足不同层次的借款主体的不同要求,允许各种不同的层次和位阶的农村民间金融组织形式共同存在于一定区域范围内共同存在。因此,应构建多元化规制主体体系对农村民间金融进行有效的差异化规制。

(三) 激励相容规制原则

在某种程度上,金融制度存在的主要目的即解决信息不对称情况下的激励问题,降低交易成本。诺斯提出:"制度构造了人们在政治、或经济方面发生交换的结构。制度确定和限制了人们的选择集合,包括人类用来决定人们相互关系的任何形式的制约。这种制约既包括人们所从事的某些活动予以禁止的方面,也包括允许人们在怎样的条件下可以从事某些活动的方面,它完全类似于一个竞争性的运动对中的激励规则"①。美国教授威廉·维克里(William Vickrey)和英国教授詹姆斯·米尔李斯(James Mirrlees)提出"激励相容"理论,主要用于解释委托代理关系中的激励问题,其内容可以概括为:由于代理人的目标函数与委托人的目标函数不一致,加上存在不确定性和信息不对称,代理人的行为有可能偏离委托人的目标函数,而委托人又难以观察到这种偏离,无法进行有效监管和约束,从而出现代理人损害委托人利益的现象。将这一理论进一步用于金融监管,可以延伸出金融监管意义上的激励相容,即制度所涉及的各个成员的效用最大化与该项制度的总体目标保持一致的状态,也包括成员之间的效用最大化一致的状态。为更准确地表达制度的现实效用,从而可以引入激励相容度的概念,即成员目标与制度目标一致程度②。农

---

① [美]道格拉斯·诺斯:《制度、制度变迁与经济绩效》,刘守英译,上海三联书店1994年版,第4—5页。

② 吴军、何自云:《金融制度的激励功能与激励相容度标准》,载《金融研究》2005年第6期。

村民间金融引入"激励相容理论",主张以利益诱导和的温和的激励方式进行经济性规制。通过给予农村民间金融自治权,激发其内在积极性和主动性,强化行业自律的作用,激发自主性以降低规制成本;激励相容的制度安排可使每个"经济人"在追求满足私利的同时也可使相应的社会目标得以实现。如果经济机制是不激励相容的,就会导致个人行为目标和社会目标不统一,极易出现"上有政策,下有对策"的现象。结果使得金融制度不能发挥出应有的作用,难以实现规制目标。通过正向激励作为规制引导,对于合规行为进行物质和精神的双重奖励,物质奖励包括财政补贴、税收优惠等,精神奖励包括授予较高的星级信用等级等,以实现"权利软化"的温和规制效果。通过负向激励作为规制保障,建立严厉的惩戒机制,对不合规行为进行严厉惩治,维护金融秩序,营造良好的金融生态环境。在市场失灵与规制失灵并存的情况下,引入激励性规制体现市场化导向,提高了法律目标与主体行为的目标一致性,为民间借贷法律规制的有效实施奠定了伦理基础,减少来自公众质疑正当性目标而产生的社会阻力。通过激励性法律规制具备更加有效地治理功能,优化激励性法律规则成为我国民间借贷法律制度完善的基本方向。应当维持市场自治与国家干预平衡、市场开放与政府规制平衡的状态,建立规制机关与借贷主体在非完全信息条件下的合作博弈制度,确立差异化、多样化的规制机制,构建激励性法律规制的基本框架[①]。比如,2015 年实施的《最高人民法院关于审理民间借贷案件适用法律若干问题的规定》确立了对民间借贷利率的分层规制,改变对民间借贷利率单一控制的规制模式,是激励性法律规制的重要展现。

第二节　塑造农村民间金融"四位一体"多元化规制主体体系

对于任何一个国家,金融监管机构的设立对于金融监管都是最为重要的,依据我国农村民间金融的特殊性,建立农村民间金融的自治机制,塑造农村民间金融的多元规制体系。即政府规制、行业自律、农村民间金融自我约束、司

---

① 　岳彩申:《民间借贷的激励性法律规制》,载《中国社会科学》2013 年第 10 期。

法干预并重的"四位一体"多元化规制主体体系,只有形成四者互相配合的规制体系,才能取得最佳的规制效果。

一、农村民间金融之政府规制

政府规制是指政府依据法律法规对市场活动所进行的规定和限制行为。日本学者金泽良雄认为,政府规制是以市场机制为基础的经济体制下,以矫正、改善市场机制内在的问题为目的的政府干预和干涉经济主体活动的行为。

政府管理部门包括主要包括人行、银监会、地方金融管理局、金融管理办公室等。为实现有效规制,应明确各规制主体的职责范畴,建立阶乘分层规制与区域规制系统。

人行总行应厘定规制原则和制定具体规制规则和办法,制定指导民间金融组织发展的货币、信贷和利率范围政策。健全农村民间金融风险预警机制,制定金融公共突发事件应急预案。使政府及时向民众做出风险提示,并提出规避风险的建议。建立对农村民间金融市场的监管机制,密切关注农村民间融资动向,定期搜集其活动信息。健全监测指标体系,扩大监测网点,以便对农村民间金融的融资规模、资金流向、利率变动等情况有宏观把握。加强对农村民间金融活动的监测和管理,防范农村民间金融系统性风险。

人行分行应结合区域内经济发展与农村民间金融发展具体情况,根据区域内利率水平、资金投向、农村融资、企业融资、活跃程度等,在总行制定的相应政策范围内容制定本辖区内的具体规制实施细则和监督方案。目前我国一些地方的人行分支机构已经建立了地方民间借贷市场监测系统,开展定期的利率月度监测和不定期的专题监测,为民间融资的利率水平和发展趋势提供实时信息。而地方金融管理局和金融管理办公室则应对本地区的民间金融组织的业务活动进行监控、汇总、分析,并将监管信息和风险情况上报辖区内金融管理机构,最后上报人行总部,以预防区域风险。

同时,应依据农村民间金融的特征,针对农村落后地区的互助无息个人间的民间借贷,无需予以规制,主要指我国西北一些地区;针对涉及部分地区的有息民间借贷,则应密切关注,加以引导,主要指我国中西部的一些地区;针对具备一定规模的具有较强影响力的组织化的有息民间借贷,应将其纳入法律规制范围,主要指我国东部经济发达地区。

通过这种梯级分层规制与区域规制相结合的规制系统,更及时、合理地对全国范围的农村民间金融活动进行有效规制。

二、农村民间金融之行业自律

回顾我国的金融发展史,农村民间金融早就存在某些约定俗成的行业自律规则,这是农村民间金融行业自律管理的传统基础。随着农村经济的发展,各种农村民间金融组织层出不穷,其质量良莠不齐,整个行业亟待规范。重视民间金融行业自律组织的培育和发展,发挥其在金融监管中的重要作用,可以形成政府监管与行业自律的良好互动。国际金融规制的经验表明,行业自律是金融规制的重要辅助工具,也是金融主体利益代表和利益表达的重要载体。

由于政府资源有限,规制成本高,根据行业特性由利益导向机制和行业自律组织制定行业内规范,把大量约束平台及参与各方的具体工作交给行业自律组织去做,可充分发挥市场自律的作用。

农村的民间金融活动分散、隐蔽且流动性强,政府难以进行有效规制。而行业自律正好弥补政府监管的这一缺陷。行业协会具有天然的公共治理属性,特别是农村民间金融的地缘性和熟人关系网的特征,使行业协会在其行业领域内实施金融自治权有着明显的优势。加之,农村民间金融强调自由的特点,行业自律符合这一价值取向。因而应建立农村民间金融的行业自律性组织,以自律公约的形式调整行业协会各成员之间的关系。行业自律组织是行业发展必不可少的发展基石,纵观各种成熟的行业领域,都建立自己的行业自律性组织,为行业内的成员服务,制定行业规则来引导行业发展,同时农村民间金融信任机制的建立也需要建立相应的民间金融行业自律性组织。作为民间金融的监管机构,自律性组织可以制定同业公约,建立行业信息共享机制、授信共享机制和联防机制,协调好各方关系、搭建监管机构和金融机构之间的信息沟通平台,从而有利于监管当局实施宏观金融管理,协调维护有序的金融秩序。

随着行业自律组织的形成和公信力的提高,在相当大的程度上是行业所特有的个人与行业之间互动的结果。从世界各国的经验来看,合作金融管理体制普遍采取以基层合作组织的民主管理为基础,金融管理局的金融监管和行业自律管理相结合的模式。同业协会应由民间金融机构自发组成,是一个具有自我管理、自我服务、自我约束的民间组织,其主要职能是作为民间金融的代言人,维护金融机构的政策利益,制定合作金融的相关规章制度进行自我约束,加强对失信行为的监督和处罚力度。如个人受雇或加入到民间金融行业,需要接受行业训练,加入某个专业领域需要有专业资格,有的还需要有行内有地位者的引荐和行内专家的认可,所有这些都是为了在最大程度上筛除民间金融行业"信任"或"不值得信任"的候选人。入行是个人对行业的承诺,承诺遵守它的规则,维护它的尊严。接受入行是行业对个人的承诺,承诺他在行内的权利和应得的关照。有行内人士对行业的承诺,才有行业对社会的承诺;有行业对在行人员的信任,才有社会对行业的信任。在此基础上建立起行业与社会成员的承诺和信任关系。

农村民间金融的健康发展需要建立行业自律组织,在规范引导民间金融健康发展的同时,也要不断完善行业自律规范,加强行业协会自律监管,出台一些相应的处罚措施,针对不同程度的失信行为,制定不同的处罚措施,严重者可以被驱逐出市场,并且公示,告诫人们谨慎与其交往。承担自律监管和风险警示职能,以提高整个行业的风险管理水平。

三、农村民间金融之自我约束

由于缺乏健全的市场和法律等要素相沟通,目前农村民间金融的信用系统局限在局部的圈子里。由此决定了农村民间金融只能在一个个窄小的区域内独自存在,无法形成跨越局部的建立在一个个系统上的上层组织。这样,农村民间金融就始终处于非正式、不规范的状态中①。我国农村大部分地区基本上属于传统社区,农户的流动性不大,人们之间的接触较为频繁,传统的道德约束较强,农户之间的信贷契约具有人格化交易的特征,可以充分利用个人信任和交易者社会规范等履约机制降低交易成本,但是,如果民间金融组织随着规模的扩大放松其地域限制,成员数量必然大规模增多,则其借贷的信息成本、管理成本都会不断上升,其边际贷款成本也必然上升,民间金融相对于正规金融的优势就会不再明显。而此时的民间金融机构必定和正规金融机构一

---

① 冯兴元、何广文等:《试论中国农村金融的多元化——一种部知识范式视角》,载《中国农村观察》2004 年第 10 期。

样,开始谨慎选择客户,规避风险,进而转变为类似正规金融机构的组织。因此,农村民间金融机构的发展趋势受到其自身运作的影响。

对农村民间金融自身管理而言,小额信贷的发展哲学强调民间金融机构自身的自律性与对金融伦理规范的尊重。民间金融机构的最大资本,不是其拥有的资本金规模,而是其市场信誉,实际上这也适用于一切金融部门和私人企业部门。民间金融机构在信贷市场上遵守基本商业游戏规则和国家政策法规,塑造守信与规范经营的形象,是其业务不断拓展的重要基础。小额信贷机构对金融伦理原则的认同与维护,不仅是一种职业道德要求,更是自身长远发展的要求,这就意味着小额信贷机构更要克服其机会主义与短期行为倾向,着眼于长远的发展,注重自律和谨慎经营。小额信贷作为农村民间金融的一部分,其发展哲学是相通的①。农村民间金融要达到可持续发展,必须完善其组织和机构的管理制度。长期以来,农村民间金融游离于国家金融监管体系之外,其自身的经营管理不规范,有的甚至十分混乱。农村民间金融组织自身要加大改革力度,通过建立和完善信用制度、管理制度、业务制度等促进农村民间金融组织规范化。

在我国农村民间金融发展过程中,离不开家族关系和家族信任。同时,依附于计划经济体制和乡村集体经济的传统社会信用体系衰减,而适应市场经济需要的新的社会信用体制尚未建立,从而使我国乡村信用环境呈现出社会信用缺失,家族信用强固的特征。家族信用成为现今乡村农民家庭开展生产协作和生活互助的主要依靠,所以地下钱庄和区域内的信用表现比较良好,这成为它发展的关键因素。经过长期的高速发展,我国农村民间金融机构已达到了一定的规模,但家族模式依然是大多数民间金融机构的主要特征,而由此产生的家族制问题,已越来越阻碍农村民间金融机构的进一步发展。同时,农村民间金融机构的正规化和理性化趋势也要求其突破家族界限,主动放弃家族控制,引入社会人才资本。但是,在家族关系和家族信任中成长起来的农村民间金融机构,其经营权或所有权的让渡又面临着很大的风险,如经营者的能力、责任问题。因此,农村民间金融机构的发展存在内部信任机制问题,因而如何建立内部信任机制,让农村民间金融机构放弃家族信任,向现代企业制度

---

① 王曙光:《小额信贷:民间力量唱主角》,载《中国经济周刊》2006 年第 12 期。

转变是农村民间金融发展中需要深入探讨的问题。因此,完善农村民间金融机构治理结构,建立内部信任机制,是当前的要务所在。

从史实上来看,我国并非在文化传统上先天缺乏"信任"。如明清时期,国内的最大商帮晋商的管理方法就是证明。晋商的活动遍及欧洲、日本、东南亚和阿拉伯等国家。在商号经理聘用方面,大胆将资本、人事全权委托经理负责,对一切经营活动并不干预,静候年终决算报告。由于财东充分信任经理,故而经理经营业务也十分卖力①。针对专业领域或行业内的信任,按形成机制来说,一般不只是建立在权力上下级关系上,同时还有它们自己的信任标准,如能力、责任心、关爱和可靠等。以民间金融组织的股东、经理及下属工作人员为例,要加强信用思想的学习,增强信用意识,用诚信经营理念来指导和约束自己。一方面民间金融的资本要充裕,另一方面股东要信任经理,经理要信任下属,全体人员互相信任,诚信经营,这样会为组织创造更多的财富,扩大资本金,信用也会随之扩大。金融从业人员应当增强金融伦理素质和自律意识。把握好义利观要在义的前提下适当地追求合法的利益。

农村民间金融机构的内部信任机制建设并不仅仅是其内部信任文化的建设问题。而是体现在制度层面上:一是要促进民间金融产权制度的形成与完善。一项有效的产权制度安排和保护,可以激励农村民间金融机构转变组织制度、积极积累社会资本,并使整个农村民间金融获得持久的经济增长潜力;二是要通过建立薪酬激励机制来建立农村民间金融机构内部信任机制。随着农村民间金融的发展,其管理者自身有限的知识使他迫切需要管理、金融、会计、法律等专业人才的参与,但是其不完善的薪酬制度以及待遇标准很难要求专业人才对其信任。所以,建立完善的薪酬机制也是民间金融机构内部信任机制的内容之一。

目前,我国农村民间金融的发展也已呈现出正规化和理性化发展的趋势。因此从这个角度上来说,民间金融的发展趋势也会受到政府尤其是地方政府态度的影响,促使民间融资日趋理性,一方面,中小企业的发展对民间融资的需求日趋旺盛,并能提供较高的投资回报率,从而拓宽民间融资理性选择的范

---

① 冯兴元、何广文等:《试论中国农村金融的多元化——一种局部知识范式视角》,载《中国农村观察》2004 年第 10 期。

围;另一方面,由于大量"倒会"事件和高息案例的警示下,民间金融活动对信誉要求很高,形成特定的民间融资"市场准入"制度,使得民间融资相关主体的风险意识不断增强。农村民间金融自身发展呈现由"低组织水平向高组织水平"方向演进的态势。

四、农村民间金融之司法干预

司法部门的独立性应充分发挥出来,以司法的途径来保护农民金融消费者的权益是一个重要的手段。

基于农村民间金融的层次性,司法部门也应分层规制。对于低组织水平的农村民间金融无需予以法律规制,即使强行纳入规制范畴,由于农村民间金融的市场性,以及对地方惯例和民间风俗的依赖,使得一旦发生纠纷,多数人也会更愿意选择私力救济。反而会浪费立法资源,影响法律实效。而对于高组织水平的农村民间金融,由于其涉及范围广,影响力大,若不予以法律规制极可能损害金融秩序。因此,根据具体情况,如果涉及的问题属于私法范畴,如普通民间借贷纠纷则可适用《民法通则》或《合同法》;如果涉及的问题属于公法范畴,则可分情况加以规制,对公共秩序造成一定影响的,适用《行政法》;对于非法吸收公众存款、高利贷、集资诈骗、洗钱等违法犯罪行为,则适用《刑法》,予以严厉打击和惩治。加之,随着经济的不断发展,各种类型的金融案件不断涌现,这就给法院审理此类案件提出新的要求。在实践中,各地法院运用现有的审判程序来审理此类案件,地方的法院还通过设立金融审判庭等专门化的组织机构来处理金融消费纠纷案件。

应充分发挥地方良性司法的传承作用。鉴于各地区经济、环境、政策等因素产生于民间金融活跃度不一样的客观情况,不可能同步推行民间金融改革政策。这便客观导致了某些地区的"先试先行",通过实际运行,了解具体的实效,并泛化为可复制、可推广的措施,进行大范围推广。对于司法介入民间金融,就江浙一带的实践而言,主要体现为地方性的司法政策和指导性案例。通过司法介入民间金融活动,不仅可完善现有的金融法律体系,同时也可起到事后监管的作用。

因此,建立以中央银行、银行业监督管理机构、金融管理局和金融管理办公室等政府规制为指导,以农村民间金融行业自律组织规制为桥梁,以农村民间金融机构自我约束为基础，以司法部门干预为最后保障的多元规制主体体系，可加强完善农村民间金融内外风险防范系统，以实现对农村民间金融的有效规制。

第三节　硬法规制——正式制度安排下农村民间金融法律制度构建

正式制度是指法律、法规等通过国家的强制力加以实施的制度。从法学角度来看，民间金融的"正式制度安排"意味着对民间金融进行立法或者将民间金融纳入现有法律体系中来①。农村民间借贷是农村民间金融最活跃的形式，几乎一半以上的民间金融是以民间借贷的形式展开的。"硬法"对民间金融规制有所缺失，即民间金融法律制度规范阙如，使得"硬法"实际上难以规范农村民间金融活动，民间金融的发展面临着很强的制度风险，埋下金融安全隐患。"硬法"规制主要针对那些初具规模具有全国性影响力的农村民间金融组织形式或活动。引导其并入法治化轨道。西方发达国家的金融发展史表明，现代金融制度的出现无不是私人金融交易在不同经济、社会制度与文化背景下的内在制度长期演化的结果。但随着金融交易的深度与广度的扩展，政府的制度供给成为必然的需要。大规模的、非人格化的金融交易与金融市场要求更深层次的制度供给②。

本节将结合《贷款通则》的相关规定从产权、市场准入、金融监管、利率、金融组织内部经营管理以及市场退出的视角来探讨农村民间金融具体法律制度构建，旨在形成新型城镇建设中法律制度的完整体系，同时针对《贷款通则》提出完善相应制度的对策建议。

一、法律对互助性民间金融组织的适当调整

互助性民间金融作为民间自发的金融合约安排，其设立和发展都依赖于成员之间的个体信用，其运行缺乏有效的保障机制，非正式规范虽然能够调节

---

① 张燕、吴正刚：《我国农村民间金融发展的法律困境与制度选择》，载《大连理工大学学报》2010 年第 2 期。

② 张杰、尚长风：《我国农村金融结构与制度的二元分离与融合：经济发展视角的一个解释》，载《商业经济与管理》2006 年第 5 期。

其内部权利义务关系,但作为一种建立在熟人关系基础上的金融形式,其交易成本包含信任关系的维护以及信任错误时"倒会"的危险。所以,作为非正式规范的补充,法律应当对互助性民间金融做适当调整。

法律对互助性民间金融的调整主要表现在民法上,因为民法是与非正式规范最为接近的法律,民法的"私法自治原则",不是否定非正式规范,而是充分尊重非正式规范。虽然民法尊重惯例和习惯,一般不会凌驾于非正式规范之上,但如果民间金融组织侵犯公共秩序,违反了强行法,危害组织成员的总体福利最大化,民法自然需要否定非正式规范而责无旁贷地维护社会秩序的责任。民法对互助性民间金融组织的调整主要表现以下三方面:一是互助性民间金融组织的备案制度。在互助性民间金融组织成立时应当由其负责人或召集人就组织成立的相关信息进行备案。备案的具体内容应当包括成员的地位与责任、成员信息、资金运用等一些基本信息,同时出现影响互助性民间金融组织运作的特定事项时,应当向相关管理部门作出备案。例如出现超过标准的利息等情况,应当单独进行申报,并出具相应担保手续已经办理的证明①;二是侵权责任制度。互助性民间金融组织以增进成员福利为目标,如果有成员取得资金后卷款潜逃或以其他诈欺手段侵害其他成员权益,造成损害的,应对其他成员负侵权损害赔偿责任;三是责任担保制度。互助性民间金融组织的成立和发展都依赖于个人信用,所以在组织的发展过程中要求成员遵从最大诚信的原则,成员都应当坚守诚信,不能做有损于其他成员利益的行为。互助性民间金融组织的负责人承担对于组织的运作其已经尽到诚信的义务的举证责任来促使会首保持高度的诚信,以确保互助性民间金融组织的顺利运转。所以信用的维护就显得尤为重要。为了确保信用维护的可操作性,互助性民间金融组织成立时,应建立相应的担保制度或者保证金制度,来避免出现信用问题无人负责的情形和恶意卷款的事件发生。

二、确立农村民间金融私人产权制度

农村民间金融需要产权保护制度作为规范化发展的保障,也就是说,要真正实现民间金融经营规范化、管理规范化,其根本途径在于产权改革,建立健

---

① 叶海平:《金融安全视角下合会法律规制研究》,西南财经大学 2007 年硕士学位论文。

全合理的产权制度,实现社会公众的财产权利得到有效的保护。

(一) 私人产权保护制度供给的必要

若私人的产权得到保护,民间金融存在的法律地位就可以找到确立的依据,才可能真正得到法律的保护。只有私人产权保护制度的存在,个人集资入股而组成的民间金融机构的产权保护才能够落到实处,投资的所有者间的权益才可能真正明确,股东行使所有权在理论和实践中才具有可操作性。对于农村民间金融组织中具有合作性质的基金会、金融社,私人产权保护制度是减少其内部人控制的有效制度供给条件。在此框架下,民间金融组织内部可以形成权责明确、约束有效的治理结构。因而民间金融组织经营的风险约束机制的形成则自然生成,农村民间金融组织内部的制度化也逐步跟进,最终实现农村民间金融组织从不规范向规范的转变。

(二) 私人产权保护制度供给的重点

我国的私人产权保护制度供给的重点在于防止和减少政府,即现实中的行政部门对私人产权的侵犯。一般而言,私人间常发生产权侵犯,在特定的时期,发生频率还很高,但民间成员之间的产权侵犯相对于政府对民间成员产权的侵犯而言,其损害程度要小得多。私人间的产权侵犯,可以诉诸于法律,政府也可以通过社会舆论、暴力机关对侵权者施加压力,从而达到约束的目的。但如果是行政部门代表的政府和国家,通过行政指令侵占私人产权,情况则往往不同。政府在整个社会经济体系中是唯一掌握规则制定和掌控执法机关的主体,居于超脱的地位,这就可能出现行政部门改写规则的现象,而法院、警察、军队等执法机关却都视而不见,从而名正言顺地侵犯私人财产。这是产权保护制度供给中必须注意的问题。只有解决好这一问题,产权保护制度的实施才会得到保障,也才能实现产权保护的最终目的。

三、规范农村民间金融市场准入制度

农村民间金融规范化发展,需要规范的市场准入制度。规范的可操作的市场准入制度,是改变农村民间金融和民间金融的地下、半地下经营的一个主要的制度供给条件①。关于农村民间金融机构的市场准入包括三个方面的

---

① 高翔:《我国农村民间金融法律制度研究》,华中农业大学2006年硕士学位论文。

内容：

（一）市场准入制度供给的准备

当前农村民间金融市场准入制度存在严重缺失问题。政府对于农村民间金融的态度正在经历由"堵"到"疏"的转向。由于我国金融制度发展的不均衡性孕育着现存制度下的巨大潜在利益空间，诱致性地促动农村民间金融制度的自发产生，农村民间金融发展现状是诱致性制度变迁的产物。总之，我国农村民间金融发展的政策导向与制度变迁已经由过去的"堵"变为现在的"疏"，农村民间金融规制正在由政策导向逐渐变为法律规范。本书认为这些政策准备可以作为市场准入制度供给的准备。

（二）市场准入制度供给的内容

1. 民间金融组织合法化的制度供给

对于早已实际存在并已为农村经济主体所接受的农村民间金融组织和金融活动给予合法地位，不能干涉其正常的金融活动，不能随便对其关停并转。具体包括民间自由借贷、合会、银背和私人钱庄，只要所从事的存贷款利率在政府规定的范围内，均应该给其合法身份，使之公开化。只有做到公开化，监管当局才有对其监管的可能，也才可能监管有效。

2. 组建农村民营银行的制度供给

对于资本量达到一定标准，有合格的人员构成，应允许注册挂牌，组建农村商业银行。这一制度供给可能是民间金融市场准入中最难的和障碍最多的部分，但也是最根本和最能体现市场准入的部分。

3. 民间资本参与公有制改造的制度供给

农村公有制改造的重点是农村信用合作社，通过制定一系列操作性强的条例和规则，允许民间资本直接注入农村信用合作社，一方面为大量处于休眠状态的民间资本寻找出路；另一方面盘活信用社的资金，增加充足率，通过循序渐进的改造，最终恢复农村信用社的合作性质。形成农村金融组织体系中真正意义的政策性金融、商业金融和合作金融三足鼎立的稳定态势。

（三）市场准入制度供给的原则

市场准入制度供给原则主要包括：一是坚持严格市场准入把关原则。金融业的高风险性决定对其市场准入要比一般经营性企业更为严格，对投资组建农村商业银行的股东条件、股权结构和章程内容等方面要严格审核，可参照一般性经营企业适当抬高门槛;二是坚持循序渐进原则。国外的农村金融市场中几乎毫无例外的存在民营性质的金融机构,但中国有中国的国情,对农村民间金融的市场准入也宜采用改革中惯用的先试点、后推广的循序渐进的模式推进。如果出现事先未曾预见的问题,有利于将事态控制在小范围内;三是坚持监管同步原则。民间金融组织的市场准入,意味着对其管理的难度迅速增大,要求金融监管同步发展。针对农村民间金融组织和机构的多样性,需要政府、金融当局和立法部门有针对性地选择差别监管制度和监管策略,为农村民间金融市场准入和市场良性发展提供一个健康的金融生态环境。

具体到《放贷人条例(草案)》的完善,条例中规定企业和个人开展借贷业务的注册资金为1000万元,这样的规定是为了防范风险而设置的高门槛。但考虑到现实情况,1000万的门槛似乎太高。本研究认为在进行设置注册资金的门槛时应该针对企业和个人区别对待,其整体注册资金准入应下降至500万元,比较可行的方案是针对个人其准入门槛还应该降低标准,企业则可保持原有标准。另外,条例中规定"只贷不存"放贷人的贷出资金必须是自有资金,这个前提和原则极为重要。同时,应在《放贷人条例(草案)》出台后或进行实施细则规范时,要严格说明其放贷资金的来源,对个人资产和企业资产进行严格审查,实行注册资金的专户专用,严防资金相互拆借,避免资金泡沫化与虚拟化。

金融体系的脆弱性和外部性决定了整个金融业健康稳定发展的重要性。因而金融机构的市场准入限制就显得非常必要。金融机构必须要符合一定的条件、遵循一定的行为准则和规范才能够设立。针对农村的经济发展现状,农村民间金融组织难以达到金融机构的标准,但是制度安排在原则上也应遵循一定的规范,尽可能减少因农村民间金融的进入而对金融市场造成的潜在风险,为农村民间金融的发展提供一个和谐的环境。

四、健全农村民间金融监管制度

农村民间金融发展中存在许多不规范问题,在很大程度上来源于监管的缺失。因为多种原因的存在,长期以来,金融当局、政府或社会性金融组织没有对其进行应有的监管。民间金融处于自生自灭状态,若出现问题,所做的选择就是简单的清理、整顿或取缔。但农村民间金融监管制度与官方金融监管制度是存在很大差别的,如果照搬金融监管当局对商业银行的监管制度,必然适得其反,也不具有现实的可操作性。

（一）现有监管制度对农村民间金融的不适应性分析

这种不适应性,我们界定为不具备监管的可检查性和审计性,现通过几个常用的商业银行监管指标来说明:

1.资本充足率

对于农村民间金融组织的资本充足率要求,理论上讲应该比商业银行要求更为严格,这是因为其资产与商业银行相比较更不稳定,有在短期内恶化的可能。但现实中,如果真正规定资本充足率,可以预见的结果是浮出水面的农村民间金融会因为这一过高的要求,而重新沉入水底。

2.贷款文件

监管机构可以通过核对贷款文件,即发送确认函件对商业银行帐户余额进行核实,这对于农村民间金融的监管,同样不能适用。多数的农村民间金融活动采用的是无凭证或者是简单的借条,要考察机构或者组织的经营与管理,只能更多地依靠对其放贷体系和以往业绩进行分析。

3.终止放贷命令

当商业银行陷入经营困境时,监管者可以使用终止放贷命令,防止银行遭受更多的信贷风险。但是对于农村民间金融则不适用。在农村民间借贷中存在普遍的展期现象就是一个很好的说明。这是因为商业银行的贷款通常是以抵押作保证的,银行的客户通常在偿还现有贷款之前,没有得到新贷款的预期。因此可以通过停止贷款,以示惩罚。但由于农村民间金融贷款多数是信用贷款,立即停止发放后续贷款或者停止发放后续贷款的时间过长,借款者会失去利用信贷资金的信心。即使最后在地缘和亲缘中形成的面子成本的控制下,还清了贷款,但后续资金需求将受到抑制。除此之外,对于部分可以直接运用于农村民间金融中的正规监管方法,也因为过高的成本而无法使用。比如对于机构化的小型民营银行的监管费用高出商业银行的很多倍。

（二）农村民间金融监管制度供给的内容

农村民间金融监管制度与官方正规金融监管制度存在明显的不同,如果对农村民间金融业务和机构本身,不作区分,照搬现有商业银行的监管制度,是无法达到监管的效果和最终目的的。本研究在借鉴国外学者关于小额信贷监管方式的基础上提出对农村民间金融监管制度的供给包括谨慎性监管和非谨慎性监管。谨慎性监管制度指的是对从事吸收公众存款,也就是存在储蓄业务的农村金融组织或机构的监管,参照商业银行监管的方式和模式,制定有针对性的监管措施和采用针对性强的监管手段,实施监管。谨慎性监管制度供给需要民间金融合法化这样一个前提。我国农村民间金融组织多数都直接和变相吸收存款,但由于在当前法律框架下,向社会非特定对象吸收存款为违法行为,致使农村民间金融业务中存款部分远比调查统计获得的数据要高得多。在没有得到法律承认或认可的情形下,需要谨慎性监管的经营对象无法覆盖完全,现实中可能出现金融风险的概率也大为增加。非谨慎性监管制度指的是对仅从事贷款,不经营存款的农村民间金融组织和机构,在监管中提供的制度背景。从非谨慎性监管主要针对的对象,我们发现,面对当前农村民间金融经营储蓄与非储蓄的界限模糊的现实,农村民间金融更多地采用非谨慎监管则更为稳妥与有效。非谨慎型监管制度主要包括自律监管制度和司法监管制度,对当前农村民间金融监管则更多地采用司法监管制度。非谨慎监管制度主要涵盖的内容包括贷款许可、保护借款人的利益和防范金融欺诈与犯罪等。通过制定法规、条例和规章,规范农村民间金融在一个良性的、有序的外在司法框架环境中经营,这种非谨慎性监管对于规模小、经营分散的农村民间金融的风险控制是很有裨益的。

五、明晰农村民间金融利率制度

农村民间金融发展的规范化关键在于市场利率制度的供给,也就是说,在农村金融市场上,实现真正的利率市场化是农村民间金融经营正常化的一个重要条件。在当前的农村民间金融市场中,利率是一个亮点,民间金融市场中的利率弹性远大于官方市场,最典型的是教育贷款利率最低、生产贷款利率次之,赌博贷款利率最高。民间金融市场的高利率实际上是市场利率的真实反应。换言之,正规金融市场的利率是失真的,是扭曲的,是严重低于市场水平的。实行市场利率制度后,一定规模以上的金融机构就可以经营农村金融业务。这是由于农业生产的特点和农村中小规模企业经营特点都决定国有及国有控股商业银行在经营农村金融业务,向农户、农村企业授信时,其高经营成本、高风险可以通过抬高价格,即提高利率实现。农村信用合作社的浮动利率制度是市场利率的试点和开始,但力度不够,应在原有基础上,进一步扩大浮动范围和在更多的金融机构中试行。市场利率最直接的效果是正规金融机构可以为农村经济注入更多的资金,既改变当前农村资金严重匮乏的现状,又可挤出一部分民间资金。结果是自愿留在农村金融市场和能够留在农村金融市场中的民间资金必然通过民间金融组织和民间金融机构的规范化运作实现收益最大化。如果不要求苛刻的逻辑论证,我们认为市场利率是农村民间金融规范化发展的根本制度供给。

(一) 市场利率制度供给内容

1. 中央银行利率制度

中央银行利率包括中央银行在公开市场上交易的债券利率和商业银行在中央银行的存贷款利率。改革中央银行利率制度就是要在一定限度内,逐步降低中央银行法定准备金存款利率,实行差别准备金制度,增强商业银行生成市场利率的能力。主要的发达国家,基准利率通常采用中央银行再贴现利率,可以有效通过同业拆借市场对商业银行的资金流动进行调节和控制。我国中央银行利率制度改革的重要方面就是逐步由以贷款利率作为基准利率转变为以再贴现利率作为基准利率,最终通过调节再贴现利率引导商业银行的利率变化,再传导给整个金融市场和其他金融企业和机构。

2. 货币市场利率制度

货币利率市场化改革最早是从同业拆借市场开始的,在该市场中,需要进一步的制度供给变量在于降低市场进入的条件,扩大市场的规模,形成拥有更多买者和卖者的市场,使市场利率更贴近经济发展水平。应逐步放开票据贴现率,由借贷双方在市场规则下自主决定资金价格的高低。

3. 资本市场利率制度

债券利率市场化似乎比票据贴现率市场化的紧迫程度更高,当前债券市场的主要问题是利率与风险不匹配,这需要继续探索国债的市场化发行,实行竞价拍卖,健全公司评级制度,企业债由买卖双方依据债券的等级决定利率的高低。不断完善股票市场,最终实现直接资本市场的市场化发展①。

---

① 高翔:《我国农村民间金融法律制度研究》,华中农业大学 2006 年硕士学位论文。

（二）市场利率制度供给的途径

市场利率制度的供给必须遵循循序渐进的原则,激进式的推进已经为俄罗斯和波兰的改革案例证明是不合时宜的,制度供给的途径主要包括:

1. 改革利率管理机制

金融当局的利率决定权要逐步下放,只负责制定准备金、再贷款、再贴现利率,金融机构的存贷款利率则由市场决定,相应地,利率的管理手段也要由行政手段转变为市场手段,即以间接调控代替直接干预。

2. 发展货币市场

发达的货币市场是保证利率真实反映市场状况的重要依托,也是形成可靠的基准利率的条件。

3. 完善市场利率生成环境

市场利率的生成是一个系统性问题,仅仅依靠金融市场内部的调整,无法达到预期的效果,需要在经济实体、金融实体、信用文化等层面的一系列配套改革。如加快产权制度建设,使金融机构和经营实体,特别是国有银行和国有企业成为真正的市场主体,进而提升利率的敏感度。建立健全社会信用体系,加强信用法制建设,健全企业信用制度,加快信用评估机制的推行等。

从上述得知,针对《贷款通则》在处理与确定贷款利率这一问题时,我们可以参照香港的《放债人条例》和南非的《高利贷豁免法》。其中,香港的《放债人条例》规定任何人经注册都可以从事放债业务,放贷的利率、金额、期限和偿还方式由借放款双方自行约定,但利率不得超过规定的年息上限6厘以上。而南非的《高利贷豁免法》则规定:机构或个人只要是发放五一美元以下的贷款,不管其利率高低,只要到管理机构登记就算合法。香港地区和南非的实践表明,政府对民间金融机构的信贷行为及其利率水平给出了最大的宽容空间,但是如果信贷市场能够实现多元融资主体的充分竞争,高利贷就会丧失自身的生存空间,而民间融资需求就可以获得最大限度的满足。

结合我国地区经济发展水平的巨大差异,本书认为在坚持法定四倍基准利率控制的前提下,可以考虑一些地方试行比较灵活的利率或者根据贷款数额的大小来设置不同的贷款利率,这样适度的安排既符合民间借贷市场的真实需要,也可以缓解因利率下降导致的一部分放贷人的流失问题,保障民间借贷正常的规模与活力。2015年9月1日起实施的《高人民法院关于审理民间借贷案件适用法律若干问题的规定》第 26 条规定明确民间借贷的分层规制模式,改变民间借贷以往的利率单一控制的规制模式。但是,不管采取哪种灵活的利率制度,可以采用南非《高利贷豁免法》规定的比较严格的登记与审查制度来规制其风险的发生,管理部门可以就借贷人与放贷人协商的借款内容进行登记。此外由于缺乏高利贷追责机制、民间借贷立法系统性等,均有可能会带来较大的金融风险。

六、完善农村民间金融组织内部经营管理制度

农村民间金融的规范化发展需要内部经营管理制度的跟进,尤其是当农村民间金融规模向外扩张的过程中,对内部规范的经营管理制度的需求更强烈。农村民间金融经营管理制度主要由农村民间金融组织内生供给,按照农村民间金融组织的发展规模,可以分为规模控制制度和银行式经营管理制度。

(一) 规模控制制度

从前文的研究和大量的农村民间金融出险的案例分析,我们发现若农村民间金融在小规模内经营,由于充分的信息、信贷额度低和逐步完善的手续,农村民间金融一般经营良好,但当规模达到一定标准,资金贷放的对象逐步突破原有的信息圈层,信贷额度增加,农村民间金融组织的内部经营管理手段的落后,制度的缺失带来的直接后果是农村民间金融经营混乱、潜在风险增加。因此,农村民间金融规范化发展的内部经营管理制度核心是规模控制制度,对于资金实力不强、主要目的在于金融互助的农村民间金融组织,在经营管理中要控制信贷规模,制定规章制度,控制单笔贷款的额度的同时,控制信贷总规模。

(二) 银行式经营管理制度

对于规模达到一定标准的农村民间金融组织,在经营管理中要逐步采用商业银行的信贷制度、财务管理制度、审计稽核制度、风险防范制度以及内部控制制度。要实现小规模民间金融组织向农村商业银行的过渡,需要先期的制度铺垫,除了外在制度供给主体政府提供市场准入、退出制度,市场利率制度和金融监管制度外,还需要在内部经营管理中按照商业银行的模式运作,实现稳健经营和科学管理。

七、建立农村民间金融外部风险防范机制

中央银行和银行监管管理机构应根据我国中小金融机构的特殊性和其特有的生存环境,构建地方中小金融机构监管的总体框架,采取相应措施对农村民间金融实施监管。一方面,首先应建立农村民间借贷利率的监管机构。通过这个机构的监督,使借贷率控制在一个范围内,使得放款人能够取得收益,同时使得借款人的经济压力控制在一定范围内,减轻其负担,最大可能的避免其携款逃跑。这个机构设立在农村民间金融组织外,是一切农村民间金融借贷活动的法定程序。这个利率应是可以浮动的,禁止一切不经利率审查的的农村民间金融活动。应建立农村民间信贷公证机构,对贷前、贷中、贷后尤其是信贷利率、信贷款项的去向进行公证,规定其贷款利率,对贷款额的去向严格把关,尽可能地减少高利贷资金和资金在使用过程中违法化,使得收益大于等于成本。

对农村民间金融实行法律上的契约制。凡是民间有偿有息的借贷都必须订立契约文书并经过公证机构公证。在公证时,按放款额的一定比例课以一次性的印花税,由放款方支出。凡借款契约经过公证者,国家就保护放款者的债权,否则便视为非法经营,查出时要课以罚款。至于农村民间金融利率,可以完全由市场调节。在农村民间金融及其组织活动合法化的背景下,组织成员在选择从事遵守组织规则活动与违反法律的活动中会更加的理性[1];另一方面,应建立长效管理机制。联合政府金融主管部门(银监会、工商管理局等)、司法部门、行业自律组织等协同规制农村民间金融的体系。同时应积极创新农村民间金融合作形式。大力发展农村合作金融组织,是构建竞争性农村金融市场的必然选择。但是,我国农村合作金融组织的发展,仅又依靠在旧体制内部进行功能性修补是很难真正有所突破的,必须创新性地建立新的农村合作金融的组织形式,让农户和农村中小企业真正成为农村合作金融组织的主体力量[2]。

---

① 张燕、冯营丽:《我国农村民间金融风险防范问题的分析——以法经济学为视角》,载《广西政法管理干部学院学报》2009年第1期。

② 张燕、张汉江:《新农村建设中民间金融风险的法律规制》,载《河南金融管理干部学院学报》2008年第3期。

八、构建农村民间金融风险评估和预警机制

一方面,要对农村民间金融的风险进行正确评估。可设立由有关金融专家组成的危机评估机构,与监管责任部门配合,监测地区内外各种风险和危机对本地区内各金融机构的影响,进行追踪分析、预测,建立警报发布机制,对各类较大的金融危机的危害程度进行评估,并提出应对措施,供决策层参考。政府要从整个国家的金融状况出发,加强对农村民间金融活动的监测和管理,防范农村民间金融风险。当地政府部门密切关注农村民间融资动向,定期搜集其活动信息。目前我国一些地方的人民银行分支机构已经建立地方民间借贷市场监测系统,开展定期的利率月度监测和不定期的专题监测,为民间融资的利率水平和发展趋势提供实时信息。金融监管部门要进一步健全监测指标体系,扩大监测网点,以便对农村民间金融的融资规模、资金流向、利率变动等情况有宏观把握。

另一方面,要健全农村民间金融风险预警机制。需制定金融公共突发事件应急预案,以确保发生风险时各项应急工作高效、有序地进行,最大限度地减少经济损失。要做到对农村民间金融的有效监管,就必须健全风险预警机制,政府适时向社会进行信息披露和风险提示,增强民间金融借贷参与者的法制观念、风险意识和自我保护能力,并提出规避风险的建议。金融风险转移体制的作用就是及时转移和化解农村民间金融机构出现的各类风险,防止危机的蔓延。金融风险的转移机制是农村民间金融监管中必不可少的部分,因此对农村民间金融监管中应结合本地区经济内民间金融机构的实际情况,建立起适合本地区的金融风险转移体系,达到实质意义上的和谐①。

九、完善农村民间金融市场退出制度供给

农村民间金融的市场退出制度除了具备正规金融机构的市场退出制度的共性外,还应具备农村民间金融业务经营的特性。民间金融活动的产生是市场作用产生的结果,供给随市场需求波动。因而农村民间金融市场退出制度

---

① 张燕:《论农村民间金融监管和谐价值理念——基于当前金融生态失衡的视角》,载《法学论坛》2009 年第 1 期。

应以市场为主导来影响相关民间金融组织的退出制度。由于农村民间金融没有市场准入制度,无明确的地位,导致其市场退出只能是通过司法程序来予以解决。因此,只有实现农村民间金融的合法化,随着农村民间金融组织化程度的增强,市场退出制度供给的需求才凸显出来。完善农村民间金融市场退出制度,可根据不同的区域特性采用不同的方式。如在经济发达的东部及沿海地区,可依据实际具体情况采用不同的退出方式,或解散,或破产,只要符合市场规律即可;而在经济相对落后的中西部农村地区,应采取解散的退出方式。除此之外,当农村民间金融发展逐步到高级阶段,包括新型农村金融机构、农村商业银行等,应建立风险预警制度和危机救助制度。同时,为完善农村民间市场退出制度供给,建立适合于农村地区的破产清算制度,可有效化解金融风险,促进农村金融市场的健康发展,保护市场主体的金融权益,尤其是债权人的利益。

第四节　软法规制——建构非正式制度对农村民间金融的有效供给机制

"小政府"与"大社会"对应,市场成熟度与政府干预程度成反比①。现代法治提倡和运用非强制实现治理民主,强调市场主体对政府治理过程的主动参与,平衡政府主体与市场主体的不平等的地位,促进社会多重利益的回应与统合,实现公共治理的和谐②。软法规制彰显了现代法治的精神,充分体现包容、信任、理解理念,通过引导、协商等方式推进各方的互动,达成各方间的合意,实现社会整体利益,和硬法规制模式相得益彰。构建中国农村民间金融的法律制度,要避免落入制度理性的陷阱,应从非均衡的、演化的、系统的视角研究金融法律制度变迁。对于中国的金融法律制度变迁来说,市场自生自发的扩展使金融制度被设计的成分逐渐弱化,自我实施程度逐渐加强。金融法律制度构建的成功与否,较大程度上取决于它与共同体内部的非正式规则约束

---

① 蒋大兴:《隐退中的"权力型"证券会——注册制与证券监管权的重整,载《法学评论》2014 年第 2 期。

② 崔卓兰、卢护锋:《非强制行政的价值分析》,载《社会科学战线》2006 年第 3 期。

的兼容性①。农村金融的金融管制权与市场自治权两权之间在对抗之外存在更多的共生和合作空间,农村民间金融法律规制的有效构建,关键在于尊重市场差异性、多元性与民间自治权。农村金融市场存在着大量的地方性知识,需要多层次、多样化的金融服务来发现和利用分散在不同时间和地点的地方性知识,满足多层次、多样化的农村金融需求,建构农村金融的多元化格局与模式②。不完备法律理论认为,由于法律是不完备的,所以法律应根据各国国情、习俗不断进行适应和演进,而非生硬地移植③。此外,由于法律不完备因而产生剩余立法权和执法权的分配问题。我国目前对于农村民间金融法律规制的权力主要分配给了法院和行政机关事后行使严厉的司法权力和行政权力,缺乏事前的监管机制与预警机制。农村民间金融的法律规制应充分关注农村金融市场的"地方性知识"和"本土资源",充分尊重中国农村金融"共时性"语境,尊重市场机制与民间社会,将自上而下的制度计和自下而上的博弈均衡有机地结合起来④。

从课题组的调查以及对相关文献资料的研究情况来看,民间金融形式众多,且各地差异较大,很难通过一个统一的法规来规范。本书在前面对农村民间金融的具体法律制度构建进行探讨,有必要加以说明的是,农村民间金融不仅包括商业化的以营利为目的的民间金融形式,也包括互助性质不以营利为目的的民间金融形式。随着社会经济的发展,主要用于投资等商业化运作的民间金融已呈现出正规化的趋势,相关法律制度也趋于完善。互助性质的民间金融形式包括各种合会以及农村资金互助社等。而本书所以作出这种分类,在于商业化的民间金融形式和互助性质的民间金融形式对于制度(包括法律和非正式规范)的需求不同。本研究认为,商业化的民间金融应纳入国家专门法律进行调整,互助性质的民间金融则应多由非正式规范进行调整,法律只宜适当补充。换言之,应对其予以软法规制。

① 顾自安:《转轨背景下制度分析的理论转向》,载《经济评论》2006年第3期。
② 冯兴元、何广文等:《试论中国农村金融的多元化——一种局部知识范式视角》,载《中国农村观察》2004年第10期。
③ 卡塔琳娜·皮斯托、许成钢:《不完备法律(上)——一种概念性分析框架及其在金融市场监管发展中的应用(上)、(下)》,载《比较》2005年第3期。
④ Franklin Allen,Jun Qian,Meijun Qian,"Law,finace,and ecomomic growth in China",*Joural of Finacial Economic*,Vol 77(July 2005).

一、正式规范调整农村民间金融过程中存在的缺陷与不足

有关法律并未对农村民间金融正确定性。多数认为作为农村民间金融形式之一的民间借贷因其不够规范,不仅有可能引发金融风险,还容易滋生违法行为。《刑法》第176条和《非法金融机构和非法金融业务取缔办法》第4条以及《商业银行法》第11条严厉禁止非法吸收公众存款或变相吸收公众存款行为以及集资诈骗行为等非法民间借贷,认为民间的高利贷款行为侵犯商商业银行向不特定对象吸收资金这一项业务的专营权。而合法的民间借贷与非法的民间借贷都具有融通资金并给予利益回报、双方当事人均为非金融企业和个人等共同特点。由于法律规定语言不详,缺乏可操作性,实践中难以准确把握合法民间借贷行为与非法民间借贷的界限,导致民间借贷存在制度性风险,成为悬在民间借贷者头上的达摩克利斯之剑。

由于正规金融的监管制度难以将农村民间金融的相关借贷行为纳入其监管范围。农村民间借贷在信息、成本、交易速度上存在优势,但由于其经营比较分散、操作简单且极不规范,经营具有极大的随意性,加上其利率比银行同期利率高出几倍,使得持有闲置资金的企业或农户不愿意把资金存入银行等正规金融机构,而是寻求借贷对象,以期获取高额的利息收入。这种自发性的农村民间借贷缺乏必要的管理,缺乏担保,不规范的借贷占大多数。现有的金融监管政策对游离于正规金融体系之外的民间借贷是无法涉及,有关部门无法追查其真实的业务状况,无法准确地掌握放款人资金来源的合理性以及利息收入,造成部分税收的流失。农村的民间借贷主体的地位、借贷合同的规范性、借贷的用途、借贷的规模及借贷的利率等问题,金融监管部门尚缺乏具体明确的监管法律、法规,法律制度的盲区也让金融监管部门对民间借贷鞭长莫及。此外,人行、商业性银行、税务机关等部门之间缺乏监管协调机制和监测信息共享机制,阻却监管部门对农村民间借贷行为的动态过程的信息了解程度,使得农村民间借贷难以摆脱灰色金融这个角色。

虽然,正规金融的监管有着一套完整系统的操作细则,相对于农村民间金融而言,一般认为其存在两个难题,一个是政府管理难题;另一个是法律规制难题。政府管理难题表现在农村民间金融需要国家的监管,而这种监管目前一般为直接的监管和事后的处理,重打压取缔,轻引导规范;主要难题则表现在民间金融法律制度规范的缺失,即正式制度在调整农村民间金融呈现出之

力的状况①。正是这两个难题的出现与发展农村民间金融的时代呼应产生矛盾，笔者认为非正式制度在解决二者之间的矛盾起着不可替代的作用，通过非正式制度治理则是目前规范农村民间金融的可寻之径。

二、非正式制度与农村民间金融的天然契合

许多经济学家开始注意到非正式法律制度安排如文化、信用及道德等私人秩序在金融发展中的作用。在法律实施机制较弱或效率较低、人们的教育水平相对较低的地区，社会资本对金融发展水平的影响更显著，有着更高的边际效应。因此，教育水平较低、经验较少的投资者需要更多的信任才能签署金融契约、完成金融交易。这一点对发展中国家有很强的政策意义，因为许多发展中国家的法律制度比较落后，公民的整体教育水平不高，社会资本可能是解释发展中国家成功或失败的重要因素②。这里的社会资本是指一个地区居民的公德心及信任度等。社会资本的本质就是一种非正式制度，作为一种结构性制度要素，社会资本同正式制度一样，可以通过激励约束机制促进金融发展，在不考虑社会资本时，法治水平的提高对地区金融发展具有一定的正效应，但具有一定的局限性；在转型时期，社会资本对地区金融发展具有显著的正效应，并且还是对中国转型期法治效率低下的一种有效代替机制。作为社会资本重要内容之一的原有规范，是指一种自发地产生于人与人的经济交往活动中能对人们的行为起引导作用的规范。这样一种规范不是由一定的组织或团体或个人制定的制度安排，而是自发地形成于生活或市场之中，比较典型的就是"软法"中的民间规则、交易习惯甚至村规民约等。

在农村民间金融活动中，农村民间借贷占据着大半部分，而农村民间借贷活动具有运营不规范、高利率、高风险等缺陷，对正常的金融秩序存在隐患，为了国家的金融安全，政府出于防范金融风险与稳定金融秩序的考虑，对农村民间借贷"限制"与"叫停"。农村民间借贷的规范发展需要纳入法制化的监管体制中，政府对民间借贷的监管一般为直接的监管和事后的处理，重打压取

---

① 张燕、杜国宏：《关于农村民间金融法律规制的思考——以"软法"之治为视角》，载《金融理论与实践》2008 年第 8 期。

② 皮天雷：《法与金融——理论研究及中国的证据》，中国经济出版社 2010 年版，第109 页。

缔,轻引导规范。农村民间金融正式制度规范缺失,这里的正式规范主要指
"硬法"。因此,硬法的刚性对农村民间借贷这一柔软区域是不契合的,软法
的治理是目前农村民间借贷出路的有效路径。农村民间金融是基于在一定的
地缘与人缘的关系产生的,绝大部分是发生在一个"熟人"社会中,在这样一
个没有陌生人的"乡土社会",就像费孝通《乡土中国》中所描述:生活上被土
地围住的农民平素所接触的是生而与俱的人物,像我们的父母兄弟一样。民
间借贷的产生正是基于这样的一种熟悉人的信任,这种信任是不假思索,无须
证明的,最实在不过的。然而,这种信用一旦超出一定的地缘与血缘,就不再
具有特定的作用,这种信用是基于一定的地域结构与家庭关系的。农村民间
借贷的发展存续到现在,证明其存在着一定的合理性,绝大多数的情况是在非
正式规范的引导下发生的。在农村这样一个充满浓厚的乡土色彩的"独立
国"。

非正式制度不同于正式制度的强制性,充满弹性因子,在调节农村民间金
融的发展中可发挥更大的作用,其重要原因就是不由国家强制力保障实施,而
是依靠人们的承诺、诚信、舆论或纪律。硬法着眼于规范、促进和制裁,软法则
是着眼于规范、促进和协同。在农村民间金融活动中,成员之间及成员和组织
之间的借贷关系经过多次博弈,违约者受到惩罚,遵守契约者会受到尊敬和认
可,正向激励机制经过长期的实践沉淀,最后都会稳定下来,形成一种人人遵
守的内部潜规则。这一内部潜规则则是非正式制度促使区域内部成员积极履
约的一种有效的实施方式,它靠"谴责—丢面子"带来的"出局"压力来实施,
违反软法的人必须承担"出局"的责任后果。这种"出局"不能被理解为该主
体受到某种物质上的剥夺,或是原来属于某一共同体的身份丧失,而是指他不
能再和谐地融入原来的公共体,他在这个公共体中已经很没有面子了。这种
"出局"虽然不一定会产生立竿见影的效果,但别人轻视他,他自己感到丢脸,
以后同他人的联系中感到处处不便。为避免出现这种不利于己的局面的产
生,人们就会有动机遵守这些虽然像没有国家正式制度那样具有强制力的规
则①。如果这种非正式制度的约束力越强,成员之间合约的履约率就越高。

①　张燕、杜国宏:《关于农村民间金融法律规制的思考——以"软法"之治为视角》,载《金
融理论与实践》2008 年第 8 期。

三、非正式制度对农村民间金融的调整

农村民间金融活动中，"软法"治理包括民间规则、交易习惯、金融组织内部规章、村规民约民间金融行业规章等软法形式的原有规范与治理。这些软法形式在农村民间金融的交易与资金往来等方面实际上发挥着规范作用。

农村民间金融是基于一定的地缘与人缘关系产生的，民间金融活动很大部分是发生在一个"熟人"社会中，基于一种熟悉人的信任。农村民间金融的出现与存续到现在，证明其存在着一定的合理性，而非正式规范即"软法"的引导在其中发挥了很大的作用。"软法"不同于"硬法"的强制性，充满弹性因子，在调节农村民间金融的发展中发挥更大的作用，其重要的原因在于其不是由国家强制力保障实施，而是由人们的承诺、诚信、舆论或纪律保障实施。硬法重点在于从外部进行规制，软法则是着眼于从内部进行引导。具体而言，由于农村民间金融的成员间及成员和组织间在反复博弈后，违约者难逃惩罚，守约者则相反，获得了鼓励承认，经过长时间的经验与沉淀，这一无形的激励机制最终得以固定并变成为一项内部潜规则。而为避免对自己产生不利影响，成员潜意识会趋向于遵守规则。为了增强"软法"在农村民间金融中的引导与规范作用，应从以下几方面进行：

（一）非正式制度规范农村民间金融内部规则的发展

所谓微观层面是指农村金融市场主体所进行和从事的民间金融交易行为或活动。这一层次的非正式制度的治理包括对民间规则、交易习惯、金融组织内部规章、村规民约等软法形式的原有规范与治理。由于民间规则、交易习惯、企业或金融组织内部规章和章程、村规民约等软法形式在农村民间金融的交易与资金往来等方面实际发挥着规范作用，因此我们认为这一层次的治理主要应为实然的规范。其中，交易习惯是指在商品交易中当事人普遍知悉并且愿意遵守的一种非正式制度。正如《1932 年华沙—牛津规则》所指示，本规则所使用的'特定行业惯例'，是指在特定行业中已形成的普遍通用的习惯，从而可以认为合同当事人已经知道这一习惯的存在，并且在签订合同时参照了这一习惯。对于民间规则，由于时代的变化与发展（其中包括道德的下滑、信用的缺失现象等）已经慢慢不再有利于民间金融的往来活动的开展，这些褪色的民间规则应转化成一种新的更加符合现代交易原则与精神的形式。比如，私人借贷之间的口头承诺行为是完全不符合现代法治精神的，对借贷双方

特别是债权人一方是非常不利的。我们的调查结果显示:现在越来越多的农民都倾向于订立书面协议(借条)①。企业或金融组织章程和内部规章一般表现为中小企业内部章程和金融组织内部规章(比如,民间的小额信贷机构的内部规章)。其中章程是表明一个企业作为整体存在的法律形式,公司章程对公司、股东、董事、监事、高级管理人员具有约束力。对于一个民间金融机构或组织,其内部规章直接规定金融资金的流动方向与流动数量,规章制定的好与坏在一定程度上影响着民间信贷资金流动、使用、收益、管理的效果,并且也关系到民间金融组织的可持续发展,而非正式制度通过对成员的道德约束,可以促使成员对农村民间金融组织内部规章与章程的遵守,更好地发挥出农村民间金融组织内部规章的规范性作用②。

(二) 非正式制度引导互助性民间金融组织的发展

在互助性民间金融组织的发展过程中,政府的政策法规起到过抑制作用,如20世纪80年代,受浙江乐青、福建平阳等地"会案"影响,政府把合会视为非法的民间金融形式并予以取缔,其发展受到严重影响,且并没有被根除,而是一直延续下来。在互助性的民间金融形式中,非正式规范实际上比法律发挥着更为重要的作用,如社区文化、风俗习惯、亲友关系等非正式规范制约无处不在。这些规范在互助性民间金融组织这种交织紧密的人际关系互动中生发出来,是博弈的结果,其真正的威力是承认和维护博弈条件。没有博弈基础的非正式规范,并不比法律更有价值。法律因其制定性,可能与社会现实脱节。有许多学者呼吁就互助性民间金融组织进行专门立法,然而却忽视互助性民间金融形式具有地域性以及变迁性的特征,在经济发展差异较大的地区,民间金融的组织形式以及权力义务分配形式并不相同。在不同的历史时期,民间金融组织也会随着时代的变迁而变迁。如就这种互助性质的民间金融形式进行统一立法调整,则很难设计一种统一的组织形式来适应不同地区以及不同时期的金融需求。如印度在1975年曾试图通过政府注册来规范"会"的行为,但是"会"的成员并不想接受政府监督。因此,"会"的组织者建立私人

---

① 《社会主义新农村建设中农村民间金融法律问题研究》调查组中部调研结果显示:在对281户农户的调查中,选择订立书面协议形式的农户有188户,占总数的66%。

② 张燕、杜国宏:《关于农村民间金融法律规制的思考——以"软法"之治为视角》,载《金融理论与实践》2008年第8期。

合作公司,获得特殊的私人借贷执照,以此回避印度储备银行的监管。从某种程度来说,法律规范措施只会导致私人金融产生更加复杂的形式,其主要原因在于不理想的政策法规能够激发规避的策略和程序。

互助性的民间金融本质是一种合作,虽然在这种合作过程中会有矛盾产生,但是合作是互助性金融组织产生和发展的基本前提,互助性的民间金融成立合作关系,其成员之间都有合同上的权利义务关系,并且这种合作形式是随着时代、地域变迁的,其内部权利义务设计、成员资格的取得与丧失都是个人意思的表达,同时在交易的过程中形成的交易习惯、金融组织内部规章和章程、村规民约等非正式规范在农村民间金融的交易与资金往来等方面实际发挥着其拥有的规范作用,这个过程中形成的非正式规范应该被法律所尊重,除侵犯社会公共利益和他人利益外,法律不应该凌驾于非正式规范之上。

(三) 合理制定与调整农村民间金融非正式制度范畴

应合理制定与调整农村民间金融非正式制度范畴,使其得到成员的普遍认同与接受,从而增强"软法"效力。"软法"治理的效力实际上并不是国家强制力发挥作用,更重要的是其群体中由于共同制定而产生的对群体所有成员的普遍约束力。"治理是只有被多数人接受(或者至少被它所影响的那些最有权势的人接受)才会生效的规则体系①。"所以,可以说只有受到大多数组织内成员的认可,"软法"才能较好地发挥出效力,否则很可能只是"一纸空文",得不到切实遵守,而且如果"软法"规则不能满足多数成员的利益,也无存在的必要,只能废止或是更改。所谓民间金融行业规章即行业协会根据其自身具有的准立法权来制定的,其在一定程度上可以对成员的权利义务进行规定,在行业内有着公共性和强制性,当然这种强制性与法律的外在强制力不同,其只能对内有效;而所谓公共性则意味着其代表一定范围内的民间金融群体的利益。同时,行业规章的合理性十分重要,其决定了能否获得成员的普遍认可与支持从而发挥出应有的效力,以促进民间金融,因而在制定时必须审慎,而有些交易习惯与民间规则,由于时代的变化与发展(其中包括道德的下滑、信用的缺失现象等),已经慢慢不再有利于民间金融的往来活动的开展,这些褪

---

① [美]詹姆斯·N.罗西瑙:《没有政府的治理》,江西人民出版社2001年版,第5页。

色的民间规则应转化成一种新的更加符合现代交易原则与精神的形式①。

四、对违反非正式制度的行为合理地进行责任设置

"软法"的实现虽然没有强制力的保障,但并非没有任何保障,应加强"软法"的可执行性。一方面,"软法"对成员具有天然的道德约束力,法社会学的创始者欧根·埃利希(Eugen Ehrlich)指出规范具有强制力是因为个人不能脱离于社会群体而孤立存在,而"一个人若需要他所归属圈子给予支持,至少通常情况下,则他遵守该圈子的规范就是明智的"②。这里群体的规则并不限于国家法律的正式规范,而行业或组织的内部规章等"软法"形式也是适用的;另一方面,农村民间金融组织可以规定违反软法的责任形式,以此推动组织成员遵守"软法"规范。"软法"不仅可以规定法律后果,而且还可依靠组织自治力来追究软法责任"③。这里主要是指农村民间金融组织内部规章和民间金融行业规章中制定责任条款与自律规范,对民间金融活动中的不规范行为加以内部制裁,实行自我控制、自负责任、严厉惩罚,以更好地发挥民间金融内部规则的效力。

第五节　农村金融生态环境优化对策

金融生态环境状况决定着一个地区对经济金融资源的吸引力。农村地区资金的流向取决于农村金融生态环境。在市场经济条件下,金融生态环境好的农村地区会吸引各类金融机构大量进驻,为农村经济的快速发展提供资金支撑,步入良性互动快速发展的轨道。反之,若金融生态环境不好,必然导致投资环境恶化,不仅不能吸引资金,还会引起农村地区资金的大量外流,使得农村金融资源匮乏,严重影响农村经济的可持续发展。因此,必须着力完善农村金融生态环境,充分挖掘农村民间金融的巨大潜能。本节主要从农村信用

---

① 张可新:《民间金融的"软法"思考》,载《商场现代化》2009 年第 565 期。

② [奥]尤根·埃利希:《法律社会学基本原理》,叶名怡、袁震译,九州出版社 2007 年版,第 129—131 页。

③ 罗豪才、宋功德:《软法亦法——公共治理呼唤软法之治》,法律出版社 2009 年版,第 377 页。

主体、农村金融司法环境、农村金融基础设施、农民金融知识教育制度、农村民间金融文化等方面提出优化农村金融生态环境对策。

一、培育农村各类信用主体,营造良好的农村信用环境

农村信用环境是衡量农村金融生态环境的一条十分重要的标准。信用环境一般包括非正式的内在信用制度即信用文化和正式的外在信用制度两个方面①。非正式的内在信用制度即信用文化主要是指社会公众的信用道德、信用观念和意识以及由此产生的信用氛围,信用文化是经过长期积累起来的,一般会在很长时间内起作用。信用文化的核心是诚信问题,因为讲诚信是开展金融活动的前提,不讲诚信,谁也不敢开展金融活动。正式的外在信用制度包括由政府建立起来的信用法律法规体系、信用评级制度、征信制度、担保制度、公证制度等制度以及由此产生的社会中介服务机构。信用文化和信用制度相辅相成、互为补充,对形成良好的农村金融生态环境起着非常重要的作用②。

目前,我国农村信用体系建设滞后,缺乏对债务人履约所必须的制约,企业主体诚信意识和公众金融风险意识比较淡薄,金融诈骗和逃废金融债权的现象严重,将极大威胁农村民间金融机构的资金安全。农村信用不透明,严重制约农村金融机构扩大规模和提高服务质量,加之,农村信用评级和征信机制、信用组织机构以及信用设施系统相当匮乏,在一定程度上助长信用危机的出现。

农村社会信用体系的有效运作,需要有相对发达完善的信用服务来配合,因此完善的信用制度必须有健全的信用组织机构作为组织保障。信用机构的业务范围、信息采集手段、信息加工方式、信息保管方法、信息使用范围、信息使用者的权利义务、信息有效期限、违规采集使用信息的惩罚措施等都无法可依,有些信用机构只有暂行规定,有些连暂行规定都没有。而美国在 1929 年就建立信用局,在我国尚无相关的机构,鉴于部分学者倡导类似机构属于民间机构,我们认为目前我国应首先由政府建立信用机构,因为民间尚无相应的社会资源。同时,可建立政府的信用,树立国家法律的权威。一般意义上,信用

---

① 陈涛:《健全信用制度:我国货币政策有效性的制度保障》,载《金融理论与实践》2005 年第 3 期。

② 沈炳熙:《完善金融环境》,载《金融研究》2004 年第 7 期。

主要是针对个人、集体和政府的信任,其中政府的信任应是最大的信任,也是建立信用社会的必要条件。政府的行为对信任的重建很重要,因为政府控制了所有信用形成的制度环境,这样政府行为就不能超出法律的界限,凌驾于法律之上。应当尽快建立信用调查评估机构,对借款的发展前景、财产情况、负债情况和偿债记录等信用状况进行调查、分析和评估。

农户和农村企业是农村经济的微观主体,只有培育好这些微观主体的信用意识和诚信文化理念,才能营造良好的社会信用环境,农村金融生态建设才能向深度和广度推进。如果农户和企业的信用评级工作和诚信意识和诚信文化培植好了,不但能使农村金融环境得到大的改善,而且也可为新农村建设注入新的活力。培育农村各类信用主体,创新与支农相关的金融服务品牌,既支持农民增收,又防范和化解农村民间金融的风险,促进农村民间金融的可持续发展。

具体到农村民间金融,应贯彻落实《征信业管理条例》,建立健全适合农户和中小企业特点的信用征集和信用评级体系。要尽快制定包括农村民间金融信用主体的商业登记制、商事主体信用的维持制度、社会信用服务法律制度、信用交易法律制度、信用救济法律制度等一套完善的法律法规体系。应由信用评估公司建立起农户、家庭农场、农民合作社、农村企业等经济主体电子信用档案建设,多渠道整合社会信用信息,完善信用评价与共享机制。以实现对信贷申请方信用调查工作的科学化、标准化和程序化。

为提升针对各类农村经济主体的普惠金融服务水平,人行2014年印发《关于加快小微企业和农村信用体系建设的意见》,确定63个市(县、工业园区)为小微企业和农村信用体系建设试验区,2015年印发《关于进一步做好小微企业和农村信用体系工作的通知》和《关于全面推进中小企业和农村信用体系建设的意见》,全面推进农村信用体系建设。

同时,应充分借鉴国外经验,培育各类信用主体,努力营造良好的农村社会信用环境。如在欧美等信用管理体系比较发达的国家,已经建立专门提供中小企业和居民个人信用记录的机构。信用组织机构的三要业务是接受委托在资本市场、商业市场和消费市场对金融机构、各类企业和个人进行信用调查、信用评级和信用咨询,向金融机构提供有关企业和个人以往信用和当前财务状况的信用报告,包括是否有违约历史、债务等状况,供委托人投资决策参考①。

二、减少地方政府行政干预,打造农村金融司法独立环境

金融司法独立环境的建设是农村金融生态环境的核心之一。而农村金融司法独立环境建设面临的最大问题在于现有的法律法规得不到很好的遵守和执行。因而司法部门应从改善区域投资环境、维护经济发展大局出发,进一步强化司法公正,加大对失信行为的打击力度,特别是要提高金融案件的审结和执结率,加大执法力度,增强法律的威慑力。在农村经济金融活动中应加强金融司法的独立性。

现代市场经济是信用经济,各种商业经营和交易活动会产生出广泛和错综复杂的信用关系。这些在不同商业层次和性质的交易活动中存在的各种信用关系,需要有不同性质的法律规范来调整②。国家的司法执法体系必须公正,不能让失信的人逍遥于法律之外,而规束守信之人。

农村金融机构在诉讼维权时面临着诉讼时间长、判决执行难等问题,司法机关对于逃废金融债务的行为可以设立专门的简易金融诉讼程序。在处理和协调农村经济金融事务中要真正做到有法必依,执法必严。同时,鉴于金融法律法规的专业性、技术性等特征,还应提供司法援助来保护农村金融机构的金融债权。

在农村地区,行政干预或变相干预农村金融机构贷款的情况还较普遍,干预司法公正问题仍然在一些地方不同程度地存在着。如果行政力量不退出司法领域,司法就无法独立地行使审判权、执行权和司法权,法律的权威就会受到侵害,其效率也无法真正落到实处,更谈不上客观、公正。因此,农村地方政府应自觉克服地方保护主义,大力支持司法公正,保障政府信用,维护司法独立,杜绝不应有的行政干预。应积极帮助农村金融机构利用法律武器维护自身权益。

---

① 王静:《近代上海钱庄的信用研究及对现阶段民间金融信用的启示》,复旦大学 2008 年硕士学位论文。

② 冯兴元、何广文等:《试论中国农村金融的多元化———一种局部知识范式视角》,载《中国农村观察》2004 年第 10 期。

三、加强农村金融基础设施建设,扩大农村金融服务范围

在经济体系发生变化的同时,金融也将进一步深化——原本集中在金融中心的各类业务将扩展至世界每一个角落,金融覆盖的领域将由资金资本延展至人力资本,金融服务对象将扩展至所有客户。如果要实现全社会的共同繁荣,那么金融必须为社会的每一个成员服务,并且其服务必须有相当的深度和广度①。

包容性普惠金融强调通过完善金融基础设施,以可负担的成本将金融服务扩展到欠发达地区和社会低收入人群,向他们提供价格合理、方便快捷的金融服务,不断提高金融服务的可获得性。完善的金融基础设施是提供金融服务的根本保障。

首先,应加强政策优惠力度,引导各金融机构投资建设农村地区金融服务基础设施。建立普惠基金,从金融机构征收运作资金,增加 ATM、POSE、电话支付终端和金融自助服务终端等金融基础设施在乡镇和行政村的布放量。补贴和支持银行业金融机构在农村空白地区的金融机构网点建设,广泛开展农村小额信贷。

其次,设立多功能金融综合服务站,建立农村金融服务平台。在具备条件的行政村,开展金融服务"村村通"工程,采取定时定点服务、自助服务终端,以及深化助农取款、汇款、转账服务和手机支付等多种形式,提供简易便民金融服务。根据各地实际和农民需求,有选择或全部提供小额现金支取、涉农补贴资金取现、现金汇款、转账汇款等服务。进一步深化银行卡助农取款和农民工银行卡特色服务,切实满足贫困地区农民各项支农补贴发放、小额取现、转账、余额查询等基本服务需求。

最后,建立有效的农村支付环境。这是普惠金融最为重要的金融基础设施。鼓励在农村发行面向"三农"、具有便农惠农特色的银行卡等非现金支付工具、向县域以下延伸现代化支付清算系统,大力推广非现金支付工具,优化银行卡受理环境,提高使用率,稳妥推进网上支付、移动支付等新型电子支付方式。为农民提供安全、便利的资金汇划方式。同时,在有条件的农村地区推

---

① 　[美]罗伯特·席勒:《新金融制度——如何应对不确定的金融风险》,亢宇译,中信出版社 2014 年版,第 2 页。

广商业汇票等业务,构建产、供、销一条龙服务的支付结算链。能够有效降低农村地区大额现金安全隐患和假币风险,大大提高资金结算率,刺激和培育农村消费市场。银行卡承载的储蓄、理财、信用支付等诸多功能以及提供的网上银行、自助设备等多种业务受理渠道,对于促进农民转变消费观念、享受现代化金融服务、提升金融消费能力和风险意识发挥了积极作用。农村居民通过办理和使用信用卡还能建立和维护个人征信记录,在农村推广电子商业汇票和支票授信业务,为农村各类经济主体提供了便捷、高效的支付融资渠道,在一定程度上助推农村社会信用体系建设,推动整个农村金融生态环境的改善。

四、建立金融知识教育制度,保护农民金融消费者合法权益

我国金融消费者群体大,金融知识缺乏,而农民群体的金融专业知识更缺乏,建立金融消费者教育制度,有利于金融消费者掌握金融知识、强化金融技能、提升金融风险意识、提高金融消费者的行为理性,增强金融消费者防范金融风险的能力。确定金融消费者教育责任主体,强化教育主体责任意识,形成监管部门、金融机构和金融消费者权益保护组织的协作机制,采取具体措施,如针对农民群体的特殊性制定相应的浅显易懂的金融专业知识教育内容、组织团队定期向农民普及金融知识。鼓励农村金融机构加强与地方政府部门的协调合作,创新开展农民金融知识教育培训,提高金融知识普及教育的有效性和针对性,增强广大农民风险识别、自我保护的意识和能力。促使农民学会用金融致富,当好诚信客户。应建立金融知识普及工作长效机制,督促教育制度有效运行。同时应在农村地区,针对不同主体和对象进行金融知识宣传教育。定期组织农村信用社、邮储银行、新型农村金融机构及小额信贷组织的信贷业务骨干进行金融专业知识培训,以提升金融机构金融服务水平。组织基层干部进行农村金融改革、小额信贷、农业保险、资本市场及合作经济等方面的金融专业知识培训,提高运用金融杠杆发展贫困地区经济的意识和能力。

同时,印度小额信贷危机充分表明,对于"只存不贷"的小额信贷机构而言,监管应该在保护农民消费者权益方面多着笔墨[1]。金融消费者教育有助于普及金融知识,提高金融消费者的风险识别和判断能力,并有助于预防纠纷

---

[1] 杨秋叶:《印度小额信贷危机及其启示》,载《金融发展评论》2012 年第 2 期。

的发生。2011 年 G20 巴黎峰会通过的经济合作与发展组织牵头起草的《金融消费者保护高级原则》,就提出"金融消费保护和教育并重的原则"。完善金融消费者权益的法律保护,将成为我国金融法制的重要组成部分。各金融机构应重视农民金融消费权益保护工作,加强对金融产品和服务的信息披露和风险提示,依法合规为农民金融消费者提供服务。公平对待农民金融消费者,严格执行国家关于金融服务收费的各项规定,提供便利快捷的金融服务,帮助农村金融消费者寻求畅通诉求渠道,妥善处理金融消费纠纷。

五、丰富农村民间金融文化,完善农村社会经济环境

布罗尼斯拉夫·马林诺夫斯基(Bronislaw Malinowski)说:"文化的真正要素有它相当的永久性、普遍性及独立性,是人类活动有组织的体系,就是我们所谓的社会制度。""文化是包括一套工具及一套风俗—人体的或心灵的习惯。它们都是直接地满足人类的需要,一切文化要素,若是我们的看法是对的,一定都是在活动着,发生作用,而且是有效的"①。"文化是一个社会的知识、信仰、法律、道德、习惯等复杂的综合体"②。从马克斯·韦伯(Marx Webber)开始,大量现代研究表明,文化和制度对经济有着巨大的促进或制约作用。

农村民间金融历史悠久、文化底蕴深厚,若和时代因素相结合,定将有力推动农村民间金融的发展。农村民间金融是一种内在性的文化,其发展和各地的风俗习惯、乡规民约密切相关,而村规民约的现代化水平取决于一定区域的经济、政治和文化的综合发展水平。在不同的历史背景下,随着社会发展和变化产生出多种不同形式的农村民间金融,形成多元化的农村民间金融体系。所形成的文化符合系统和传统文化密切相关,具有灵活性和独立性。可有助于在全社会培养一种农村民间金融的理性精神和契约精神,有利于农村民间金融和正规金融的相得益彰、互为补充、共生融合。农村民间金融深厚的文化内涵和当代法治理念相结合,将强制性和惩罚性的权利义务凝练于居民的社会信任中,从而丰富农村民间金融文化,有利于农村民间金融的自我发展。

---

① 马林诺夫斯基:《马林诺夫斯基文化论》,中国民间文艺出版社 1987 年版,第 69 页。

② A.L.Kroeber and Clyde Kluckhohn,"*Culture,A Critical Riview of Concepts and Definition*"s, New York:Vintage Books,1952,p.80

　　尊重民间习俗和地方惯例,彰显契约自由、诚实信用、互助济贫等理念,可强化对农村民间金融行为的约束力。健康的农村民间金融文化,可促进农村民间金融向现代金融融合或转换,有利于推进农村民间金融的各种形式的现代化发展。

第九章 余 论

本书通过对农村民间金融的演进历程进行考察,深入了解农村民间金融的发展现状,探求农村民间金融的未来发展方向。关注国际发展动向,结合我国农村民间金融存在的法律问题,努力协调平衡农村民间金融规制权和农村民间金融自治权,促使农民金融权得以充分实现。旨在厘定农村民间金融法律规制应遵循的理念、价值和原则,重塑农村民间金融"四位一体"规制主体体系,选择合理有效的农村民间金融法律规制路径:硬法和软法协同规制:硬法规制—正式制度安排下农村民间金融具体法律制度构建,软法规制—建构非正式制度对农村民间金融的有效供给机制,从而形成优势互补、和谐共生的局面,以期充分发挥农村民间金融的功能和作用,以保障农村民间金融法律规制的有效实现,优化农村金融生态环境。

国际金融危机后世界各国对融资难问题持续高度关注,促进包容性普惠金融发展的呼声日益高涨,不断追求金融创新,云计算、大数据、移动互联网、社交网络的发展成为互联网金融发展的巨大推动力。随着互联网技术和移动终端设备的广泛使用,飞速发展的互联网技术与金融创新深度融合产生出一种新型金融模式——互联网金融模式应运而生,互联网金融持续创新:从第三方支付、到 P2P,再到众筹。除了发生重大的技术改变,社会组织结构和行为也随之发生深刻变革,为金融创新提供历史性的发展机遇,可使金融业大幅度降低成本和增加竞争力。

根据 2015 年 10 月 10 日发布的《中国互联网金融发展报告(2015)》数据显示,截至 2014 年底,中国 P2P 借贷交易额为 3291.94 亿元。农村 P2P 小额信贷同样得以快速发展,成为弱势群体获得金融实现可持续发展的重要途径。有数据统计,目前农村小额贷款的市场规模在 5000 亿到 6000 亿左右,正规渠道只解决了不到 2000 亿,剩下的高利贷是完全可以被互联网时代的 P2P 贷款替代。而 P2P 贷款平台只要抽取 2% 的服务费,这就是一块上百亿的大蛋糕。而且,相对于城市的 P2P,农村 P2P 小额信贷有天然需求,农村市场才是 P2P 真正的需求,属于真正的个人贷款。只有做好农村市场,才会让 P2P 贷款回归本源,一方面给投资者带来收益,另一方面还帮助消除农村的贫困,利国利民又利己。

实质上,P2P 小额信贷的起源就在农村,它的出现是为了解决传统信贷体系覆盖不到的农村地区,解决小农生产的资金需求。目前,P2P 在中国的状态是异化的,所以问题很多。农村金融缺失的原因并非仅仅是贷款风险大,收益低。而是农村地区太分散,交通不便,存贷款数额小,银行网点进驻成本高,而针对这些问题,恰恰可以通过互联网技术予以解决。这些均表明农村才是 P2P 贷款的"金矿"。

在互联网背景下,许多企业已了解到农村金融市场的巨大潜力。准备进军农村金融市场的主要有三类企业:一类是资金雄厚,模式成熟的互联网电商企业,如蚂蚁金服、京东金融等;一类是拥有农村基础网络的"村村乐"企业,从广告业务扩展到金融业务的企业,经营"村村贷"给农村个体经济生产经营,婚丧嫁娶这类需求提供贷款。其审贷成本较低,贷款风险更容易控制。这类企业自身就具备担保能力,安全性更高;一类企业是"宜农贷"农户小额信贷模式。"宜信贷"在 2009 年推出"宜农贷",这一爱心助农公益理财平台的主要目的在于解决农业贷款难问题。其主要贷款对象是农村贫困地区的妇女,运用 P2P 信贷模式,为她们和借款人搭建平台,借款人可一对一地将资金出借给她们。"宜农贷"采取债权转让的模式。由于贷款的方式是信用贷款,而借款人大多为偏远农村的农户,"宜农贷"会选择合适的小额信贷公司(MFI)合作以方便审查,借款农户的历史还款记录、信用状况、社区声誉、借款用途等因素都被考虑在内。农村金融市场的这三类企业,必然会创造无限商机,但同时也面临诸多风险,比如"宜农贷"农户小额信贷模式,就存在诸多法律监管漏洞。因此,如何对其进行有效法律规制,维护农村金融市场秩序,将是农村民间金融面临的新课题。

众筹(crowdfunding),是一种新型金融术语,指一群人通过互联网众筹融资平台为某个项目或者创意提供资金支持,项目发起者在融资平台上展示项目,项目支持者根据相关信息选择项目进行投资,投资者从融资者那里获得实物或者股权等回报方式①。

根据美国研究机构 Massolution 的调查报告,2013 年全球共有众筹平台超过 800 个,价值总数已接近 51 亿美元,并且增长迅速,预计到 2015 年,全球的可用投资将达到 930 亿美元②。国内经济环境转好、社会对金融创新包容态度等因素使得国内众筹得以快速发展。根据世界银行最新的报告称,中国会在 2025 年成为世界上最大的众筹投资方,为这个预计达 960 亿美金的市场贡献近一半的资金(459~501 亿美金),中国的众筹市场将迎来其高速上升通道③。为满足社会需求,众筹平台由综合化走向专业化,众筹向各个行业蔓延,如科技众筹、农业众筹等。

众筹模式在中国内外都属于新兴领域。众筹作为新型的金融模式,为新的创意、事件、活动提供更广泛的融资来源,现代众筹模式主要是利用互联网的开放平台发布筹款项目,募集资金,将产业和金融链接起来。同样,众筹模式也面临许多问题,亟待解决,如众筹融资主要面临"非法集资"的法律风险。这也将是我们面临的又一新课题。

不过,在经济新常态下,任何形态的互联网金融,本质上还是金融,只不过是对诸如对象、方式、机构、市场及制度和调控机制等金融要素进行重新塑造而已。因此,互联网金融不会改变金融的核心特征,尤其是在其信用创造和风险管理方面,互联网金融在最根本的层面上遵守的仍然还是金融规则。农村民间金融创新发展,互联网民间金融随之产生。实际上,互联网民间金融并未脱离金融本质特征,而是互联网技术和民间金融融合的产物,其本质还是金融契约,其功能和性质和实体金融是一致的。因此,即使时代背景发生变化,对传统民间金融的法律规制研究同等重要。但是,由于互联网民间金融是互联网技术和民间金融融合的产物,国内部分网络借贷规模巨大、交易复杂、信息透明度低的民间借贷的互联网化,本质上仍是监管较为不足的民间借贷。因

---

① Mollick E,"*The Dynamics of Crowdfunding:Determinants of Success and Failure*",Scholarly Paper Social Science Research Network,Rochester,NY,2012.

② 人民银行西安分行课题组:众筹融资的发展与规范问题研究[EB/OL].(2013-12-16)(2014-08-02)http://www.financialnews.com.cn/llqy/201312/t20131215_46502 Html).

③ World Bank,*Crowd funding's Potential for the Developing World*,2013,http://www.infodev.org/infodev-files/ wb_crowdfundingreport-v12.pdf.

此,其具有独特性,主要体现在:一方面,可优化金融资源配置、提升融资效率、提高金融体系包容性,从而促进农村民间金融规范化和可持续发展;但另一方面,农村民间金融的融资活动比以往更为活跃,金融交易范围更为广泛,参与主体多样化,所涉法律关系更为复杂,特别是和传统的民间金融相比,更容易引起系统性风险,且风险传播速度快,造成影响更为严重,导致对其进行监管的难度倍增。由此可见,互联网给民间金融给我们带来了机遇的同时也使我们面临更多挑战。

面对如此复杂局面,迫使我们思考更多的问题:如何防范互联网农村民间金融风险,是对其进行主体身份监管,还是对其行为性质进行监管? 如何厘定对其进行有效规制应予以遵循的原则和理念? 如何构建 P2P 农村小额信贷信息不对称法律保障机制? 如何推动传统民间金融和互联网民间金融的融合发展? 如何建立传统民间金融和互联网民间金融的有效合作协调规制? 都需要我们在今后作进一步的深入研究。

参 考 文 献

一、中文著作

1. 蔡四平、岳意定:《中国农村金融组织体系重构——基于功能视角的研究》,经济科学出版社 2007 年版

2. 曹兢辉:《合会制度之研究》,联经出版社 1986 年版

3. 陈富良:《规制政策分析:规制均衡的视角》,中国社会科学出版社 2007 年版

4. 成思危:《改革与发展:推进中国的农村金融》,经济科学出版社 2005 年版

5. 程同顺:《中国农民组织化研究初探》,天津人民出版社 2003 年版

6. 费孝通:《江村经济》,上海世纪出版集团 2005 年版

7. 冯果、袁康:《社会变迁视野下的金融法理论与实践》,北京大学出版社 2013 年版

8. 高晋康、唐清利:《我国民间金融规范化的法律规制》,法律出版社 2012 年版

9. 韩明谟:《农村社会学》,北京大学出版社 2001 年版

10. 韩俊:《中国农村金融调查》,上海远东出版社 2001 年版

11. 韩廷春:《金融发展与经济增长》,清华大学出版社 2002 年版

12. 何怀宏:《公平的正义——解读罗尔斯"正义论"》,山东人民出版社 2002 年版

13. 贺雪峰:《新乡土中国——转型期乡村社会调查笔记》,广西大学出版社 2003 年版

14. 胡启忠、高晋康:《金融领域法律规制新视域》,法律出版社 2008 年版

15. 李明贤:《重构我国农村金融体系》,湖南科技大学出版社 2003 年版

16. 李树生、何广文:《中国农村金融创新研究》,中国金融出版社 2008 年版

17. 李新:《我国农村民间金融规范发展的路径选择》,中国金融出版社 2008 年版

18. 梁治平:《乡土社会中的法律与秩序》,中国政法大学出版社 1997 年版

19. 林毅夫:《关于制度变迁的经济学理论:诱致性变迁与强制性变迁》,载于科斯、阿尔钦、诺斯:《财产、权利与制度变迁——产权学派与新制度学派译文集》,上海三联

书店、上海人民出版社 1996 年版

20. 刘海年:《中国珍稀法律典籍集成》,科学出版社 1994 年版

21. 刘民权、俞建拖、徐忠:《中国农村金融市场研究》,中国人民大学出版社 2006 年版

22. 刘易斯:《二元经济论》,中国经济出版社 2007 年版

23. 刘锡良:《中国转型期农村金融体系研究》,中国金融出版社 2006 年版

24. 潘维:《农民与市场》,商务印书馆 2003 年版

25. 皮天雷:《法与金融——理论研究及中国的证据》,中国经济出版社 2010 年版

26. 齐延平:《社会弱势群体的权利保护》,山东人民出版社 2006 年版

27. 商晨:《利益、权利与转型的实质》,社会科学文献出版社 2007 年版

28. 世界银行:《金融与增长——动荡条件下的政策选择》,经济科学出版社 2001 年版

29. 宋宏谋:《中国农村金融发展问题研究》,山西经济出版社 2003 年版

30. 孙林:《新中国农业经济思想史》,上海财经大学出版社 2002 年版

31. 王广谦:《经济发展中金融的贡献与效率》,中国人民大学出版社 1997 年版

32. 王群琳:《中国农村金融制度——缺陷与创新》,经济管理出版社 2006 年版

33. 王绍仪:《农村财政与金融》,中国农业出版社 2002 年版

34. 吴宁:《社会弱势群体权利保护的法理》,科学出版社 2008 年版

35. 武翔宇:《中国农村正规金融与民间金融关系研究》,中国农业出版社 2008 版

36. 谢玉梅:《农村金融深化:政策与路径》,上海人民出版社 2007 年版

37. 许桂红、肖亮:《农村金融体制改革与创新研究》,中国农业出版社 2009 年版

38. 杨紫烜:《经济法》,北京大学出版社 2006 年版

39. 易军:《农村法治建设中的非正式制度研究》,中国政法大学出版社 2012 年版

40. 易纲:《中国的货币、银行与金融市场:1984—1993》,上海人民出版社 1996 年版

41. 于海:《中外农村金融制度比较研究》,中国金融出版社 2003 年版

42. 岳意定:《改革和完善农村金融服务体系》,中国财政经济出版社 2008 年版

43. 张杰:《中国农村金融制度:结构、变迁与政策》,中国人民大学出版社 2003 年版

44. 张守义:《经济法理论的重构》,人民出版社 2004 年版

45. 张玉堂:《利益论——关于利益冲突与协调问题的研究》,武汉大学出版社 2001 年版

46. 赵旭东:《权力与公正》,天津古籍出版社 2003 年版

47. 郑杭生:《转型中的中国社会和中国社会的转型》,首都师范大学出版社 1996 年版

48. 郑蔚:《中日农村金融比较研究》,天津人民出版社 2008 年版

49. 郑永流:《当代中国农村法律发展道路探索》,中国政法大学出版社 2004 年版

50. 中国人民银行农村金融服务研究小组:《中国农村金融服务报告(2008)》,中国金融出版社 2008 年版

51. 周天芸:《中国农村二元金融结构研究》,中山大学出版社 2004 年版

52. 朱景文:《比较法社会学的框架和方法——法制化、本土化和全球化》,中国人民大学出版社 2001 年版

53. 杨天宇译注:《周礼》,上海古籍出版社 2004 年版

54. 李梦生译注:《左传译注》,上海古籍出版社 2004 年版

55. 班固撰:《汉书》,中华书局 1987 年版

56. 司马迁撰:《史记》,中华书局 1999 年版

57. 陈寿撰,裴松之注:《三国志》,中华书局 1959 年版

58. 李延寿撰:《南史》,中华书局 1975 年版

59. 房玄龄等撰:《晋书》,中华书局 1974 年版

60. 土溥撰:《唐会要》,中华书局 1995 年版

61. 窦仪等撰:《宋刑统》,中华书局 1984 年版

62. 黄时鉴:《元代法律资料辑》,浙江古籍出版社 1988 年

63. 张廷玉:《明史》,中华书局 1997 年版

二、中文期刊

1. 张燕、高翔:《BOT 融资模式:农村基础设施融资新路径》,载《湖北大学学报》2006 年第 12 期

2. 张燕、张汉江、李晶晶:《新农村建设中民间金融风险的法律规制》,载《河南金融管理干部学院学报》2008 年第 6 期

3. 张燕、杜国宏:《金融和谐视角下农村民金融法律制度的价值取向》,载《河南金融管理干部学院学报》2008 年第 6 期

4. 张燕、杜国宏:《关于农村民间金融法律规制的思考——以"软法"之治为视角》,载《金融理论与实践》2008 年第 8 期

5. 张燕、吴正刚、杜国宏:《金融垄断格局下的农村民间金融发展路径》,载《东南学

术》2008 年第 9 期

6. 张燕、潘红:《我国农村民间金融发展的困境分析与立法完善》,载《乡镇经济》2008 年第 10 期

7. 张燕、冯营丽、吴正刚:《我国农村民间金融风险防范问题的分析——以法经济学为视角》,载《广西政法理干部学院学报》2009 年第 1 期

8. 张燕、邹维:《破除我国农村金融垄断格局的新思考——以支持湖北省现代农业发展为视角》,载《湖北社会科学》2009 年第 1 期

9. 张燕、邹维:《农村民间金融监管的国际比较》,载《南方金融》2009 年第 1 期

10. 张燕、吴正刚、高翔:《论新农村建设中的农民金融权利保护》,载《农村经济》2009 年第 1 期

11. 张燕、吴正刚:《论农民金融权益的法律保障与实现》,载《郑州航空工业管理学院学报》2009 年第 4 期

12. 张燕、邹维:《典型国家农村民间金融监管的比较分析及启示》,载《农村经济》2009 年第 5 期

13. 张燕:《论农村民间金融监管和谐价值理念——基于当前金融生态失衡的视角》,载《法学论坛》2009 年第 9 期

14. 张燕、杜国宏、吴正刚:《金融危机背景下我国农村民间金融法律制度的因应与完善——基于对〈放贷人条件(草案)〉的思考》,载《金融与经济》2009 年第 7 期

15. 张燕、冯营丽:《我国农村民间金融制度变迁的路径—基于农村社会资本视角》,载《郑州航空工业管理学院学报》2010 年第 2 期

16. 张燕、梁珊珊:《农民金融权益保护视野下农业贷款难的制度化路径选择》,载《农村经济》2010 年第 2 期

17. 张燕、庞标丹:《软法视角下农村民间借贷法律机制的研究》,载《广西政法管理干管理学院报》2010 年第 5 期

18. 张燕、吴正刚:《我国农村民间金融发展的法律困境与制度选择》,载《大连理工大学学报》(社会科学版)2010 年第 6 期

19. 张燕、杜国宏、吴正刚:《农民金融权:一个农村民间金融理论研究的新视角》,载《农村经济》2010 年第 9 期

20. 安著蔚、任大鹏:《我国农村非正规金融的法律思考》,载《中国农村观察》2005 第 4 期

21. 白广玉:《印度农村金融体系和运行绩效评介》,载《农业经济问题》2005 年第 11 期

22. 北京大学中国经济研究中心宏观组:《2006 年农村家庭借贷情况调查研究》,载《金融研究》2007 年第 11 期

23. 曹一萍:《规范和引导我国民间金融的发展》,载《会计之友》2009 年第 6 期

24. 陈锋、董旭操:《中国民间金融利率——从信息经济学角度的再认识》,载《当代财经》2004 年第 9 期

25. 陈蔚、巩秀龙:《非正规金融利率定价模型——基于中国民间分割市场的实证研究》,载《中国管理科学》2010 年第 18 期

26. 成晋:《农村民间金融现状及规范发展研究》,载《人民论坛》2015 年第 30 期

27. 杜朝运:《制度变迁背景下的农村非正规金融研究》,载《农业经济问题》2001 年第 3 期

28. 杜晓山:《发展农村普惠金融的思路和对策》,载《金融学研究》2015 年第 3 期

29. 冯果:《金融法"三足定理"及中国金融法制的变革》,载《法学》2011 年第 9 期

30. 冯果、李安安::《包容性金融监管理念的提出及其正当性分析——以农村金融监管为核心》,载《江淮论坛》2013 年第 1 期

31. 高彦彬:《农村"草根银行"运作模式的国际比较》,载《商业研究》2010 年第 8 期

32. 顾海峰、蔡四平:《民间非正规金融的内生、演变及规范》,载《开放导报》2013 年第 3 期

33. 郭兴芳:《民间金融发展的风险与防范对策——以河南省开封市为列》,载《金融理论与实践》2015 年第 3 期

34. 韩学红:《小额信贷的国际经营》,载《银行家》2006 年第 12 期

35. 何文龙:《经济法的安全论》,载《法商研究》1998 年第 6 期

36. 何小勇:《民间借贷的衍变与法律规制得失探讨——以 1978 年—2000 年间的民间金融发展为视角》,载《甘肃政法学院学报》2016 年第 1 期

37. 鹤光太郎:《用"内生性法律理论"研究法律制度与经济体系》,载《比较》2003 年第 8 期

38. 胡宗义、李鹏:《农村正规与非正规金融对城乡收入差距影响的空间计量分析》,载《当代经济科学》2013 年第 2 期

39. 江曙霞、秦国楼:《信贷配给理论与民间金融中的利率》,载《农村金融研究》2000 年第 7 期

40. 姜旭朝、丁昌锋:《民间金融理论分析:范畴、比较与制度变迁》,载《金融研究》2004 年第 8 期

41. 金峰、林乐芬:《农村民间金融与正规金融共生关系现状及深化关系研究》,载《西北农林科技大学学报》2014 年第 6 期

42. 匡华:《民间金融高利率成因:隐性成本的视》,载《财经问题研究》2010 年第 2 期

43. 李汉江:《苏北地区农村民间金融现状分析》,载《学术理论》2014 年第 4 期

44. 李庚寅、刘民权、曾林阳:《民间金融组织合会的变迁及其思考》,载《经济问题探索》2005 年第 2 期

45. 徐忠、俞建拖:《ROSCA 研究综述》,载《金融研究》2003 年第 2 期

46. 李长健、伍文辉:《基于农民权益的社区发展权理论研究》,载《法律科学》2006 年第 6 期

47. 李长健:《论农民权益的经济法保护——以利益与利益机制为视角》,载《中国法学》2005 年第 3 期

48. 林毅夫、孙希芳:《信息、非正规金融与中小企业融资》,载《经济研究》2005 年第 7 期

49. 栗华田:《印度的农村金融体系和印度农业与农村发展银行》,载《农业发展与金融》2002 年第 7 期

50. 林乐芬、林彬乐:《农村金融制度变迁时期的非正规金融探析》,载《现代经济探讨》2002 年第 8 期

51. 刘纯彬、桑铁柱:《农村非正规金融:存在基础、效率机制与演进趋势》,载《江汉论坛》2010 年第 12 期

52. 刘民权、徐忠等:《信贷市场中的非正规金融》,载《世界经济》2003 年第 7 期

53. 刘燕:《我国农村民间金融利率决定的理论与实践以及运作绩效评价》,载《现代经济信息》2008 年第 11 期

54. 刘义圣:《关于我国民间利率及其"市场化"的深度思考》,载《东岳论丛》2007 年第 11 期

55. 卢峰、姚洋:《金融压抑下的法治、金融发展和经济增长》,载《中国社会科学》2004 年第 1 期

56. 潘英丽:《21 世纪金融业务基本功能的重新整合及其演变趋势》,载《国际金融研究》2001 年第 3 期

57. 钱水土、俞建荣:《我国农村非正规金融制度:演进路径与政策规范》,载《商业经济与管理》2007 年第 2 期

58. 邱海洋、霍倩佳:《对农村贷款担保机制的探索》,载《经济论坛》2005 年第

10 期

59. 任森春:《非正规金融的研究与思考》,载《金融理论与实践》2004 年第 9 期

60. 任旭华、周好文:《中国民间金融的诱致性制度变迁》,载《华南金融研究》2003 年第 7 期

61. 史清华、陈凯:《现阶段农民法律素质与法律意识分析》,载《中国农村观察》2002 年第 2 期

62. 苏立:《二十世纪中国的现代化和法治》,载《法学研究》,1998 年第 1 期

63. 苏士儒、段成东:《从非正规金融发展看我国农村金融体系的重构》,载《金融研究》2005 第 12 期

64. 王俏荔:《我国农村民间金融高利率解释:一个交易成本的视角》,载《生产力研究》2012 年第 7 期

65. 王颖、陆磊:《普惠制金融体系与金融稳定》,载《金融发展研究》2012 年第 1 期

66. 吴群慧:《美国金融监管制度改革:金融业的分与合》,载《证券市场导报》2000 年第 2 期

67. 温信祥:《日本农村合作金融发展及启示》,载《金融与经济》2013 年第 4 期

68. 谢平:《中国农村信用社体制改革的争论》,载《金融研究》2001 年第 1 期

69. 辛贤、毛学峰、罗万纯:《中国农民素质评价及区域差异》,载《中国农村经济》2005 年第 9 期

70. 姚吉祥:《我国农村民间金融的多元发展问题探讨》,载《甘肃社会科学》2014 年第 5 期

71. 易远宏:《我国农村民间金融规模测算(1990—2010)》,载《统计与决策》2013 年第 11 期

72. 袁梅婷、赵丙奇:《基于博弈论的农村民间金融风险研究》,载《农村经济》2014 年第 1 期

73. 岳彩申:《民间借贷的激励性法律规制》,载《中国社会科学》2013 年第 10 期

74. 臧景范:《印度农村金融改革发展的经验与启示》,载《农村金融》2007 年第 2 期

75. 张建军、袁仲红、林平(中国人民银行广州分行课题组):《从民间借贷到民营金融:产业组织与交易规则》,载《金融研究》2002 年第 10 期

76. 张建伟:《法与金融学:路径依赖于金融法变革》,载《学术期刊》2006 年第 10 期

77. 张杰:《中国金融改革的检讨与进一步改革的途径》,载《经济研究》1995 年第

5 期

78. 张忠军:《金融法的安全观》,载《中国法学》2003 年第 4 期

79. 章奇:《中国农村金融现状与政策分析》,载《银行家》2005 年第 4 期

80. 钟士取、储敏伟:《民间金融风险的测度与预警研究——以温州为例》,载《上海金融学院学报》2015 年第 1 期

81. 周昌发、张成松:《农村民间金融柔性治理机制分析》,载《商业研究》2014 年第 9 期

82. 周立:《农村金融市场四大问题及其演化逻辑》,载《财贸经济》2007 年第 2 期

83. 周小川:《践行党的群众路线,推进包容性金融发展》,载《求是》2013 年第 9 期

84. 朱信凯、刘刚:《二元金融体制与农户消费信贷选择——对合会的解释与分析》,载《经济研究》2009 第 2 期

85. 资中筠:《也谈罗斯福"新政"》,载《国际经济评论》1998 年第 7 期

三、硕士博士学位论文

1. 高翔:《我国农村民间金融法律制度研究》,华中农业大学 2008 年硕士学位论文

2. 邹维:《我国农村民间金融监管法律问题研究》,华中农业大学 2009 年硕士学位论文

3. 潘虹:《我国农村合作金融法律制度研究》,华中农业大学 2009 年硕士学位论文

4. 吴正刚:《我国农村金融法律制度研究》,华中农业大学 2010 年硕士学位论文

5. 杜国宏:《新农村建设背景下我国农业投资法律制度研究》,华中农业大学 2010 年硕士学位论文

6. 庞标丹:《湖北低碳农业的政策性金融支持法律问题研究》,华中农业大学 2011 年硕士学位论文

7. 陈胜:《绿色小额信贷法律问题研究》,华中农业大学 2012 年硕士学位论文

8. 胡国峰:《试论农村民间金融的正规化》,复旦大学 2009 年硕士学位论文

9. 王贵彬:《农村民间金融规范化发展的制度研究》,西南大学 2006 年硕士学位论文

10. 王静:《近代上海钱庄的信用研究及对现阶段民间金融信用的启示》,复旦大学 2008 年硕士学位论文

11. 魏晓丽:《我国农村民间金融问题研究》,首都经济贸易大学 2006 年硕士学位论文

12. 张宗军:《中国农村非正规金融研究》,武汉大学 2005 年硕士学位论文

13. 任俊婷:《我国民间借贷法律规制研究》,华东政法大学 2015 年硕士学位论文

14. 杜伟:《中国农村民间金融发展研究》,西北农林科技大学 2008 年博士学位论文

15. 卓凯:《非正规金融、制度变迁与经济增长》,华中科技大学 2005 年博士学位论文

16. 王奕刚:《金融发展理论视角下民间金融的规制研究》,江西财经大学 2016 年博士学位论文

四、外文译著

1. [美]E·博登海默:《法理学:法律哲学与法律方法》,邓正来译,中国政法大学出版社 2004 年版

2. [美]道格拉斯·C·诺斯:《经济史上的结构与变革》,厉以平译,商务印书馆 1992 年版

3. [美]德尔·W·亚当斯等:《农村金融研究》,张尔核等译,中国农业科技出版社 1988 年版

4. [美]雷华德·戈德史密斯:《金融结构与发展》,簿寿海等译,中国社会科学出版社 1993 年版

5. [德]柯武刚、史漫飞:《制度经济学:社会秩序与公共政策》,韩朝华译,商务印书馆 2000 年版

6. [美]罗伯特·C·埃里克森:《无需法律的秩序》,苏力译,中国政法大学出版社 2003 年版

7. [德]马克斯·韦伯:《经济与社会》上卷,林容远译,商务出版社 1997 年版

8. [美]罗伯特·席勒:《新金融制度——如何应对不确定的金融风险》,束宇译,中信出版社 2014 年版

9. [日]植草益:《微观规制经济学》,朱绍文译,中国发展出版社 1992 年版

五、英文文献

1. Seibel, Hans Dieter, "Informal Finance : Origins, Evolutionary Trends and Donor Options", Rural Fnance Working paper series (May 2010)

2. Besley and levenson, "The role of Informanl Fiance in Household Capital Accumulation: Vence from Taiwan", The Economic, Vol106 (January 1996)

3. Sehrader. H, "Some Reflections on the Accessibility of Banks in Developing

Countries: A Quantitative, Comparative Study" Working Papers, No 188, Sociology of Development Research Center, University of Bielefeld, 1995

4. Robert F.Weber, "New Governance, Financial Regulation, and Challenges to Legitimacy: the example of the Internal Models Approach to Capital Adequacy Regulation", aw Review, Vol.62, No.3(June 2010)

5. Curtis, Milhampt, "Byongd Legal 0rigin: Rethinking Law's Relationship to the Economy-Implication for Policy", The American Joural of Comparative Law (September 2009)

6. Franklin Allen, Junqian, Meijun Qian, "Law, Finance and Economic Growth in China", Joural of Financial Economy, Vol 77(July 2005)

7. Silver H, "Social Exclusion and Social Solidarity: Three Paradigms", *International Labor Review* (May 1994)

8. Panigyrakis G. G, "All Customers Are Not Treated Equally: Financial Exclusion in Isolated Greek islands" Journal of Financial Services Marketing(January 2002)

9. Elaine Kempson, "Policy Level Response to Financial Exclusion in Developed Economies—essons for Developing Countries", Paper for Access to Finance: Building Inclusive Financial Systems (World Bank) (May 2006)

10. Joseph J. Doyle, "How Efective Is Lifeline Banking in Asisting the "Unbanked"? Current Issues in Economic and Finance (Federal Reserve Bank of New York), Vol 4 (June 1998)

11. Dowling Lamar, "The Indian Microfinance Institutions (Development and Regulation) Bill of Microfinance Beginnings and Crisis and How the Indian Government is Trying to Protect Its People", *The International Lawyer*(April 2011)

12. Orly Lobel T, "The Renew Deal: The Fall of Regulation and the Rise of Governance in Contemporary Legal Thought", *Minnesota Law Review*, Vol 89(December 2004)

13. Ciara Brown, Colin Scott," Regulation, PublicLaw, and Better Regulation ", European Public law , Vol 17 (March 2011)

14. A.L.Kroeber and Clyde Kluckhohn, " Culture: A Critical Review of Concepts and Definitions, New York: Vintage Books, 1952

15. Mollick E," The dynamics of crowdfunding: Determinants of success and failure". SSRN, Rochester, NY, 2012

16. World Bank, Crowd funding's Potential for the Developing World, 2013, http://www.infodev.org/infodev-files/ wb_crowdfundingreport-v12.pdf

17. Arnott.Richard and Josephl E.Stiglitz, "Moral Hazard and Nonmarket Inatitutions: Dysfunctional Crowding Out or peer Monitoring?", efican Economic Rewiew Vol 81, (July 1991)

18. Joseph E.Stiglitz and Andrew Weiss, "Credit Rationing in Market with Imperfect Information", meriean Economic Review, Vol 71(June 1981)

19. ABD., "*Rural Financial Markets in Asia.Policies, Paradigms, and Ferformance*", Oxford University Press, 1998

20. Alan D.Barkema, Mark Drabenstott, "Rural Credit Markets of the Future: Obstacles and Opportunities", Center for the Study of Rural America & Federal Reserve Bank of Kansas City", Aricultural Outlook Forum, 2000

21. Aleem I., "Imperfect information, Screening, and the Costs of Informal Lending: A Study of a Rural Credit Market in Pakistan", *The world bank Economic Review* May 1990)

22. Allen, F. Qian, J. Qian, M, "Law, finance, and econcmic growth in China", *Journal of Financial Economics*, Vol 77(July 2005)

23. Ayyagari, M., Asli D.K., "Formal Versus Informal Finance: Evidence from China, The Review of Financial Studics", Vol 1 (January 2008)

24. B Cupta M R, CHAUDHURI S., "Formal Credit, corruption and The Informal Credit Market in Agriculture, A theoretical Anlysis Economics", Vol 64 (March 2010)

25. Dglls, "The New Comparetive Economics", Journal of Comparative Economics (Decemember 2003)

26. Hans Dieter Seibel, "Rural Finance: Mainstreaming Informal Finance Institutions", *Journal of Developmental Entrepreneurship Peridodical*(January 2001)

27. Nimal A., Femando, "The Changing Face of Microfinance: Transformation of NGOS into Regulated Financial Institutions", *Asia Development Bank* (June 2013)

28. Stulz R. M and R. G. Williamson, " Culture, Openness and Finance". Journal of Financial Economics", Vol 70 (April 2003)

29. G.Gobezie, "Sustainable rural finance: Prospects, challenges and implications", *international Ngo Joural*, Vol 4 (March 2009)

30. Joseph A. Schumpeter,"*The Theory of Economic Development :An Inpuiry into Profits, Capital, Credit, Interest, and the Business Cycle*", Harvard University Press, 1934

后　记

　　"三农"问题,治国安邦,重中之重。改革开放以来,中央连续14年发布了关于"三农"工作的中央1号文件。以习近平总书记为核心的党中央高度重视和解决"三农"问题的迫切渴望和坚定决心,成为我国当前解决好"三农"问题的重要指引和坚强后盾。

　　农业强则中国强,农民富则中国富,农村美则中国美。历史和国际经验充分证明:法律是农业发展的根本保障,世界各国即使拥有不同的社会经济制度和传统文化习俗,均采用法律手段规范管理农业,促进农业的可持续发展。在构建和谐社会的当下和现代农业发展的关键时期,加强农业法制建设极为重要。农业法学的兴起,源于我国农业改革开放近40年所奠定的物质基础以及"三农"问题妥善解决的形势需要。作为经济法学的一个分支学科,农业法的发展伴随着我国农村深化改革和农业立法实践的全过程。依法治农也成为是依法治国重要体现。

　　郁郁葱葱的狮子山下,波光粼粼的南湖畔旁,华农始终秉承的"勤读力耕,立己达人"华农精神,良好的学术研究氛围,成为不断激发并影响着我的研究动力,本书正是笔者在华农成长中的研究学术成果之一。感谢华中农业大学文法学院李崇光、甘霖、杨少波、彭彬、钟涨宝、李长健、田北海等历任领导的关怀和支持!感谢各位同行的关心和鼓励。

　　回顾书稿的写作历程,太多的画面在脑海中浮现:文献的收集和整理、数据的获取和采集、问题的思考和斟酌、内容的布局和安排、方法的选取和确认、资料的修改和完善……都让我感触颇深!感谢我的研究生:高翔、付丽芳、李晶晶、邹维、邓义、张汉江、潘虹、吴正刚、杜国宏、杨依凡、冯营丽、潘胜莲、熊玉双、盛路、李宝岚、梁珊珊、庞标丹、马越、侯娟、陈胜、施圣杰、王欢、达尼雅、张权、张新、王莎、居琦、刘福临、田竞争。感谢他们到农村基层进行的实地调查研究和访谈,基于农村民间金融的特殊性,调查难度较大,研究生们克服种种困难,为本书稿的撰写收集了珍贵的第一手资料。

感谢人民出版社资深编辑茅友生先生对本书出版所做的努力和贡献!

感谢我的父亲。父亲虽然离开了我们,但他对我的精神影响力却是永恒的。父亲在世时,就经常到各地乡村采风,对各地不同民俗和习惯积累了丰富的素材,在与父亲的交流中总能获得许多启发和感悟。感谢我的母亲。她以坚持不懈的乐观向上的精神和遇到困难从不服输的劲头,不断激励着我勇往直前。感谢我的先生和女儿一直以来对我的理解和包容!感谢所有的亲朋好友!因为有你们的存在,让我对于复杂多变的世界增添了更多的如春天般温暖的信念和希望!仰望星空,脚踏实地,不忘初心,砥砺前行!

由于客观条件限制以及本人水平有限,本书还存在许多不足之处,恳请各位专家提出宝贵意见。

张　燕

2017 年 12 月于南湖狮子山